天津大学国家人才引进重大科研项目

| 光明社科文库 |

人工智能时代大学生思想政治教育供求精准对接研究

王军旗　王海山◎著

光明日报出版社

图书在版编目（CIP）数据

人工智能时代大学生思想政治教育供求精准对接研究 /
王军旗，王海山著 . -- 北京：光明日报出版社，2023.5
ISBN 978 - 7 - 5194 - 7247 - 4

Ⅰ.①人… Ⅱ.①王…②王… Ⅲ.①大学生—思想
政治教育—研究—中国 Ⅳ.①G641

中国国家版本馆 CIP 数据核字（2023）第 090110 号

人工智能时代大学生思想政治教育供求精准对接研究

RENGONG ZHINENG SHIDAI DAXUESHENG SIXIANG ZHENGZHI JIAOYU
GONGQIU JINGZHUN DUIJIE YANJIU

著　者：王军旗　王海山			
责任编辑：李壬杰		责任校对：李　倩　张月月	
封面设计：中联华文		责任印制：曹　净	

出版发行：光明日报出版社

地　　址：北京市西城区永安路 106 号，100050

电　　话：010 - 63169890（咨询），010 - 63131930（邮购）

传　　真：010 - 63131930

网　　址：http://book. gmw. cn

E - mail：gmrbcbs@ gmw. cn

法律顾问：北京市兰台律师事务所龚柳方律师

印　　刷：三河市华东印刷有限公司

装　　订：三河市华东印刷有限公司

本书如有破损、缺页、装订错误，请与本社联系调换，电话：010-63131930

开　　本：170mm×240mm

字　　数：343 千字　　　　　　印　　张：18

版　　次：2023 年 10 月第 1 版　　印　　次：2023 年 10 月第 1 次印刷

书　　号：ISBN 978 - 7 - 5194 - 7247 - 4

定　　价：98.00 元

前　言

　　在当前大学生思想政治教育实践中，一定程度存在思想政治教育供给与需求脱节现象，主要表现在：思想政治教育供求不匹配、不协调、不对称、不平衡的矛盾比较突出；无效和低端供给过剩与有效和中高端供给不足同时并存；有需求无供给和有供给无需求的状况同时并存；教育者与被教育者衔接沟通不到位等。由于大学生思想政治教育供给与需求没有很好地实现精准对接，一定程度上影响了其实效性。

　　2019 年 5 月，习近平总书记向国际人工智能与教育大会致贺信指出："中国高度重视人工智能对教育的深刻影响，积极推动人工智能和教育深度融合，促进教育变革创新，充分发挥人工智能优势，加快发展伴随每个人一生的教育、平等面向每个人的教育、适合每个人的教育、更加开放灵活的教育。"① 人工智能的本质是对人的思维、意识的模拟；思想政治教育的根本目的是影响、改变人的思想观念，二者天然耦合。人工智能给思想政治教育带来重大机遇和重要技术手段，"智能思政"时代已经大踏步走来。人工智能的理念与方法是把思想政治教育供求两端紧密连接起来的桥梁和纽带，在此背景下进行研究，有利于大学生思想政治教育供求总量均衡、结构均衡，增强供给结构对需求结构变化的适应性和灵活性，实现思想政治教育供求目标、供求内容、供求方法的精准对接。

　　实现思想政治教育供求精准对接需要从整体上进行全面部署，厘清逻辑理路，擘画好路线图和任务书，明确主要工作和目标要求。首先，实现思想政治教育供求精准对接要从思想政治教育需求入手，搞清楚思想政治教育到底有哪些需求，怎样把握这些需求，如何挖掘适应这些需求，所以加强需求管理是前提和基础。其次，实现思想政治教育供求精准对接要根据思想政治教育需求提升思想政治教育供给质量，需求归根到底是要靠供给来满足的，供给也能够在

---

　　① 习近平向国际人工智能与教育大会致贺信 ［N］. 人民日报，2019-05-17（1）.

一定程度上创造需求，只有把供给质量搞上去，和需求真正对接起来才能实现思想政治教育供求精准对接，所以提升供给质量是核心和重点。再次，实现思想政治教育供求精准对接不仅要实现思想政治教育在总量上的均衡，更要的是要实现结构上的均衡，只有供给结构及时适应满足需求结构的变化，才能最终实现思想政治教育供求精准对接，所以推进结构调整是关键和枢纽。因此，运用人工智能实现思想政治教育供求精准对接就是要从加强需求管理、提升供给质量、推动结构调整三个方面持续发力，形成"三位一体"的总体布局。最后，实现思想政治教育供求精准对接的最终落脚点在于"认同"，精准对接和认同实际上是同一个问题的两个方面，只有实现了高度的认知认同、情感认同、实践认同，才是真正满足了需求，实现了供给，完成了需求和供给的内在统一。能否实现供求精准对接的一个重要衡量标准是能否实现大学生对思想政治教育的认同，能够实现高度认同说明供求实现了精准对接，如果没有实现认同说明供求尚未实现精准对接。

本书试图通过大量的社会调查，全面系统地探讨大学生思想政治教育的需求和供给、大学生思想政治教育供求矛盾、人工智能与大学生思想政治教育供求精准对接、运用人工智能加强大学生思想政治教育需求管理和提升大学生思想政治教育供给质量等问题，对于推动大学生思想政治教育创新发展具有一定理论意义和实践价值。

一是理论意义。深入探讨大学生思想政治教育的需求和供给及供求矛盾，提出利用人工智能实现思想政治教育供求精准对接来进一步提升大学生思想政治教育实效性的新路径。深入探讨人工智能与思想政治教育的内在联系，系统论证思想政治教育供给与需求精准对接的内在机理，为人工智能在思想政治教育中的运用提供理论依据。

二是实践价值。深刻剖析人工智能时代大学生思想政治教育在需求、供给、结构三个方面存在的现实问题，从思想政治教育供求精准对接的新视角更加深刻、清晰、全面地研判思想政治教育实效性欠佳的深层次原因；提出运用人工智能实现大学生思想政治教育供求精准对接，具有针对性和可操作性的十项对策措施，弥补以往研究中"重政策、轻对策""重方略、轻策略"的短板弱项；通过腾讯问卷、个别访谈等多种形式对天津、西安、上海等地高校大学生的思想政治教育状况进行数据采集，从供给和需求精准对接角度进行数据分析挖掘，为进一步提高思想政治教育实效性提供决策参考。

本书力图从三个方面实现理论和实践创新。

一是选题视角创新。从"智能思政"的视角出发，基于人工智能研究大学生思想政治教育供求精准对接问题，深入分析人工智能在大学生思想政治教育供求精准对接中的理论依据、应用价值、发展趋势和局限性。

二是理论观点创新。明确利用人工智能实现思想政治教育供求精准对接是提高思想政治教育实效性的重要路径，系统研究人工智能在实现大学生思想政治教育供求精准对接中的特点和优势，提出推进大学生思想政治教育智能化建设的新思路。

三是对策措施创新。对人工智能促进大学生思想政治教育供求精准对接的路径和方法进行了实践探讨。提出运用人工智能加强大学生思想政治教育需求管理的三项对策措施、提升大学生思想政治教育供给质量的四项对策措施、推动大学生思想政治教育结构调整的三项对策措施。

目 录
CONTENTS

导　论 ……………………………………………………………………… 1

第一章　大学生思想政治教育的需求和供给 ……………………… 9
　第一节　大学生思想政治教育产品 ……………………………… 9
　第二节　大学生思想政治教育总需求 …………………………… 15
　第三节　大学生思想政治教育总供给 …………………………… 19

第二章　大学生思想政治教育供求矛盾 ………………………… 23
　第一节　大学生思想政治教育供求矛盾的内涵 ………………… 23
　第二节　大学生思想政治教育供求矛盾的表现 ………………… 24
　第三节　大学生思想政治教育供求矛盾的本质 ………………… 28
　第四节　大学生思想政治教育供求矛盾的地位 ………………… 29
　第五节　解决大学生思想政治教育供求矛盾的作用 …………… 32
　第六节　实现精准对接才能解决大学生思想政治教育供求矛盾 …… 33

第三章　人工智能与大学生思想政治教育供求精准对接 ……… 35
　第一节　人工智能与思想政治教育 ……………………………… 35
　第二节　大学生思想政治教育供求精准对接的方法论 ………… 37
　第三节　大学生思想政治教育供求精准对接的基本思路 ……… 43

第四节　运用人工智能实现大学生思想政治教育供求精准
　　　　对接的总体布局 ……………………………………… 46

第四章　运用人工智能加强思想政治教育需求管理 ………… 50
　第一节　加强大学生思想政治教育需求管理的理念 ………… 50
　第二节　加强大学生思想政治教育需求管理的举措 ………… 52
　第三节　人工智能在加强大学生思想政治教育需求管理中的运用 … 56

第五章　运用人工智能提升思想政治教育供给质量 ………… 60
　第一节　大学生思想政治教育供给存在的问题 …………… 60
　第二节　提升大学生思想政治教育供给质量的理念 ………… 65
　第三节　提升大学生思想政治教育供给质量的举措 ………… 68
　第四节　人工智能在提升大学生思想政治教育供给质量中的运用 … 89

第六章　运用人工智能推动思想政治教育结构调整 ………… 93
　第一节　大学生思想政治教育结构存在的问题 …………… 93
　第二节　推动大学生思想政治教育结构调整的理念 ………… 96
　第三节　推动大学生思想政治教育结构调整的举措 ………… 98
　第四节　人工智能在推动大学生思想政治教育结构调整中的运用 ……… 114

第七章　大学生思想政治教育成本 …………………………… 117
　第一节　思想政治教育成本的一般考察 …………………… 117
　第二节　现实中思想政治教育成本存在的问题及影响因素 ……… 125
　第三节　思想政治教育成本的核算 ………………………… 129
　第四节　优化思想政治教育成本结构 ……………………… 138

第八章　微空间大学生主流意识形态的认知认同 …………… 145
　第一节　认知认同是主流意识形态认同的前提 …………… 145
　第二节　微空间对主流意识形态认知认同的影响 ………… 147
　第三节　微空间主流意识形态认知认同的实现路径 ……… 154

第九章 微空间大学生主流意识形态的情感认同 ……………… 164

  第一节 情感认同是价值认同的动力 ……………………… 164

  第二节 微空间对主流意识形态情感认同的影响 ………… 166

  第三节 微空间主流意识形态情感认同的实现路径 ……… 169

第十章 微空间大学生主流意识形态的实践认同 ……………… 176

  第一节 微空间生产实践的理论支配逻辑 ………………… 176

  第二节 微空间对主流意识形态实践认同的影响 ………… 179

  第三节 微空间主流意识形态实践认同的实现路径 ……… 190

结束语 ……………………………………………………………… 199

参考文献 …………………………………………………………… 204

附录一 面向大学生的党的二十大精神宣讲稿 ………………… 213

附录二 人工智能时代大学生思想政治教育情况调查问卷 …… 270

后 记 ……………………………………………………………… 275

导　论

　　党的十八大以来，中国特色社会主义进入新时代，大学生思想政治教育在改进中加强，不断创新发展，实效性显著提升，取得了巨大成就和丰硕成果。2019 年 3 月 18 日，习近平总书记在学校思想政治理论课教师座谈会上强调用新时代中国特色社会主义思想铸魂育人，贯彻党的教育方针，落实立德树人根本任务，对加强大学生思想政治教育提出了更新更高的要求。笔者在长期的大学生思想政治教育实践中发现，大学生思想政治教育实效性欠佳的原因有很多，其中思想政治教育的供给和需求在一定程度上存在脱节现象是其中一个重要原因。主要表现在：思想政治教育供求不匹配、不协调、不对称、不平衡的矛盾比较突出；无效和低端供给过剩与有效和中高端供给不足同时并存；有需求无供给和有供给无需求的状况同时并存；受教育者想接受的教育接受不到，教育者开展的教育又不是受教育者想要接受的教育等。由于大学生思想政治教育没有很好地实现精准对接，一定程度上影响了其实效性。如何实现大学生思想政治教育供给与需求的精准对接是进一步提高思想政治教育实效性，推动思想政治教育创新发展的一个重要而紧迫的现实课题。

　　2019 年 5 月，习近平向国际人工智能与教育大会致贺信指出："中国高度重视人工智能对教育的深刻影响，积极推动人工智能和教育深度融合，促进教育变革创新。"① 人工智能的本质是对人的思维、意识的模拟；思想政治教育的根本目的是影响、改变人的思想观念，二者天然耦合。人工智能给思想政治教育带来重大机遇和重要技术手段，"智能思政"时代已经大踏步走来。人工智能的理念与方法是把思想政治教育供求两端紧密连接起来的桥梁和纽带，在此背景下进行研究，有利于大学生思想政治教育供求总量均衡、结构均衡，增强供给结构对需求结构变化的适应性和灵活性，实现思想政治教育供求目标、供求内容、供求方法的精准对接。

---

　　① 习近平向国际人工智能与教育大会致贺信 [N]. 人民日报，2019-05-17 (1).

一、研究缘起

思想政治教育如何真正走入大学生的内心世界，推动大学生精神世界充实丰富，促进大学生自由全面发展是思想政治教育研究的重要课题之一。多年来，思想政治教育实践中始终存在着一些不容忽视的现实问题导致思想政治教育实效性欠佳，例如思想引领和价值导向作用发挥不够明显、多样化个性化差异化发展相对滞后、教育内容与社会生活联系不够紧密、教育方法创新性灵活性不足、凝聚力感召力吸引力亲和力有待提升等诸多问题。如何推动大学生思想政治教育创新发展需要开拓视野，从多维度进行分析探讨，探索新的理论研究路径。

从思想政治教育供给和需求的视域来研判、剖析思想政治教育现实问题，就会发现既有需求方面的原因，也有供给方面的原因，但深层次的原因是供给和需求没有精准对接起来。从需求方面来看，思想政治教育本身具有重要的价值和作用，党和政府始终重视思想政治教育，大学生也迫切需要高质量、有品位，能够满足他们精神需要的思想政治教育。从供给方面来看，党和政府对思想政治教育投入了大量人力、物力、财力，供给质量和供给能力在不断提升，很多思想政治教育产品受到大学生的欢迎和喜爱。但是，从思想政治教育供给和需求的精准对接来看，思想政治教育供给对于思想政治教育需求的适应性、灵活性、应变性不足；供给没有很好地引领和满足需求，需求没有有效地创造供给；供给结构不够合理完善，没有完全满足需求结构的现实要求，供给速度相对于需求变化相对迟缓。解决这些问题就要努力提高供给质量和效率，调整优化思想政治教育供给结构，更好引领和满足思想政治教育需求，解决思想政治教育供求矛盾，实现思想政治教育供求精准对接。

遵循这个基本思路，我们查阅了近年来有关思想政治教育供求精准对接的文章。目前，将人工智能应用于思想政治教育已有不少研究成果，但缺乏聚焦大学生思想政治教育供求精准对接的研究成果。我们吸取了学者们的有益成果，发现了他们研究中存在的局限和不足，认为对该课题进行研究是很有必要和价值的。这就是我们课题组研究的缘起。

二、研究综述

笔者在中国知网等数据库以"思想政治教育供给""思想政治教育需求""思想政治教育供求精准对接"等为关键词搜索发现，近年来学界已经有近百篇论文探讨了思想政治教育的供给与需求以及供求精准对接问题，数十篇论文探讨了人工智能在思想政治教育中的运用问题。这些论文比较集中地论述了三个方面的问题。

(一) 人工智能在思想政治教育中的应用

人工智能是 20 世纪 50 年代诞生的概念和技术，经过长期发展，逐步成熟，近年来取得了突破性进展。近年来，学界对人工智能在思想政治教育中的应用研究逐步深化拓展，主要探讨了人工智能在思想政治教育中应用的理论依据和途径方法。学者们普遍认为人工智能在思想政治教育中的应用范围十分广泛，可以有效提升思想政治教育效果。刘涛认为，人工智能技术的发展和应用为高校思想政治教育工作带来了崭新的思路与发展契机。[1] 武东生、郝博炜认为，人工智能强大的学习和数据分析能力，使个性化思想政治教育成为可能。[2] 周良发提出了"智能思政"的概念，旨在运用人工智能技术实现思想政治教育智能化转型，实现教育主体的多元化、教学过程的个性化、人机交互的拟人化和考核评估的智能化。[3] 然而，学者们对人工智能在思想政治教育中应用的内在机理和具体路径探讨还不够深入，研究对象还不够具体明确。学者们也认识到人工智能在思想政治教育应用中具有局限性，不能过于夸大人工智能的作用，要注重人工智能和人类智能的优势互补和有机融合。

(二) 思想政治教育的需求和供给以及供求关系

一是依据经济学中的供给和需求提出了思想政治教育的供给和需求，着重探讨了思想政治教育的需求和供给。邹平提出教育需求和教育供给的概念，并指出教育需求和教育供给要实现均衡才能提高教育质量。二是探讨了思想政治教育供求关系，普遍认为供给和需求是辩证统一的，不能把二者割裂开来，同时指出了结构性问题的重要性。结构性问题是思想政治教育供求矛盾中的深层次问题，十分重要但往往容易被忽视。肖剑、蒿延净指出思想政治教育供给与需求应注重均衡发展，供给能创造需求，需求也能倒逼供给，二者要配合统一，不可偏废。邹平指出要着力推动教育供给与需求由静态均衡、短期均衡、低水平均衡向动态均衡、长期均衡、高水平均衡跃升。三是在思想政治教育供求关系中，一般认为供给是矛盾的主要方面，要更多地从供给方面来分析思考思想政治教育供求问题，优化教育资源配置，扩大优质教育产品供给，给受教育者

---

① 刘涛. 以人工智能引领高校学生思想政治工作变革探究 [J]. 四川省干部函授学院学报，2018 (1).

② 武东生，郝博炜. 思想政治教育有效利用人工智能的分析 [J]. 马克思主义理论学科研究，2019 (3).

③ 周良发. 智能思政：人工智能时代的思想政治教育变革 [J]. 重庆邮电大学学报 (社会科学版)，2019 (5).

提供多样化、个性化、差异化的教育选择和高质量、多种类的教育服务。学者们的研究指出处理思想政治教育供求关系的关键是实现思想政治教育供求均衡，但没有聚焦实现思想政治教育供求均衡的具体路径，对于人工智能在实现思想政治教育供求均衡中的重要作用认识不足，尚未提出具体可操作性的对策措施，影响了思想政治教育实效性的进一步提升。

（三）人工智能与思想政治教育供求的精准对接

精准教学（Precision instruktion）最早是奥格登·林斯利（Ogden Lindsley）于20世纪60年代根据斯金纳（Skinner）的行为主义学习理论提出的一种教学方法，国内学者对精准教学的研究起步较晚，但进展很快。根据精准教学理论，有许多学者指出思想政治教育要实现定制化精准供给，因为不同的供给方式会带来不同的供给效果，最终影响供给质量和效益。定制化供给是与标准化产品大批量供给相对应的供给方式，强调根据客户需求量身定做，以市场需求情况来决定生产什么、生产多少、如何生产。定制化精准供给的思维方式值得教育部门和教育者吸收借鉴和运用推广，改变传统的供给方式，实现产品供给方式从大众化到个性化、从标准化到定制化、从粗略化到精细化、从概略供给到精准供给的根本性转变。因此，思想政治教育只有实现供求精准对接才能实现"有的放矢、对症下药"的多样化、个性化、差异化的思想政治教育，解决思想政治教育供求结构性矛盾，进一步提升思想政治教育实效性。在传统思想政治教育模式下，实现思想政治教育供求精准对接的途径和方法比较有限，相关研究成果较少，更鲜有对大学生思想政治教育供求精准对接的研究成果。因此，深入研究人工智能应用于大学生思想政治教育供求精准对接的内在机理和途径方法，对于推动思想政治教育创新发展具有重要的价值和意义。

三、研究意义

本书试图通过大量的社会调查，全面系统地探讨大学生思想政治教育的需求和供给、大学生思想政治教育供求矛盾、人工智能与大学生思想政治教育供求精准对接、运用人工智能加强大学生思想政治教育需求管理和提升大学生思想政治教育供给质量等问题，对于推动大学生思想政治教育创新发展具有一定理论意义和实践价值。

（一）理论意义

深入探讨大学生思想政治教育的需求和供给及其结构性供求矛盾，提出利用人工智能实现思想政治教育供求精准对接来进一步提升大学生思想政治教育实效性的新路径。深入探讨人工智能与思想政治教育的内在联系，系统论证思想政治教育供给与需求精准对接的内在机理，为人工智能在思想政治教育中的应用奠定理论基础。同时，指出人工智能永远不可能代替人类智能，运用人工智能开展思想政治教育要注意其局限性和适用范围。

（二）实践价值

在人工智能时代的背景下深刻剖析大学生思想政治教育在需求、供给、结构三个方面存在的现实问题，从思想政治教育供求精准对接的新视角更加深刻、清晰、全面地研判思想政治教育实效性不佳的深层次原因；提出应用人工智能实现大学生思想政治教育供求精准对接，具有针对性和可操作性的十项对策措施，弥补以往研究中"重政策、轻对策""重方略、轻策略"的短板弱项；通过腾讯问卷、个别访谈等多种形式对天津、西安、上海等地高校开展大学生思想政治教育状况数据采集，从供给和需求精准对接角度进行数据分析挖掘，为进一步提高思想政治教育实效性提供决策参考。

四、研究思路

全书以探讨如何运用人工智能实现大学生思想政治教育供求精准对接为研究目的，以大学生思想政治教育供求矛盾的提出、分析、解决为研究思路，共分为十章。导论和第一、二、三章是总论，注重理论论证，第四、五、六、七章是分论，着力于实践探索，第八、九、十章和结束语是总论，两个附录是研究主题的进一步扩展和深化，全书呈现出"总—分—总"的逻辑结构。

第一章是概念界定，为全书做好理论铺垫。首先从马克思主义政治经济学视角界定大学生思想政治教育产品的基本概念并阐述其内涵和特点，在此基础上提出大学生思想政治教育产品的需求和供给，即由社会需求和个人需求构成的总需求以及由要素供给和产品供给构成的总供给，为全书开展理论探讨做好理论铺垫。

第二章是理论基础，论述大学生思想政治教育供求矛盾。大学生思想政治教育供给与需求之间的矛盾构成供求矛盾，本章全面探讨大学生思想政治教育矛盾的内涵、表现、本质、地位、作用等，通过对六种外在表现形式的分析揭示思想政治教育供求矛盾的本质是总供给难以适应满足总需求造成的结构性失衡错位的矛盾，最后强调只有实现大学生思想政治教育供求精准对接才能解决大学生思想政治教育供求矛盾。

第三章是理论核心，论证实现大学生思想政治教育供求精准对接的内在机理。大学生思想政治教育供求精准对接的内在机理是从加强思想政治教育需求管理入手，注重提升思想政治教育供给质量，调整优化思想政治教育结构，从而实现大学生思想政治教育供求精准对接，解决思想政治教育供求矛盾。首先，从人工智能的概念入手，阐述人工智能与思想政治教育的内在联系和应用价值。

其次，实现供求精准对接需要掌握供求均衡分析方法、矛盾分析方法、结构分析方法等方法论；再次，实现供求精准对接需要遵循解决供求矛盾、提高供给质量、实现供求均衡、调整优化结构、加强需求管理等基本思路；最后，实现供求精准对接需要统筹推进"加强需求管理、提升供给质量、推动结构调整"的"三位一体"总体布局。

第四章探讨人工智能在加强大学生思想政治教育需求管理中的运用。加强大学生思想政治教育需求管理是解决思想政治教育供求矛盾不可忽视的重要方面，是实现思想政治教育供求精准对接的前提和基础。本章提出精准研判多样化个性化的教育需求、挖掘潜在需求、实时掌控思想动态等加强需求管理的三项举措。

第五章探讨人工智能在提升大学生思想政治教育供给质量中的运用。提升大学生思想政治教育供给质量是解决思想政治教育供求矛盾的主要方面，是实现思想政治教育供求精准对接的主攻方向和工作重点。本章提出提供可视化动态教育产品、帮助受教育者自主学习、开展开放式互动式学习、配置思想政治教育资源等提升供给质量的四项举措。

第六章探讨人工智能在推动大学生思想政治教育结构调整中的运用。调整优化大学生思想政治教育结构是解决思想政治教育供求矛盾的基本途径，是实现思想政治教育供求精准对接的突破口和着力点。本章提出精确感知教育需求推送定制化教育内容、评估教育效果及时调整教育内容、为受教育者精准匹配教育内容等推动结构调整的三项举措。

第七章探讨大学生思想政治教育成本问题。本章实际上是第五章中降低思想政治教育供给成本问题的深入详尽展开，从考察思想政治教育成本的概念入手，分析思想政治教育成本存在的问题及影响因素，然后进行思想政治教育成本的核算，最后从两方面提出优化思想政治教育成本结构的路径：既需要尽量降低思想政治教育成本，也需要在薄弱环节加大思想政治教育投入力度。

第八章探讨微空间大学生主流意识形态的认知认同。认知认同是主流意识形态认同的起始点，是指主体在与客体互动过程中，对某一事物的内心认可及面对问题情境时存在的疑虑和困惑，通过学习与知觉记忆，可以实现对主流意识形态体系的认知认同。

第九章探讨微空间大学生主流意识形态的情感认同。情感认同是以认知认同为前提，是指主观上乐于接受思想的传导并积极地进行转化，从而在个体内心深处产生积极的情感体验。情感认同有利于个体产生思想价值层次上的认同共鸣，从而有助于推动实践认同的形成，实现从内化于心的情感向外化于行的行动价值超越。

第十章探讨微空间大学生主流意识形态的实践认同。实践认同是认同的最高阶段和最终指向，它是思想意识的终极价值旨归和行动实践的科学指南。实践认同以实践活动为基础，真正实现了主流意识形态在实践行动和意识反思中内化于心、外化于行。

结束语归纳概括全文。运用人工智能实现大学生思想政治教育供求精准对接提供了三点重要启示：引领激发社会需求和个人需求的双重需求、提升促进要素供给和产品供给的质量效率、实现需求主导性和供给多样性的有机统一。

附录。根据党的二十大精神和习近平总书记相关重要论述，从时代背景、主要亮点、基本要求三个方面全面阐述了党的创新理论最新成果。同时，列出了人工智能时代大学生思想政治教育情况问卷调查表，以增强本书的时代感和现实针对性。

五、研究方法

（一）文献分析法

文献分析法是指收集和梳理与研究课题相关的文献资料，探讨和分析事物的本质和规律的研究方法。笔者在研读马克思主义经典文献、思想政治教育专业教材、专著、论文的基础上，查阅中国知网、维普数字图书馆、人大报刊复印资料全文数据库等电子文献，了解掌握相关问题的研究现状和理论前沿，总结相关理论和方法，吸收其研究成果，克服其理论缺陷。

（二）演绎法

演绎法是遵循从一般到个别的认识方法，即先有一般假设和基本原理，然后运用它们来解释具体问题，并在此基础上对未来进行预测。本书从思想政治教育产品的逻辑起点出发，首先提出思想政治教育的需求和供给及大学生思想政治教育供求矛盾并进行一般性理论概括，其次归纳提炼出总体思路，然后运用方法论提出实现思想政治教育供求精准对接，解决思想政治教育供求矛盾的基本思路和总体布局，最后从加强需求管理、提升供给质量、推动结构调整几个方面提出对策措施，层层推进，步步深入，体现了从一般到个别的逻辑演进理路。

（三）规范分析和实证分析相结合的方法

规范分析以一定的价值判断为前提，研究"应该是什么"的问题。实证分析对事物本身存在的内在联系进行客观研究，研究时不预设价值判断前提，研究"是什么"的问题。第二章进行实证分析，分析大学生思想政治教育供求矛盾的六种表现形式，从中揭示其本质、地位、作用等，探讨"是什么"的问题。第四、五、六章从加强需求管理、提升供给质量、推动结构调整三个方面对具体路径进行规范分析，提出对策措施，回答"应该是什么"的问题。

（四）定性分析与定量分析相结合的方法

定性分析方法是对事物的质进行理论思辨的研究方法。定量分析方法是用数学方法对各种现象进行研究，用数学变量来描述和刻画其中客观规律的方法。定性分析方法和定量分析方法各有其优势和不足，应当把两者结合起来，更加深刻地揭示事物的质和量。本书通过问卷调查和个别访谈，对思想政治教育现实问题进行归纳梳理，进行量化统计分析，运用图、表、公式等多种形式进行数量分析，推导出思想政治教育产品实现总量均衡和结构均衡的条件，为理论研究提供实践依据，以达到定性分析与定量分析的统一，有助于增强研究的客观性和科学性。第七章通过构建数学模型对思想政治教育成本进行定量分析。

（五）案例分析法

对思想政治教育实践中 20 多个比较典型的、影响较大的、正反两方面的真实案例进行深入剖析，从中总结成功经验和汲取失败教训，作出恰当合理的评价，获得对实现大学生思想政治教育供求精准对接有价值的启示和借鉴。

六、创新之处

本书力图从三个方面实现理论和实践创新。

（一）选题视角创新

从"智能思政"的视角出发，基于人工智能研究大学生思想政治教育供求精准对接问题，深入分析人工智能在大学生思想政治教育供求精准对接中的理论依据、应用价值、发展趋势和局限性等若干问题。

（二）理论观点创新

明确提出运用人工智能实现思想政治教育供求精准对接是提高思想政治教育实效性的重要路径，系统研究人工智能在实现大学生思想政治教育供求精准对接中的比较优势，提出推进大学生思想政治教育智能化建设的新思路和新举措。

（三）对策措施创新

对人工智能促进大学生思想政治教育供求精准对接的路径和方法进行了实践探讨。提出运用人工智能加强大学生思想政治教育需求管理的三项对策措施，提升大学生思想政治教育供给质量的四项对策措施，推动大学生思想政治教育结构调整的三项对策措施。

第一章

大学生思想政治教育的需求和供给

本章从大学生思想政治教育产品的研究起点出发，阐述其内涵和特点，分析思想政治教育的需求和供给，界定基本概念，提出由社会需求和个人需求构成的大学生思想政治教育总需求和由要素供给和产品供给构成的大学生思想政治教育总供给，为全书开展理论探讨做好铺垫。

第一节　大学生思想政治教育产品

物质生产提供物质产品，精神生产提供精神产品。思想政治教育是一种教育者通过施加教育影响提升受教育者思想政治素质的教育实践活动，是一种精神生产或思想生产活动。思想政治教育产品是精神生产或思想生产的外在表现和现实载体，也是研究思想政治教育供给和需求以及思想政治教育供求矛盾的逻辑起点。

（一）产品

产品是指人们通过劳动生产出来的，能够被人们使用和消费，并能满足人们某种需要的物品和服务。产品是一个比较宽泛的概念，可以从不同角度进行分类。依据产品的外在形态可以把产品分为物质产品和服务产品。物质产品是指生产活动的结果创造了新的实物形态和使用价值的产品。通常是各种有形的、看得见、摸得着的产品。服务产品简称服务，是指除物质产品之外由生产者生产提供的，能起到被消费者购买和享受的功能和作用的产品。例如修理、物流、旅游、教育培训、家政服务等。广义的产品包括物质产品和服务产品，狭义的产品仅仅是指物质产品，本书中的产品是指广义上的产品。

依据产品是否具有外部性可以把产品分为公共产品和私人产品。公共产品是指能够为绝大多数人共同消费和享用的产品或服务。例如国防、公共安全、义务教育、公路等。私人产品具有消费上的排他性和竞争性两个鲜明的特征，只能通过市场机制来提供。例如高等教育、私家车、商品房等。此外，还可以根据产品的内容对产品进行分类。金融产品是指资金融通过程中的各种具有经济价值，可以进行公开交易或兑换的非实物资产，也叫有价证券。包括货币、外汇、股票、债券、期货等。生态产品是指维系生态安全、保障生态调节功能、提供良好人居环境的自然要素。包括清新的空气、清洁的水源和舒适的气候等。旅游产品是指由实物和服务构成，包括旅行商集合景点、交通、食宿、娱乐等设施设备、项目及相应服务出售给旅游者的旅游线路类产品，旅游景区等企业提供给旅游者的活动项目类产品。信息产品是指在信息化社会中产生的以传播信息为目的的服务性产品。例如新闻产品、媒体产品、广告、软件等。信息产品由信息内容和信息载体不可分割的两部分构成。文化产品通常是指人类创造出来的一切提供给社会的精神产品。例如书籍、电影、电视剧、艺术品等。教育产品是指教育部门和教育单位所提供的产品，又称教育服务。义务教育既是公共产品又是教育产品，高等教育既是私人产品又是教育产品。思想政治教育是教育的重要组成部分，思想政治教育产品也是一种教育产品。

（二）大学生思想政治教育产品的内涵

思想政治教育理论界一般认为：思想政治教育是指社会或社会群体用一定的思想观念、政治观点、道德规范，对其成员施加有目的、有计划、有组织的影响，并促使其自主地接受这种影响，从而形成符合一定社会一定阶级所需要的思想品德的教育实践活动①。自从人类进入阶级社会以后，思想政治教育就成为人类社会不同历史阶段和不同阶级所共有的一种普遍性的教育活动。本书中的思想政治教育特指中国共产党思想政治教育，其本质是马克思主义意识形态的灌输和教化，必须坚持正确的政治方向，把反映统治阶级意志和利益的意识形态灌输给社会成员。意识形态包括政治观念、法律观念、道德观念和其他社会科学、宗教、艺术、哲学等，其中的核心内容是政治法律思想观念，即政治意识形态。

物质生产生产出满足人们物质需要的物质产品，而精神生产生产的是满足人们精神需要的精神产品，这种产品通常是无形的，表现为教育、科学、文化知识的发展和人们思想道德水平的提高。马克思指出："作为思维着的人，作为思想的生产者而进行统治，他们调节着自己时代的思想的生产和分配。"② 思想

① 陈万柏，张耀灿. 思想政治教育学原理：第3版 [M]. 北京：高等教育出版社，2015：4.
② 中共中央马克思恩格斯列宁斯大林著作编译局. 马克思恩格斯文集：第1卷 [M]. 北京：人民出版社，2009：551.

政治教育正是肩负着"思想的生产和分配"重任而产生并发挥重要作用的精神生产活动。马克思认为，精神生产就是意识生产，它是在物质生产的基础上产生的，"思想、观念、意识的生产最初是直接与人们的物质活动，与人们的物质交往，与现实生活的语言交织在一起的。人们的想象、思维、精神交往在这里还是人们物质行动的直接产物。表现在某一民族的政治、法律、道德、宗教、形而上学等的语言中的精神生产也是这样"，那些"发展着自己的物质生产和物质交往的人们，在改变自己的这个现实的同时也改变着自己的思维和思维的产物"[①]。思想政治教育既是一种精神生产，又是一种意识生产，还是一种思想生产，它是在物质生产的基础上产生的，并且反作用于物质生产。

精神产品同物质产品一样也存在生产和分配的问题。思想生产是为了形成统治阶级进行阶级统治所需要的社会意识形态，统治阶级迫切需要构造一套社会意识形态来为自己提供合法性论证。思想分配是用已经形成的意识形态来影响、引导社会成员，使思想掌握群众，为阶级统治的确立和巩固奠定社会思想基础。统治阶级进行思想生产与分配的实践活动，是夺取、维持、巩固国家政权的内在需要，是统治阶级和国家的重要活动方式和政治职能，是国家本质在思想领域的现实体现。

从以上分析来看，我们可以把思想政治教育产品定义为思想政治教育部门和思想政治教育工作者生产提供的，能够满足社会和个人提高思想、政治、道德素质的需要，促进社会发展进步和人的自由全面发展的意识形态精神产品。思想政治教育产品能够满足人们对思想政治教育的精神需求，具有使用价值，这是其自然属性；思想政治教育产品中凝结着无差别的人类抽象劳动，具有价值，这是其社会属性。如同物理学在研究物体运动规律时可以把各种各样的物体统一归结为一个质点一样，思想政治教育产品既是对思想政治教育实践活动的一种抽象的、逻辑的、思辨的表达，也是思想政治教育精神生产活动或思想生产活动的外在表现或现实载体，但并不能概括思想政治教育主体、客体、介体、载体、目标、内容、方法等所有范畴，更不是对思想政治教育概念的替代，仅仅是从马克思主义政治经济学角度对思想政治教育具有使用价值和价值这两个属性的归纳和指代。由于思想政治教育需求和供给是基于思想政治教育产品而产生的，思想政治教育产品是思想政治教育需求和供给的对象，所以思想政治教育产品是研究思想政治教育需求和供给的逻辑起点。

---

① 中共中央马克思恩格斯列宁斯大林著作编译局. 马克思恩格斯选集：第 1 卷 [M]. 北京：人民出版社，1995：72-73.

　　思想政治教育产品内容丰富，形式多样，从外延来看表现为三种形式，一是有形的物品，二是无形的服务，三是有形物品和无形服务的组合。例如，宣传部门为开展思想政治教育编写的教材、拍摄的视频、编排的晚会、放映的电影、组织的参观等属于有形的思想政治教育产品。再如，心理咨询师提供的心理咨询服务、辅导员和学生的交流谈心、学生会组织的社会实践活动、领导的模范带头作用、教育者的言传身教等属于无形的思想政治教育产品。又如，教师为学生讲授一堂思政课，包括内容丰富的讲稿、制作精美的课件、充满激情的讲授、娓娓道来的叙述、与学生的互动交流等组成部分，属于有形物品和无形服务相结合的思想政治教育产品。

　　非意识形态精神产品可以提高人们认识世界和改造世界的能力，帮助人们更好地了解掌握自然规律和社会规律，获得知识、技能、经验、智慧，提高认识能力和实践能力，还可以获得精神愉悦和审美享受。思想政治教育产品具有引导、教化、评判、定向等功能和价值，有可能转化为接受主体的思想观念，进而影响人的行为。思想政治教育产品是一种典型的意识形态精神产品，这就是其本质。

　　思想政治教育产品的生产是一个复杂的生产过程，需要有适宜的生产条件和生产环境，要消耗大量教育资源，付出生产成本，对生产主体的要求很高，还需要对生产技术不断创新，这些因素共同决定了思想政治教育产品的质量和品种。2017 年两会期间教育部部长陈宝生指出：思政课"配方要先进""工艺要精湛""包装要时尚"，这实际上是对生产思想政治教育"精品"的要求。不论何种类型的思想政治教育产品，其质量的优劣、品种的多寡、层次的高低都直接影响思想政治教育的实效性。所以，思想政治教育产品必须"品质优良""适销对路"[①]，不断提高产品质量，适应消费者的需求，通过各种教育方式作用于人的思想意识，促进人的思想观念和行为方式发生转变。如同供给可以分为有效供给和无效供给一样，思想政治教育产品供给也分为有效供给和无效供给。有效供给是指思想政治教育供给中真正起作用的、能够解决思想问题、教育效果较好并能够为受教育者接受认可的教育。不能解决思想问题、教育效果较差、在教育中起不到积极影响、难以被受教育者接受认可的教育就是无效供给或过剩供给。

---

①　王芳芳. 论供给侧改革视域下职业院校思想政治教育创新 [J]. 学校党建与思想教育，2017（11）：86-88.

（三）大学生思想政治教育产品的特点

高校思想政治教育是中国共产党在高等院校面向大学生等特定教育对象开展的思想政治教育，目的是培养拥护中国共产党领导的中国特色社会主义事业建设者和接班人。高校思想政治教育比较成熟、比较典型，影响面比较广泛。思想政治教育属于德育范畴，与智育、体育、美育等教育相比，特别是与科学文化教育相比有本质不同。如果说科学文化教育是教人们"如何做事，如何处理人与自然的关系"，那么思想政治教育就是教人们"如何做人，如何处理人与人以及与社会的关系"。与科学文化教育相比，思想政治教育产品呈现出多方面的特点。

1. 供给内容的意识形态性十分突出

思想政治教育的本质是意识形态的灌输与教化，其主要内容是意识形态方面的内容，所要解决的是人们思想方面的问题。思想政治教育过程可以从两个维度来考察，从教育者的维度来看，思想政治教育是发动、组织、实施社会主导意识形态的灌输教化过程；从受教育者的维度来看，思想政治教育是教育对象接受这种灌输教化并将其接受、认同、内化的教育实践活动过程。任何思想政治教育都是统治阶级的思想政治教育，必须按照统治阶级制定的目标、任务和计划，以统治阶级倡导的意识形态内容进行教育，具有鲜明的意识形态性，其表达的思想内容就是社会主导意识形态的要求。列宁鲜明指出，任何阶级社会都不可能存在非阶级的或超阶级的意识形态，世界上不存在所谓的适用于全人类的普世价值[1]。思想政治教育是意识形态工作的重要组成部分，是一项极端重要的工作，其意识形态性十分突出。意识形态性是思想政治教育的本质属性。所以，宣扬思想政治教育非意识形态化、去意识形态化的观点是极端错误的，实际上否定了思想政治教育的本质和意识形态属性。在当代中国，思想政治教育实质上是马克思主义意识形态教育或社会主义意识形态教育，反映了中国共产党的利益和要求，必须用党的意志和主张统一全党全国各族人民的思想。

2. 供给目的的政治性特别鲜明

马克思主义认为，统治阶级必须承担思想政治教育的角色，并且让被统治者朝着自己思想意志的方向发展，其政治目的性十分鲜明。古今中外统治阶级都力图用自己的政治观点、思想观念、道德准则来影响社会成员，通过社会成员的价值认同来维护其统治的合法性，维持其统治秩序。思想政治教育直接反映国家、政党、政府、社会的利益和要求，通过各种方式和途径向社会成员灌

---

① 列宁选集：第1卷［M］．北京：人民出版社，2012：326-327.

输反映本阶级意志和利益的意识形态，并力图使之成为全社会的共同意志。从社会现实来看，只有当社会全体成员或大多数成员思想统一，形成共识的时候，社会才能顺利发展，反之社会发展就会受到阻碍。思想政治教育必须有利于中国特色社会主义主流意识形态的理解、认同和践行，永远把坚定正确的政治方向放在第一位。中国共产党思想政治教育必须紧紧围绕党的理论、路线、方针、政策和中心任务来开展，其指导思想、教育主题、核心任务、中心环节、培养目标、主要内容、基本方法等各个方面都具有鲜明的政治目的性。思想政治教育者要具备坚定的政治立场、高度的政治敏锐性、清醒的政治头脑、正确的政治方向，为达到特定的政治目的而努力。思想政治教育承担了重大的政治任务，需要达到明确的政治要求，体现了深远的政治意义，具有不可替代的重要政治价值，其鲜明的政治目的性不言自明。

3. 供给方式的强制性非常明显

思想政治教育产品供给方式具有强制性、指令性、约束性的特点，不能由人的主观意志选择和决定。在思想政治教育实践中，思想政治教育的供给方式是由中国共产党决定，然后由党的宣传部门或政府的教育部门以命令指令的方式规定和下达，包括必须遵循共同的教育目标，执行统一的教学大纲，使用严格审定的教材，讲授规定范围内的内容，由指定机构来进行教育质量评估，严禁散布错误负面消极的政治观点等，这些命令指令必须得到严格贯彻执行，不得随意变通或更改。不论在感情和心理上是否接受，思想政治教育课都是必修课，必须无条件地强制性开展，也就是说思想政治教育供给方式具有确定性、计划性、不可选择性。以高等教育为例，无论学习什么专业的大学生都必须无条件地接受统一的思想政治教育，接受思想政治教育是不可选择的行为，是一门必修课，这是思想政治教育区别于科学文化教育的显著特点。

4. 供给成本的承担者比较特殊

与科学文化教育供给成本的承担者相比，思想政治教育供给成本的承担者比较特殊，通常是由教育者而不是受教育者来承担思想政治教育成本。一般情况下思想政治教育不是通过市场机制来配置的，而是由党和政府委托相关思想政治教育部门通过计划手段安排供给的，思想政治教育成本通常是由教育供给者自己承担，受教育者并不需要为此支付直接的教育费用。例如，长期以来，我们持之以恒开展常态化社会主义核心价值观教育，教育效果十分明显，社会风气和公民思想道德素质显著提升，在一定程度上具有思想政治教育公共产品的性质。开展社会主义核心价值观教育的成本由党和政府来承担，教育收益由全体社会成员共享。

第二节　大学生思想政治教育总需求

思想政治教育产品同其他产品一样也存在需求和供给以及供求矛盾。由于思想政治教育产品的需求和供给都不是由单一的需求和供给构成的，具有双重性和复合性，所以我们把思想政治教育产品的所有需求归结在一起称为总需求，把所有供给归结在一起称为总供给。本书在第一章之后所称的思想政治教育需求即指思想政治教育总需求，思想政治教育供给即指思想政治教育总供给。思想政治教育是基于社会需求和个人需求的双重需求产生的，也是基于社会需求和个人需求的存在和发展得以不断创新和发展的。

（一）大学生思想政治教育社会需求

思想政治教育社会需求是指一定国家、政党、政府为推动社会发展进步，对全体或部分社会成员在思想观念、政治观点、道德规范等方面提出的，要求所有受教育者普遍接受社会主导意识形态灌输和教化的思想政治教育需求。社会需求的特点是社会性、整体性、稳定性、宏观性、刚性等。社会需求的主体是国家、政党、政府，直接表现为国家、政党、政府所掌握和控制的思想政治教育部门，由它们具体组织实施对受教育者开展思想政治教育，例如党委中的宣传部和政府中的教育局等。思想政治教育社会需求是其产生和发展的根本依据，体现了其鲜明的意识形态性，它要为一定国家、政党、政府的政治统治和政治利益服务。

$$Ds = a + bx \qquad （公式1）$$

公式1：思想政治教育社会需求函数

公式1中的 Ds 表示思想政治教育社会需求；a 是一个常数，表示思想政治教育社会需求中相对稳定不变的需求，例如爱国主义教育、社会主义核心价值观教育、法制教育等；b 是一个系数；x 表示国家、政党、政府根据时代、形势、政策、任务的变化对思想政治教育提出的变动性需求，例如党的群众路线教育实践活动、"两学一做"学习教育、学习宣传贯彻党的二十大精神、时事政策宣讲等。

思想政治教育产生的最原始动因不是个人需求，而是社会需求，是统治阶级维护其阶级统治的政治需求。社会需求在任何时候、任何情况下都不能动摇，只能加强，不能削弱。思想政治教育的使命任务就是影响和引导社会成员的思想和行为，使之符合统治阶级的利益和要求。从我国现实情况来看，中国共产党是思想政治教育存在和发展的最终决定力量，必须服从于党的意志和主张，为巩固党的思想领导和执政地位服务。

中国共产党历来高度重视思想政治教育社会需求，每一代领导人都站在国家、阶级、政党、社会的高度对此进行过很多重要论述。早在1955年，毛泽东就明确提出"政治工作是一切经济工作的生命线"的著名论断。邓小平深刻揭示了思想政治教育对于社会主义精神文明建设的重要意义。习近平在2016年全国高校思想政治工作会议上提出思想政治教育要实现"四个服务"的目标，对我国思想政治教育社会需求进行了高度概括。

在大学生思想政治教育中，中国共产党对大学生在政治、思想、道德方面提出了明确的教育要求，要求大学生做中国特色社会主义事业的合格建设者和可靠接班人，这就是党对大学生思想政治教育提出的社会需求之一。类似对所有受教育者的普遍性要求还有很多，共同构成了大学生思想政治教育的社会需求。这是所有需求中首要的、整体性的、处于核心地位的需求，规定和制约着其他需求。

（二）大学生思想政治教育个人需求

思想政治教育个人需求是指受教育者自身为积极主动适应社会，实现自由全面发展在丰富精神文化生活、充实精神世界、激发精神动力、构建精神家园、锤炼坚强意志、满足心理需要、培养科学思维方式、解答思想困惑、缓解精神压力、寻求人文关怀、塑造理想人格、实现人生价值等多方面对思想政治教育提出的需求。个人需求的特点是个体性、独立性、多样性、开放性、选择性、变动性、差异性、微观性、弹性等。

$$Dp = \sum_{i=0}^{n} di \qquad\qquad （公式2）$$

公式2：思想政治教育个人需求函数

公式2中Dp表示思想政治教育个人需求，是受教育者各种个人需求的加总，di表示受教育者个体的各种思想政治教育需求，例如d1：丰富精神文化生活，d2：充实精神世界，d3：激发精神动力……

个人需求的主体是思想政治教育的接受者和作用对象。受教育者是指在思想政治教育活动中教育者施加可控性教育影响的教育对象，具有独立性、广泛性、层次性、可塑性等多种特征。思想政治教育通过引领、尊重、满足、提升、丰富、激发个人需求来实现人的自我提升，自我超越，推动人的自由而全面发展。引领和满足个人需求是思想政治教育产生和发展的重要依据。

　　马克思鲜明指出："人们为之奋斗的一切，都同他们的利益有关。"① 这句话中有三个关键词，第一是"利益"，第二是"奋斗"，第三是"他们的"。人们的行为是受利益驱动的，人们首先关注和追求的是自己的利益，而不是他人的利益，人们奋斗的动机和目的是争取自己的物质利益和精神利益，而不仅仅是物质利益。而思想政治教育恰恰是满足个人精神需求，实现精神利益的一种现实途径。人的行为总是以自身利益和自我需求作为出发点的，人们接受任何一个事物的基本前提是需要接受的事物必须能够满足接受主体的某种需要。人们是否愿意接受思想政治教育，接受程度如何首先取决于它能否满足受教育者的个人需求以及能够在多大程度上满足这种精神需求。习近平总书记指出思想政治教育从根本上说是做人的工作，强调思想政治教育要"丰富人民精神世界，增强人民精神力量，满足人民精神需求"②。能够让受教育者有所收获、有所提高、有所进步的思想政治教育才有价值、有意义。如果思想政治教育与个人生活联系紧密，能够推动促进个人成长进步，解答现实思想困惑，满足受教育者的精神需求，就一定会受到欢迎和喜爱。反之，思想政治教育脱离了受教育者的个人需求，就失去了坚实的根基，就成了空中楼阁。

　　思想政治教育个人需求的理论依据是马克思主义人学理论。马克思主义人学理论是一个内容十分丰富的理论体系，人的存在论是人学理论的出发点，人的需要论是人学理论的基本前提，人的本质论是人学理论的核心，人的发展论是人学理论的落脚点和归宿。马克思主义追求的最高价值目标就是实现全人类解放和每个人的自由全面发展。人的全面发展是指"社会的每一个成员都能完全自由地发展和发挥他的全部才能和力量"③ "体力和智力获得充分自由地发展和运用"④。人的全面发展包括人的劳动能力的全面发展、人的体力和智力的全面发展、人的才能和品质的全面发展、人的自由个性的全面发展、人的社会关系的全面发展等诸多方面。促进人的自由全面发展，离不开思想政治教育。思想政治教育如果能够满足人的精神世界的发展需要，那将会在推动人实践能力的提高，促进人社会关系的发展，特别是在人自由个性的全面发展中起到极其

---

① 中共中央马克思恩格斯列宁斯大林著作编译局．马克思恩格斯全集：第1卷［M］．北京：人民出版社，1995：187.
② 习近平．习近平谈治国理政：第1卷［M］．北京：外文出版社，2014：154.
③ 中共中央马克思恩格斯列宁斯大林著作编译局．马克思恩格斯全集：第42卷［M］．北京：人民出版社，1979：373.
④ 中共中央马克思恩格斯列宁斯大林著作编译局．马克思恩格斯全集：第20卷［M］．北京：人民出版社，1971：307.

重要的作用。

高度重视思想政治教育个人需求也是学界的普遍共识。苏联著名教育家苏霍姆林斯基指出，教育的一项重要任务就是要培养塑造人的健康个性，这是教育成功的重要条件。在人生道路上，影响最大的内在因素是人的个性，个性甚至在一定程度上影响和改变了一个人的人生命运。世界上成功的思想政治教育都非常重视受教育者个体价值的实现。美国著名哲学家、教育学家杜威认为教育的基础和核心就是个性教育，主张以个性实现为手段，以个性的自由发展为目的，注重激发出个体内在的潜能，培养出具有开拓进取精神的创造性人才。

思想政治教育个人需求的实践依据是改革开放和市场经济条件下人们的现实思想状况。改革开放和发展市场经济以来，思想政治教育赖以存在的时代背景和社会环境发生了深刻变化，人们思想活动的特点和规律更加复杂，个人需求随着受教育者的工作、生活、学习、单位、环境、年龄、目标等众多因素的变化而发生巨大迅速的变化。人们对思想政治教育的需求不是减少了，而是增加了，而且需求的层次水平在不断提升，需求的复合性、多变性、多样化、差异化的趋势日益凸显。因此，思想政治教育要更加聚焦关注人的精神世界，适应受教育者的思想特点，满足人们实现自我价值，促进人的自由全面发展的个体需要。

（三）社会需求和个人需求构成总需求

社会需求和个人需求是既对立又统一的关系。一方面，个人需求和社会需求的主体不同，个人需求受社会需求影响制约，个人需求往往同社会需求存在着矛盾和冲突。另一方面，社会需求培养人、教化人的育人功能与个人需求追求人的自由全面发展从根本上是一致的，都是为了实现人的自我完善和自我发展，二者相互融合、相互促进。个人需求是社会需求的起点、立足点和最终目标，社会需求是实现个人需求的条件和保证，为个人需求指引方向。没有个人需求的支撑，社会需求就失去了赖以建立的现实基础；没有社会需求的引导，个人需求就容易失去方向，误入歧途。习近平总书记指出，思想政治教育要努力满足学生成长发展需求和期待①。这实际上也是在强调受教育者个人需求的重要性。党和政府越来越重视受教育者的个人需求，已经将个人需求纳入社会需求的视野之中，要求个人需求和社会需求实现深度有机融合。一定国家、政党、政府的社会需求和受教育者的个人需求共同构成了思想政治教育总需求。

---

① 习近平. 习近平谈治国理政：第2卷［M］. 北京：外文出版社，2017：378.

$$D = Ds + Dp = a + bx + \sum_{i=0}^{n} di \qquad (公式3)$$

公式3：思想政治教育总需求函数

思想政治教育总需求反映了最基础、最本质、最根本的愿望和要求，是思想政治教育出发点和最终归宿，也是思想政治教育初始依据和创新发展的原动力。思想政治教育需求主体是指依据一定国家、政党、政府的要求，施加有目的、有计划、有组织的教育影响的思想政治教育部门和广大受教育者。

第三节　大学生思想政治教育总供给

思想政治教育总需求是通过总供给来实现和满足的，它由两部分构成，分别是要素供给和产品供给。

（一）大学生思想政治教育要素供给

思想政治教育要素供给是指一定国家、政党、政府为开展思想政治教育在教育资源、教育制度、教育环境等生产要素方面的供给。

$$Sk = c \times f (R. S. E) \qquad (公式4)$$

公式4：思想政治教育要素供给函数

公式4表示教育者利用生产要素生产提供思想政治教育产品，其中 Sk 表示产出，即思想政治教育产品，c 是一个常数，表示全要素生产率，R 表示教育资源，S 表示教育制度，E 表示教育环境。生产要素是指进行生产经营活动时必不可少的各种经济资源。一般认为，劳动、土地、资本、技术、信息、管理等都是生产要素，随着经济的发展，制度和环境也成为重要的生产要素。要提高思想政治教育产品的数量和质量，一方面要增加生产要素的数量，增加对教育资源、教育制度、教育环境的投入；另一方面要提高全要素生产率，提高生产要素利用效率和资源配置效率。全要素生产率一般有三个来源：一是技术进步，就是要努力改进思想政治教育产品生产技术。二是规模经济，就是要在思想政治教育产品生产中发挥规模效应，开展合理有效的分工协作。三是效率改进，就是要对思想政治教育产品生产的每个生产环节持续进行改进，确保发挥出最大生产效率。

不投入大量优质生产要素，就无法进行思想政治教育产品生产。所以，要素供给是产品供给的前提和基础。要素供给的主体是国家、政党、政府，具体来说就是为国家、政党、政府所掌握和控制的思想政治教育部门，由它们负责组织实施对受教育者开展思想政治教育。教育部门是思想政治教育的领导者、管理者、推动者、监督者。从上文关于思想政治教育社会需求的分析来看，社会需求者和要素供给者是直接同一的，也就是说思想政治教育部门既是社会需求者，也是要素供给者。

教育资源供给是指教育部门要为开展思想政治教育提供人力、物力、财力、时间等教育资源的供给。教育资源中的核心资源是人力资源，人力资源通过人力资本投入而形成，人力资源供给是最重要的教育资源供给。人力资源是劳动能力与经验、知识、技能的综合，特别是受教育程度和工作实践经验。人力资本是指劳动者通过教育和培训所获得的知识和技能。教育者是做好教育工作，完成教育任务，实现教育目标，提高教育实效性最基本的主体力量和人才保证。搞好思想政治教育必须要有一支素质过硬的教育者队伍，不断提升供给主体的教学能力和教学水平。

教育制度供给是指为开展思想政治教育制定科学、合理、完善、有效的管理制度。制度供给的目的是为了加强对思想政治教育的科学管理，通过决策、组织、领导、控制、监督等管理活动，对教育资源进行充分利用，对思想政治教育产品的生产和分配进行调节，严格规范生产程序和标准，提供激励和约束，保障规范化生产，最大限度实现思想政治教育目标。

教育环境供给是指要有效治理和大力改善教育环境，为思想政治教育产品生产创造更加有利的外部条件。因为教育环境对人的思想品德形成和发展具有至关重要的作用和意义。优化教育环境有助于提高受教育者的思想道德水平，有助于顺利开展思想政治教育并取得良好效果。

中国共产党是思想政治教育的根本供给者，这是因为党领导的思想政治教育部门决定了思想政治教育的所有重大事项，包括人员、目标、时间、内容、重点、方法、制度、环境等，提供了开展思想政治教育所需的各种人力、物力、财力等教育资源，还要命令、指挥、激励、监督、评价思想政治教育者开展思想政治教育。党的十八大以来，思想政治教育得到了前所未有的高度重视，取得了显著的成效和丰硕的成果，扭转了一度出现的被动局面，整体面貌焕然一新。一般来说，教育部门只是要素供给者，但并不直接面对广大受教育者开展教育，而是将教育目标和任务层层分解、布置、落实到各个教育单位，例如高校、宣传部门等，由千千万万教育工作者来具体组织实施。

（二）大学生思想政治教育产品供给

思想政治教育产品供给是指思想政治教育者直接面向受教育者生产提供的思想政治教育产品。产品供给的主体是有目的、有计划、有组织地施加教育影响的教育工作者，他们是思想政治教育具体的承担者、执行者、落实者。

$$Sp=f（L，K）=AL^{\alpha}K^{\beta} \qquad （公式5）$$

公式5：思想政治教育产品供给函数

公式中的 $Sp=f（L，K）$ 为一般生产函数，表示教育者需要运用劳动和资本这两个生产要素生产思想政治教育产品，其中 L 表示教育者付出的劳动，K 表示为开展教育投入的物力、财力等资本。把思想政治教育生产要素简化为劳动和资本两个生产要素并不影响揭示问题的实质，却大大简化了分析过程。$Sp=AL^{\alpha}K^{\beta}$ 把生产函数进一步具体化为柯布-道格拉斯生产函数，α 表示产出关于劳动的弹性值，β 表示产出关于资本的弹性值，α 和 β 表示劳动和资本在思想政治教育产品生产中所占的份额和比重，A 是一个常数，表示一定生产技术水平下的技术系数，Sp 表示思想政治教育产品的数量。

大学生思想政治教育产品供给主体是受党组织和高校的命令和委派来开展教育工作的人员，包括思政课教师、哲学社会科学课教师、辅导员、班主任、党政团干部、学生社团组织、社会团体等。

图 1.1　高校思想政治教育产品供给主体图

图 1.1 表示了高校思想政治教育产品供给主体的构成和相对作用，其中思政课教师处于核心地位，发挥关键作用。思想政治教育产品供给质量高低直接决定了思想政治教育供求能否实现精准对接。

（三）要素供给和产品供给构成总供给

要素供给和产品供给是既对立又统一的关系。一方面，要素供给能否顺利转化为产品供给，能够在多大程度、多高效率上转化为产品供给取决于多种因素的影响，二者往往会发生矛盾和冲突。另一方面，要素供给和产品供给从根本上讲是内在统一的，因为两者的教育目的、教育内容、教育要求等是完全一致的。要素供给的目的就是把教育资源等思想政治教育生产要素更好、更快、更高效地转化为思想政治教育产品供给。国家、政党、政府为开展思想政治教育在教育资源、教育制度、教育环境等方面的要素供给和思想政治教育产品供给共同构成了思想政治教育总供给。

$$S = sk + sp = c \times f\ (R.S.E) + f\ (L,\ K) \hspace{3cm} (公式6)$$

公式6：思想政治教育总供给函数

思想政治教育供给主体是指依据一定国家、政党、政府的要求，对教育对象施加有目的、有计划、有组织的教育影响的教育部门和教育工作者。通常包括思政课教师、哲学社会科学课教师、辅导员、班主任、党政团干部、心理咨询师、法律工作者等。

第二章

大学生思想政治教育供求矛盾

如同商品中孕育着资本主义基本矛盾的萌芽一样，思想政治教育产品中蕴含着思想政治教育供求矛盾。思想政治教育总需求和总供给之间既对立又统一、相互依存、相互渗透、相互排斥、相互否定，构成了思想政治教育供求矛盾。本章通过对思想政治教育供求矛盾六种表现形式的分析，揭示思想政治教育供求矛盾的本质是思想政治教育总供给难以适应满足总需求造成的结构性失衡错位的矛盾。从四个方面论证思想政治教育供求矛盾是思想政治教育矛盾体系中的主要矛盾，只有解决思想政治教育供求矛盾才能实现大学生思想政治教育供求精准对接。

第一节　大学生思想政治教育供求矛盾的内涵

思想政治教育供求矛盾就是思想政治教育总需求和总供给之间的矛盾。主要体现为教育部门和受教育者日益增长的多样化、个性化、差异化、高质量的思想政治教育总需求与优质思想政治教育资源稀缺、配置不合理、利用不充分，思想政治教育制度不够完善、贯彻落实不到位，思想政治教育环境不够理想，思想政治教育产品质量不高、品种单一、供给速度迟缓的思想政治教育总供给之间的结构性失衡错位的供求矛盾。一方面，优质的教育资源、完善的教育制度、适宜的教育环境以及高质量的教育产品严重短缺，教育部门的社会需求和受教育者的个人需求得不到强力引领和充分满足。另一方面，教育资源利用效率不高，低质量教育产品供给过多，教育质量、教育品种、教育服务难以满足教育部门和受教育者日益增长的教育需求，甚至在一定程度上压抑束缚了教育需求。

思想政治教育供给总量和供给结构必须适应满足需求总量和需求结构，实现思想政治教育供给侧与需求侧的协调平衡和良性互动，保证供给质量和供给效果。解决思想政治教育供求矛盾的必要条件是供求总量均衡，即 D=S，用公式表示为：

$$Ds+Dp=Sk+Sp \qquad \text{（公式1）}$$

公式1：思想政治教育供求总量均衡条件

公式1表示思想政治教育首先要实现总量均衡，其均衡条件是由社会需求和个人需求构成的总需求要等于由要素供给和产品供给构成的总供给，实现总量均衡是实现结构均衡的必要条件。

$$a+bx+\sum_{i=0}^{n}di=c\times f(R.S.E)+f(L,K) \qquad \text{（公式2）}$$

公式2：思想政治教育供求结构均衡条件

公式2表示在总量均衡的基础上还要实现结构均衡，实现结构均衡比实现总量均衡难度更大，意义也更加重大。在 a、b、c 等常数固定的情况下，x 是调节总需求的关键变量，L 和 K 是调整总供给的关键变量。

第二节　大学生思想政治教育供求矛盾的表现

思想政治教育供求矛盾是一个比较抽象复杂的矛盾，社会需求和个人需求与要素供给和产品供给四个要素之间的两两组合表现为六对矛盾，这六对矛盾的地位和作用有所不同，但都是思想政治教育供求矛盾的具体表现。在这六对矛盾中社会需求和个人需求的矛盾属于需求方面的矛盾，要素供给和产品供给的矛盾属于供给方面的矛盾，其他四对矛盾属于结构性矛盾。这六对矛盾涉及三个主体，即教育部门、教育者、受教育者。

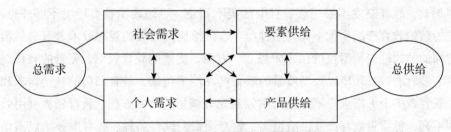

图 2.1　思想政治教育供求矛盾关系图

（一）社会需求和个人需求的矛盾

社会需求和个人需求的需求主体不同，二者的教育目的、教育要求、教育重点等均有所不同。社会需求注重整体性、政治性、理论性的需求，强调社会主导意识形态的灌输和教化，而个人需求注重个体性、差异性、思想性、人文性的需求，目的是促进受教育者自身在精神思想领域自由全面的发展。所以，不能把社会需求等同于所有需求，更不能用社会需求来取代或否定个人需求。不能只从国家、政党、政府的宏观角度来认识和理解思想政治教育，还要从微观角度关注受教育者个人的成长、发展及个人利益实现等方面的个人需求。受教育者接受思想政治教育的动力大小取决于自己真正关注和重视的个人需求能否得到满足，取决于接受教育后能否给自己带来精神上的收获和利益。如果一味脱离具体的个人需求，空洞、抽象地讲社会需求，受教育者就会认为思想政治教育再重要，也只是国家、政党、政府的事情，是思想政治教育部门的任务和责任，是一种外在强加的教育，与自身的需要和利益无关，甚至产生接受科学文化教育是一种权利，而接受思想政治教育是一种义务的错误认识，最终只会使思想政治教育丧失最根本的群众基础。这就是在理论上片面强调社会需求，在实践中忽视个人需求导致的后果。传统思想政治教育过于强调社会需求，而忽视和未能很好地满足个人需求，这是造成思想政治教育实效性不佳的重要原因之一。所以，思想政治教育必须建立在对个人需求充分了解和深刻把握的基础之上，积极发挥管理、调控、引导作用，把社会需求立足扎根到个人需求之中，使社会需求和个人需求有机融合起来，最终实现二者的协调一致。

（二）要素供给和产品供给的矛盾

要素供给和产品供给的矛盾是指生产要素的供给能否顺利转化为产品供给，能够在多大程度和多高效率上转化为产品供给的矛盾。要素供给向产品供给的转化取决于多种因素，但最关键的是教育者的生产供给能力，特别是教育工作者能否正确选择和灵活运用教育方法。中国共产党历来高度重视思想政治教育，生产要素投入力度不断加大，命令委派教育部门持续不断地大量投入人力、物力、财力、时间等教育资源，通过多种方式对教育政策制度进行修订完善，下大力气对教育环境进行治理和优化，但思想政治教育实效性总是不尽如人意。问题往往就出在作为中间环节的教育者没有充分利用好思想政治教育生产要素生产供给出优质高效的思想政治教育产品，从要素供给到产品供给的转化路径还不够顺畅，转化效率还不够高，甚至转化过程发生偏移，导致转化效果不够理想。一方面，要素供给主体和产品供给主体要加强交流沟通，建立信息采集和反馈机制，教育部门提供的教育资源要能够满足教育者生产提供教育产品的需要。另一方面，教育者必须大幅度提高生产供给能力，消除从要素供给向产品供给转化的障碍，实现从要素供给向产品供给的高效转化，尽量消除二者之间的矛盾。

（三）社会需求和要素供给的矛盾

社会需求是由教育部门提出的，要素供给是由教育部门负责的，社会需求主体和要素供给主体具有同一性，教育部门在提出社会需求的同时通常会统筹考虑要素供给，所以一般情况下两者之间没有明显矛盾。但在思想政治教育实践中，有时也会出现思想政治教育在资源、制度、环境等方面的要素供给无法完全适应和满足社会需求的滞后现象，特别是思想政治教育资源配置不合理，没有把思想政治教育资源配置到社会需求最迫切的地方去。例如，教育部门对教育活动干预约束过多，个别教育政策制度违背教育规律，教育政策制度没有严格落实到位，资金技术投入力度不够，思政课教师编制和人数不足，教育人才选拔培养滞后，教育环境与教育目标相悖等。又如，思想政治教育资源配置不均衡，大量思想政治教育资源被配置到大城市、重点院校中，而艰苦边远地区、基层单位教育资源配置相对薄弱，成为制约均衡发展的瓶颈。为了解决社会需求和要素供给之间的矛盾，需要进一步加大资源投入、增加制度供给、重视环境治理等，使思想政治教育要素供给能够对社会需求的变化及时作出响应，提高思想政治教育资源的配置效率，更好地满足社会需求。

（四）个人需求和产品供给的矛盾

个人需求和产品供给的矛盾是指产品供给不能引领和满足广大受教育者个人需求的矛盾。个人需求和产品供给的矛盾不仅表现为教与学之间的矛盾，还人格化为教育者与受教育者之间的矛盾。这是因为教育者是产品供给的人格化，受教育者是个人需求的人格化，所以个人需求和产品供给之间的矛盾通常发展演化为教育者和受教育者之间的矛盾，这是思想政治教育供求矛盾最直接、最现实、最普遍的表现。一方面，教育者要用社会需求去引导、教化、培育受教育者，而受教育者实际的思想道德水平与社会需求的要求之间总是存在一定差距，必然会产生差异和矛盾。另一方面，受教育者直接面对的是教育者开展的思想政治教育活动，如果他们的个人需求从产品供给那里得不到充分满足的话，就会对此作出负面评价，产生"思想政治教育无用论"的观点，甚至因此产生反感和抵触情绪。解决个人需求和产品供给矛盾的关键在于教育者认真了解掌握受教育者多样化、差异化、个性化的教育需求，持续不断地提高供给能力和供给水平，引导受教育者把社会需求融入自己的个人需求之中，内化为自己的思想政治道德素质，同时要不断提高道德修养和人格魅力，与受教育者建立良好和谐的关系，加强与受教育者的思想交流和情感沟通。所以，思想政治教育不能是教育者"一厢情愿"的单向灌输教育，而必须是教育者发挥主导性，受教育者发挥主体性的"两情相悦"的双向互动教育，只有这样才有利于消除个人需求和产品供给的矛盾。

（五）社会需求和产品供给的矛盾

思想政治教育社会需求者是教育部门，产品供给者是教育者，教育部门把教育任务授权委托给教育者，从理论上讲两者应当是一致的。但是，委托人和代理人的信息是不对称、不充分的，委托人不一定能够完全掌握代理人的所有信息，了解代理人的动机和目的，代理人有可能存在道德风险和机会主义行为，不一定尽心尽力地完成委托人指派的教育任务，不一定真正认同和努力实现委托人的教育目标，甚至有可能做出违背委托人指令的行为，偏离思想政治教育部门制订的教育目标，产生行为悖论，这就导致了社会需求和产品供给的矛盾。具体地说，教育者由于自身政治立场、理论功底、认识水平、思维方式、生活经验等诸多方面的原因，不能全面、完整、准确地把握思想政治教育社会需求者的教育目标和教育要求，或者片面狭隘地理解教育目标和教育要求，或者从内心并不完全认同、接受、执行教育目标和教育要求，那就存在社会需求和产品供给产生偏离和差距的现实可能性。一部分教育者的教学能力和教学水平并没有达到思想政治教育部门的期望和要求，经常向受教育者讲授灌输那些自己并没有完全理解掌握的理论观点，"以其昏昏，使人昭昭"。少数教育者喜欢在教育过程中夹杂自己的观点和看法，在课堂上随意发表一家之言。甚至有极少数教育者质疑、反对思想政治教育部门的教育目标和教育内容，发表与主旋律、正能量相悖的言论，这就造成了社会需求和产品供给完全背道而驰。这种情况在思想政治教育实践中时有发生。解决社会需求和产品供给矛盾的现实途径是让"教育者首先受教育"，社会需求者要大力加强对产品供给者的约束和管理，使其教育活动置于社会需求者的严格控制之下，打通从社会需求到产品供给之间的信息传输通道和委托代理链条，消除委托人和代理人之间的信息不对称，避免两者之间产生分歧和矛盾。

（六）要素供给和个人需求的矛盾

思想政治教育部门的要素供给往往只注重对社会需求的满足，而对受教育者的个人需求关注不够，重视不足，忽略了对个人需求的关照和满足。这就造成要素供给远远不能满足个人需求的现状。由于社会需求和个人需求的比例关系没有理顺，造成要素供给没有充分考虑到个人需求，所以要素供给和个人需求之间的矛盾实际上是社会需求和个人需求之间矛盾的派生和反映，从根本上依赖于社会需求和个人需求之间矛盾的解决。解决要素供给和个人需求之间的矛盾要求教育部门积极转变教育理念，真正关注和重视受教育者的个人需求，在教育资源、教育制度、教育环境方面的要素供给要给予个人需求适当的照顾和倾斜，保证产品供给能够在比较宽松、适宜的条件下满足个人需求。

从以上分析可知，社会需求和个人需求的矛盾、要素供给和产品供给的矛盾、个人需求和产品供给的矛盾这三对矛盾比较尖锐突出，应作为研究解决思想政治供求矛盾的重点，而其他矛盾相对比较缓和，应予以适当关注。

第三节　大学生思想政治教育供求矛盾的本质

从以上分析可知，思想政治教育总供给和总需求之间在一定程度上处于失衡状态，供求矛盾中总量失衡和结构失衡同时并存，但相比较而言，结构失衡状况更加严重，因此结构矛盾构成了供求矛盾中的主要矛盾。一方面，老师费尽心思备课教学，学生却不想听不愿听；另一方面学生想要解决的思想问题从老师那里得不到解答，所以即使有问题也不愿意向老师请教探讨。有学者把这种结构性矛盾形象地描述为："一些思政课教学效果不好，不外乎学生想听的东西教师不讲，学生不想听的东西教师拼命讲，结果老师讲得费劲，学生听得没劲。"

思想政治教育供求矛盾本质上是思想政治教育总供给难以适应满足思想政治教育总需求造成的结构性失衡错位的供求矛盾。结构性矛盾是指思想政治教育产品的供给和需求没有精准对接起来，供给与需求不匹配、不协调、不对称、不平衡的供求矛盾比较突出，无效和低端供给过剩与有效和中高端供给不足同时并存，有需求无供给和有供给无需求的状况同时并存，受教育者想接受的教育接受不到，教育者开展的教育又不是受教育者想要接受的教育。

造成思想政治教育供求矛盾的根本原因在于供给结构的适应性、灵活性、应变性不足，对于需求结构发生的巨大变化反应过于迟滞和僵化，供给速度提升缓慢，供给效率长期在低水平徘徊。思想政治教育需求已经发生了巨大改变，需求的档次品味越来越高，需求的品种类型越来越多，而供给侧生产提供的思想政治教育产品却没有相应提高和改变，思想政治教育产品的质量、品种等都满足不了需求侧提出的新要求和新期待，结果造成需求外溢，教育效果不佳。思想政治教育供求矛盾长期得不到有效解决，造成供给和需求之间结构性失衡错位是思想政治教育供求难以实现精准对接的根本原因。这就是从思想政治教育供求精准对接的角度考察思想政治教育实效性不佳的原因得出的基本结论。

第四节　大学生思想政治教育供求矛盾的地位

思想政治教育供求矛盾在思想政治教育矛盾体系中究竟处于何种地位？是不是主要矛盾？这个问题需要认真分析研究。如果思想政治教育供求矛盾是思想政治教育矛盾体系中的主要矛盾，那么就应当把解决思想政治教育供求矛盾作为提高思想政治教育实效性的关键。所以，对其所处地位的判定非常重要。毛泽东在《矛盾论》一文中指出，主要矛盾是在事物发展过程中处于支配地位，对事物发展起决定作用的矛盾，主要矛盾规定和影响其他非主要矛盾的存在和发展①。在事物发展过程中，矛盾的地位作用是不平衡的，主要矛盾贯穿于事物发展自始至终的全过程，从根本上规定着事物的性质，对于其他矛盾的存在和发展起到规定和制约作用。

（一）供求矛盾是思想政治教育存在的内在依据

由于思想政治教育的需求和供给之间长期存在的供求矛盾推动思想政治教育供给不断提升能力和水平来满足思想政治教育需求，不断缩小两者之间的差距，使二者在动态发展中不断趋于平衡协调，把思想政治教育从较低层次和水平推进到较高层次和水平。思想政治教育供求矛盾不断产生、发展、尖锐、爆发、缓解、消除的过程就是思想政治教育现实的存在方式和表现形式。思想政治教育供求矛盾不断产生又不断解决的循环往复、周而复始螺旋上升的过程就是思想政治教育存在的内在依据。由于思想政治教育供求矛盾永远也不可能灭失，所以思想政治教育存在的可能性和必要性永远存在，这就是思想政治教育存在的内在依据。思想政治教育中所有重要环节和关键领域都与其密切相关，教育效果的好坏取决于思想政治教育供求矛盾能否得到解决，在多大程度上、多大范围内得到解决。思想政治教育供求矛盾解决得圆满、彻底，思想政治教育实效性就好，反之则差。如果不存在思想政治教育供求矛盾，思想政治教育的供给和需求达到协调一致的理想状态，那么就不需要思想政治教育了，思想政治教育也就失去了存在的依据。

（二）供求矛盾贯穿于思想政治教育过程的始终

主要矛盾决定了事物是从哪里开始，又在哪里结束，贯穿于事物产生、发展、成熟、消亡的全过程。开展思想政治教育的前提条件是需求调查和需求分

---

① 毛泽东. 毛泽东选集：第 1 卷［M］. 北京：人民出版社，1991：320.

析，教育需求一旦提出之后，就需要教育供给作出反应来满足教育需求，旧的教育需求得到实现之后，思想政治教育并不会停滞不前，很快又产生新的教育需求，于是必须随之作出新的教育供给，这样就形成了循环往复、周而复始螺旋上升的发展过程。一方面，开展教育前首先搞清楚有哪些社会需求和个人需求，要素供给和产品供给在哪些方面，在何种程度上没有达到和满足这些需求，从而在此基础上确定教育目标，选择教育内容，采用适当的教育方法，所以没有教育需求就没有教育供给。另一方面，教育需求要依靠教育供给来实现，没有教育供给，教育需求就得不到满足，思想政治教育就失去了承载者和表现者，思想政治教育就要落空。思想政治教育过程就是旧的供求矛盾不断得到解决，新的供求矛盾又不断产生的过程，这个过程永无止境，贯穿于思想政治教育过程的始终。总供给逐渐与总需求趋向一致、消除二者之间差异的过程就是思想政治教育的发展过程，供给和需求之间矛盾不断产生又不断解决，形成波浪式前进、螺旋式上升的发展路径，推动思想政治教育不断创新发展。如果思想政治教育供求矛盾消失，那么思想政治教育过程就会陷于停滞状态，失去了进一步发展的必要性和可能性。

（三）供求矛盾规定制约思想政治教育领域其他矛盾

思想政治教育诸多矛盾相互交错、互相影响、互相制约构成了一个错综复杂的思想政治教育矛盾体系。在诸多矛盾中，哪一个矛盾能够规定制约其他矛盾，哪一个矛盾就应当是主要矛盾。矛盾体系中包括但不限于教育者与受教育者之间的矛盾、教育者能力素质与教育要求之间的矛盾、教育内容与受教育者现实需要之间的矛盾、教育目标要求与受教育者思想品德现状的矛盾、思想政治教育与社会环境之间的矛盾等。这些矛盾的外在表现形式不尽相同，地位和作用有所差异，但都属于表象矛盾，归根到底，思想政治教育供求矛盾才是本质矛盾。例如，教育者与受教育者之间的矛盾实际上就是产品供给和个人需求之间的矛盾、思想政治教育内容与受教育者现实需要之间的矛盾实际上就是要素供给和个人需求之间的矛盾、教育目标要求和受教育者思想品德现状的矛盾实际上就是总需求和总供给之间的矛盾、思想政治教育与社会环境之间的矛盾实际上就是思想政治教育系统与教育环境之间的矛盾，这些矛盾在前文已经进行了详尽分析。解决这些具体矛盾都是为解决思想政治教育供求矛盾创造条件，这些矛盾都是思想政治教育供求矛盾的具体体现，都受其影响和制约。只有思想政治教育供求矛盾具有高度的概括性和统领性，可以囊括思想政治教育过程中各种层出不穷、表现各异的矛盾，也就是说思想政治教育供求矛盾在矛盾体系中处于最高地位。

（四）供求矛盾是推动思想政治教育发展的基本动力

在供求矛盾作用下，思想政治教育的发展遵循从肯定到否定，再到否定之否定的矛盾运动规律。思想政治教育供给与需求之间始终处于从均衡到不均衡，再到新的均衡的螺旋式上升和波浪式前进的矛盾运动状态。思想政治教育的供给和需求从某一个均衡的起点出发，由于外部条件或内部结构的变动，均衡状态被打破，表现为供不应求或供过于求，这时为了实现再次均衡，就必须对供求进行单项调整和同步调整。此时，社会需求和个人需求得到满足，受教育者的思想道德水平逐步提高，同时供给能力和供给水平也相应提高。所以，第二次均衡与第一次均衡有所不同，它是在更高质量和更高水平上的均衡，实现了思想政治教育从肯定到否定，再到否定之否定的发展。

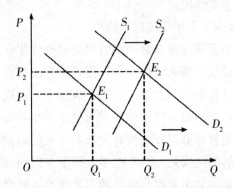

图2.2　思想政治教育产品动态均衡曲线图

图2.2形象直观地反映了思想政治教育产品动态发展过程。在初始状态下，需求曲线D1和供给曲线S1相交于E1，相应的均衡价格和均衡数量分别为P1和Q1，这是一种较低层次的均衡。通过对思想政治教育的改进、加强、提高、完善，需求增加到D2，供给增加到S2，由D2和S2共同决定的均衡点为E2，相应的均衡价格和均衡数量分别为P2和Q2，此时均衡价格上升，均衡数量增加，实现了新的更高水平的均衡，标志着思想政治教育实效性有所提高。例如，在大学生思想政治教育实践中，90后、95后、00后大学生的思想政治教育需求大不相同，需求的层次和水平随着时代发展不断提高，这就要求思想政治教育供给必须不断与时俱进、升级换代、创新发展来引领和满足他们的需求，实现从均衡到不均衡再到新的均衡的发展历程。正是思想政治教育供给和需求之间的矛盾运动推动了思想政治教育不断发展完善，成为推动思想政治教育发展的基本动力。

综上所述，思想政治教育供求矛盾是思想政治教育存在的内在根据，贯穿于思想政治教育过程始终，规定制约着思想政治教育领域其他矛盾，是推动思想政治教育发展的基本动力，所以思想政治教育供求矛盾是思想政治教育矛盾体系中的主要矛盾，这是对思想政治教育供求矛盾所处地位的基本判断。

第五节　解决大学生思想政治教育供求矛盾的作用

唯物辩证法告诉我们，主要矛盾决定中心任务。由于思想政治教育供求矛盾处于主要矛盾的地位，这就决定了实现思想政治教育供求精准对接的中心任务就是要解决思想政治教育供求矛盾，充分发挥其实现供求均衡、增强系统功能、解决现实问题的重要作用。

（一）解决供求矛盾有利于实现供求均衡

解决供求矛盾就是要通过需求侧和供给侧的调整优化和互动协调来实现总需求与总供给之间的总量均衡和结构均衡，使思想政治教育供求两方在追求各自利益和效用最大化过程中实现长期、动态、高水平、一般均衡。其逻辑依据在于：当思想政治教育产品的总供给和总需求处于供求均衡状态时，总供给就可以更好地引领和满足教育部门和受教育者日益增长的高质量、多样化的总需求。而总需求是否能够得到满足、能够在多大程度上得到满足恰恰是衡量教育实效性的一个重要标志。总需求得到满足的程度越高，教育部门和受教育者的满意度和获得感就越高，教育实效性就越好。如果教育产品供不应求，教育需求得不到充分满足，教育实效性就较差。如果教育产品供过于求，被受教育者排斥或拒绝，教育实效性同样较差。所以，教育者要积极转变教育理念，清醒地认识到思想政治教育供求均衡的重要意义，改变过去只重视需求调控，忽视供给调控，或者只重视压抑需求，忽视增加供给，一味地从需求侧人为控制教育需求的传统观念和做法。教育需求是一种客观存在，不管主体是否承认，教育需求都需要得到满足。思想政治教育要更多地从供给侧入手解决供求矛盾，在教育理念、体制机制、要素资源、方法技术等方面全面推动思想政治教育改革。

（二）解决供求矛盾有利于增强系统功能

只有通过不断探索、反复调试来理顺各个要素之间的比例和关系，把思想政治教育结构调整优化到最佳状态才能使教育系统的潜在功能得以外化为现实功能。当前，制约思想政治教育系统功能的根本问题是结构性问题，要下决心打破体制机制障碍和传统思想观念的束缚，下大力气对思想政治教育结构进行调整优化。优化需求结构以适应时代和社会发展变化对思想政治教育的要求，注重提高供给侧的质量、水平、效率，改变单一供给结构，塑造开放性、复合性、包容性的供给结构，切实增加有效供给，不断丰富供给内容、拓展供给渠道、创新供给模式，形成丰富、多元、可选择的供给结构，给受教育者提供更多、更好的教育选择①。通过对思想政治教育结构的调整优化，可以增强供给结构对需求结构变化的适应性和灵活性，提高系统自我调整、自我完善的速度，使思想政治教育系统功能得以充分发挥。

（三）解决供求矛盾有利于解决现实问题

思想政治教育现实问题丰富、多变，容易把握和解决，供求矛盾相对稳定、深刻，要靠思维才能把握，解决起来难度较大。一方面，供求矛盾是原因，现实问题是结果，很多现实问题都是由供求矛盾引起和诱发的，现实问题通常是供求矛盾尖锐激化之后在思想政治教育实践中的体现和反映。解决思想政治教育现实问题的过程，就是一个不断发现矛盾、分析矛盾、解决矛盾的过程，不从深层次解决供求矛盾就无法根本解决思想政治教育现实问题，只能治标不治本，所以思想政治教育现实问题的解决依赖于思想政治教育供求矛盾的解决。另一方面，现实问题是现象，供求矛盾是本质，坚持问题牵引和问题导向有利于更早发现、更深认识、更准把握、更好解决供求矛盾。只有深入教育实践，从多方面、多角度认真细致地查找分析思想政治教育供求矛盾在需求侧、供给侧、结构性三方面存在的问题以及这些问题背后的深层次原因，才能为解决供求矛盾找到更有力的抓手、更适宜的时机、更有效的举措，创造更有利的条件。

第六节　实现精准对接才能解决大学生思想政治教育供求矛盾

传统思想政治教育是普遍性、整体性、一般性的集体教育方式，对于受教育者个人的教育需求重视不够、研究不透，思想政治教育产品是千篇一律的"标准化"产品，难以适应千差万别的教育需求。由于缺乏精准的需求分析和明确的需求牵引，教育者往往是闭门造车，凭经验、靠感觉开展思想政治教育，满足于"通常、一般、基本上、大概、差不多"，想当然地认为自己生产出什么样的思想政治教育产品，受教育者就会接受什么样的思想政治教育产品，然而

① 熊丙奇.教育老大难问题要从供给侧破冰［N］.中国教育报，2016-03-04（2）.

实际情况却未必如此。这种概略型、粗放型的供给方式与精准供给的客观要求相去甚远，难以适应满足教育部门和受教育者的需求，花费很大代价生产出来的思想政治教育产品常常"积压滞销"，形成了事实上的思想政治教育供求矛盾。

要解决大学生思想政治教育供求矛盾，就必须实现思想政治教育供求精准对接，真正转变思想政治教育产品的供给方式，实现思想政治教育产品精准定制。思想政治教育产品精准定制是精准思维方式的外在表现和现实要求。精准思维强调精准到位、具体明确，注重下功夫解决细小问题，反对大而化之、笼而统之的工作方式。例如，由于在扶贫工作中没有真正准确掌握扶贫对象的基本情况，对贫困户的致贫原因、脱贫愿望、劳动能力等情况了解掌握得不够充分，所以采取的扶贫措施缺乏针对性，导致扶贫效果不够理想。针对这种情况，2015年6月，习近平在贵州召开扶贫工作座谈会时形象地指出，"手榴弹炸跳蚤是不行的"，要提高扶贫质量，就必须坚持"精准扶贫、精准脱贫"的方针，做到对象精准、内容精准、目标精准、措施精准、考评精准。精准扶贫是指针对不同贫困区域环境、不同贫困状况，对扶贫对象实施精确识别、精确帮扶、精确管理的治贫方式。精准扶贫背后的精准思维为我们转变思想政治教育产品供给方式，实现思想政治教育供求精准对接提供了有益的启示与借鉴。

实现思想政治教育供求精准对接，要求思想政治教育者要注重培养精准思维方式，瞄准需求抓供给，紧盯需求抓供给，在精准供给上狠下功夫，以精准供给方式提高供给效率，在精准施策上出实招，在精准推进上下实功，在精准落地上见实效，像裁缝为顾客量体裁衣、医生为病人对症下药那样，用精益求精、一丝不苟的工匠精神为受教育者打造定制化、个性化的思想政治教育产品，进而实现"主动推送、智能推荐"。例如，高校学生工作部可以组织思想政治教育者与大学生设立交流平台，常态化开展个性化网上咨询，一对一解答大学生思想心理问题，提供法律咨询服务，实现思想政治教育"私人定制"。

综上所述，只有实现思想政治教育供求精准对接，才能解决思想政治教育供求矛盾，在思想政治教育供求矛盾的运动过程中促使供给和需求积极、渐进地进行自我调节和完善，经过矛盾双方的斗争和统一实现相互促进、协调发展，进行辩证的否定，最后扬弃自身，在更高水平上实现新的均衡，最终实现大学生思想政治教育的创新发展。

第三章

人工智能与大学生思想政治教育供求精准对接

本章论述实现大学生思想政治教育供求精准对接的内在机理是从加强思想政治教育需求管理入手,注重提升思想政治教育供给质量,调整优化思想政治教育结构,解决思想政治教育供求矛盾,从而实现大学生思想政治教育供求精准对接。实现大学生思想政治教育供求精准对接需要借助一定的途径和方法,长期以来思想政治教育没有实现供求精准对接的重要原因之一就是缺乏有效可靠的途径和方法。人工智能的途径和方法是把思想政治教育供求两端紧密连接起来的桥梁和纽带,科学合理地运用人工智能技术有利于解决大学生思想政治教育供求矛盾,实现思想政治教育供求精准对接。运用人工智能实现大学生思想政治教育供求精准对接需要着重做好加强需求管理、提升供给质量、推动结构调整三项主要工作。

第一节　人工智能与思想政治教育

(一) 人工智能

当前,人类社会已经进入了信息化时代的新阶段——人工智能时代。人工智能 (Artificial Intelligence) 一般是指研究、开发用于模拟、延伸、拓展人的智能的理论、方法、技术及应用系统的总称。人工智能可以对人的意识、思维的信息过程进行模拟。人工智能虽然不是人的智能,但是能够像人那样思考,甚至在一些领域已经超过了人的智能。人工智能主要通过搜索和优化、逻辑、概率推理、神经网络等工具,解决知识表示、演绎推理、问题求解、学习、感知、规划、运动与操纵、自然语言处理等核心问题[1]。人工智能及相关技术的发展和应用对于整个人类社会已经而且正在产生重大而深远的影响,人工智能已经成

---

[1]　郑南宁.人工智能本科专业知识体系与课程设置 [M].北京:清华大学出版社,2019:1.

为国家综合实力与发展的核心竞争力的重要体现。人工智能通常包括音频识别和视频感知技术、知识图谱技术、人机交互平台、机器学习技术、深度学习技术、智能测评、资源搜索引擎等多项技术。在教育领域，人工智能与教育的结合，已经催生了机器人教师、智能测评、拍照搜题、智能排课、自适应系统等教育新形态，人工智能在思想政治教育领域的运用方兴未艾。

（二）人工智能与思想政治教育的内在联系

中国高度重视人工智能的发展，习近平总书记多次强调加快人工智能发展的重要性和紧迫性。2019 年 5 月，习近平向国际人工智能与教育大会致贺信指出："中国高度重视人工智能对教育的深刻影响，积极推动人工智能和教育深度融合，促进教育变革创新。"[①] 人工智能的本质是对人的思维、意识的模拟；思想政治教育的根本目的是影响、改变人的思想观念，二者天然耦合，具有不可分割的内在联系。人工智能给思想政治教育带来重大发展机遇和重要技术手段，人工智能将会帮助或代替人类智能完成部分思想政治教育工作任务，在思想政治教育中发挥重要作用，当前"智能思政"时代已经大踏步走来。人工智能的理念与方法是把思想政治教育供给和需求两端紧密连接起来的有力技术手段，科学合理地运用人工智能技术有利于精准研判大学生思想政治教育需求，充分挖掘潜在需求，实时掌控需求变化；有利于提供高质量思想政治教育产品，帮助受教育者自主学习，高效配置思想政治教育学习资源；有利于针对性地推送定制化教育内容，根据教育效果及时调整教育内容，精准匹配引领导向性教育内容等，这些都有利于实现思想政治教育供求目标、供求内容、供求方法的精准对接。

（三）人工智能在思想政治教育中的应用价值

人工智能在思想政治教育中具有重要的应用价值，可以从教育者和受教育者两方面来分析。从教育者方面来看：人工智能可以帮助老师快速精准掌握学生学习情况，通过相关的教育大数据，判断出所有学生的成绩分布、掌握知识的情况、存在的倾向性问题等。同时，还可以辅助老师进行课堂管理以及教学管理等，运用人工智能可以开展 VR 教学，实现授课方式多元化，通过 iPad、投影仪、VR 眼镜等设备，让学生更好理解知识、增加体验。人工智能可以代替老师完成许多重复型的工作或简单分析工作，例如作业批改等，减轻老师工作负担，从而使老师可以把更多精力放在学生身上，关注学生身心健康，及时发现学生思想问题并加以解决。从受教育者方面来看：人工智能可以帮助开展多样化个性化学习，提高学生的学习积极性和趣味性，调动学生主动思考，改变传

---

① 习近平向国际人工智能与教育大会致贺信 ［N］. 人民日报，2019-05-17 （1）.

统的集中式和粗放式的教学方式，可以让学生根据自身情况选择自己所感兴趣的内容，真正做到个性化学习。人工智能可以帮助评估学生的学习情况，分析优势学科与弱势学科，找出短板和不足等，让学生更加精准地找到自己的努力方向。人工智能可以实现智能搜题功能，有助于学生利用碎片化时间开展课后学习，例如"Boxfish"App 可以在没有老师的情况下帮助学生练习提高英语口语水平，作业帮、小猿搜题等 App 可以为学生随时答疑解惑。

这里需要特别说明的是，尽管人工智能在思想政治教育中可以得到广泛运用，具有重要的价值，但是人工智能只是开展思想政治教育的一条重要途径，只是思想政治教育工作者的一个重要助手。人工智能永远不可能代替人类智能，所以运用人工智能开展思想政治教育不可能取代思想政治教育工作者所开展的思想政治教育，在运用人工智能开展思想政治教育时必须注意其局限性，把握好其适用范围。

第二节　大学生思想政治教育供求精准对接的方法论

一般来说，方法是人们为了实现一定目标或目的所采取的手段、工具、途径、技术、程序、范式等的总称。方法论就是人们关于认识世界、改造世界的根本方法的理论，主要是指导人们怎样去做、用什么样的方式和方法来观察事物和处理问题。供求均衡分析方法和结构分析方法属于一般适用性的通用方法，矛盾分析方法属于具有普遍指导性的哲学方法。实现大学生思想政治教育供求精准对接涉及供求矛盾、供求均衡、结构调整，因此需要在正确方法论的指导下进行。

（一）供求均衡分析方法：实现长期动态高水平供求均衡

经济学中有多种分析方法，例如边际分析方法、均衡分析方法、弹性分析方法、成本收益分析方法等。供求均衡分析方法是微观经济学中分析市场供求关系的一种方法，是整个经济学理论体系的基础。具体来说，就是通过分析市场中供给和需求这两种力量的具体情况，研究供给和需求之间的相互作用以及它们在均衡状态的形成和变化过程中所起的作用，探求引起供求失衡的原因和实现供求均衡的条件。

需求和供给是一对经济学基本概念。需求是指消费者在一定时期内在各种可能的价格下愿意并且能够购买的某种商品的数量。一种商品的需求量由多种要素共同决定，最主要的是商品本身的价格。总需求由消费、投资、净出口

"三驾马车"组成。需求侧是指所有能对经济发展起作用的需求方面的因素和力量。供给是指生产者在一定时期内在各种可能的价格下愿意并且能够提供出售的某种商品的数量。一种商品的供给量取决于多种因素，最主要的是商品本身的价格。总供给由要素投入数量和全要素生产率共同决定。供给侧是指所有能对经济发展起作用的供给方面的因素和力量。

英国经济学家马歇尔首次将物理学中的均衡概念引入经济学，用供给和需求两种力量的平衡相等来说明市场体系的均衡。马歇尔认为，价格决定于市场供给和市场需求的相等，此时即为均衡。均衡一般是指某个事物在各种力量相互作用下合力为零，保持静止不变的状态。均衡存在的内在机制是，它所涉及的各方力量在对方行为不改变的前提下已经实现了自身效用或利润最大化，因此不愿意单方面改变行为，失去了进一步变动的动力，处于一种相对稳定状态。因此，经济学研究往往通过寻找趋于静止的均衡状态，以揭示经济单位或经济变量实现均衡的条件以及相应的变化规律①。

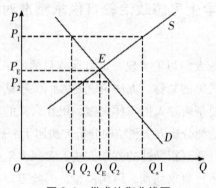

图3.1　供求均衡曲线图

图3.1中S表示供给，D表示需求，E点为供给等于需求的均衡点，对应的Pe为均衡价格，Qe为均衡数量。供求均衡分析方法认为供给和需求是经济活动中的两个基本方面。没有需求，供给就无法实现，新的需求可以催生新的供给；没有供给，需求就无法满足，新的供给可以创造新的需求。原生意义上的动力源不是供给而是需求，是需求牵引人们去生产提供产品，产生内在动力去从事满足需求的经济活动，在这些生产活动中分工与合作，形成可以满足需求的产品或服务的供给。

---

① 《西方经济学》编写组．西方经济学：上册［M］．北京：高等教育出版社，人民出版社，2012：57.

供给和需求两者之间的矛盾构成供求矛盾。解决供求矛盾的基本途径是实现供给和需求之间的均衡，供给与需求的对称平衡是维持经济平稳健康发展的关键。一般情况下，商品价格由需求和供给这两种相反力量的共同作用决定。当商品价格保持相对静止时，说明需求和供给达到了均衡，而商品价格上涨说明商品供不应求，商品价格下跌说明商品供过于求。供求均衡说明供给和需求的力量大小相等、方向相反、相互抵消、合力为零，各方面力量经过博弈后，实现了在一定约束条件下的利益最大化，资源得到最佳配置和充分利用，经济活动达到最佳状态。只有供求均衡才能解决供求矛盾，推动经济发展，如果供求失衡则供求矛盾无法得到解决，阻碍甚至破坏经济发展。均衡可以分为短期均衡和长期均衡，又可以分为静态均衡和动态均衡，也可以分为低水平均衡和高水平均衡，还可以分为局部均衡和一般均衡，实现长期、动态、高水平、一般均衡是最理想、最完美的均衡状态。

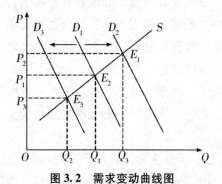

图 3.2 需求变动曲线图

图 3.2 表示在供给不变的情况下，由于需求的变动导致均衡价格和均衡数量发生变动，实现了新的均衡。

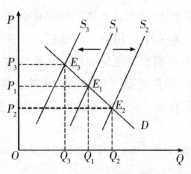

图 3.3 供给变动曲线图

图 3.3 表示在需求不变的情况下，由于供给的变动导致均衡价格和均衡数量发生变动，实现了新的均衡。

供求均衡分析方法不仅适用于经济领域，只要存在供求关系和供求矛盾的领域都可以在一定程度和一定范围内运用供求均衡分析方法。事实上，在政治、文化、教育等领域也大量存在供求关系和供求矛盾[①]，从一定意义上讲政治、文化、教育活动其实也就是解决政治供求、文化供求、教育供求等矛盾的活动，也存在一个能否从供给端解决供求矛盾的问题。经济活动存在供求关系，教育活动也存在供求关系，教育和经济一样，也有供给和需求两侧[②]。例如，在教育活动中就存在教育供给如何更好地满足教育需求，推动教育事业发展的现实问题。供求均衡分析方法为我们探讨思想政治教育在供求双方存在的问题，探寻解决思想政治教育在需求和供给两方面存在问题的对策提供了新思路和新方法。思想政治教育供过于求说明供给总量过大，形成超额供给，一部分教育供给被受教育者拒绝或排斥，成为无效供给，造成教育资源浪费；思想政治教育供不应求说明供给总量过小，形成超额需求，一部分教育需求得不到充分满足。在这两种情况下，思想政治教育实效性都较差。思想政治教育的最佳状态就是供求双方的愿望和利益都得到满足，思想政治教育资源得到最佳配置和充分利用，实现思想政治教育供求双方长期、动态、高水平、一般均衡，思想政治教育供求矛盾得到圆满解决，思想政治教育供求实现精准对接，思想政治教育实效性达到最佳状态。

（二）矛盾分析方法：抓住主要矛盾和矛盾的主要方面

矛盾无处不在，无时不有，没有矛盾就没有世界，就没有人类社会。矛盾分析方法不是单一的分析方法，而是一个丰富多样的方法体系。哲学中的矛盾分析方法是依据对立统一规律，认识事物、解决矛盾的根本方法，就是要从观察和分析各种事物的矛盾入手，寻求解决矛盾的方法。矛盾分析法包括一分为二看问题、普遍性与特殊性相结合、具体问题具体分析、坚持两点论和重点论相统一等许多具体方法。本书中运用的矛盾分析方法主要是指矛盾地位和作用不平衡性原理所要求的两点论和重点论相统一，抓住主要矛盾和矛盾主要方面的矛盾分析方法。解决矛盾首先要找到并抓住解决主要矛盾。在一定条件下，主要矛盾和次要矛盾相互转化。在一对矛盾中，矛盾的主要方面居于支配地位，

① 周有健. 供给侧结构性改革语境下高校思政课教学存在的问题及对策［J］. 现代教育科学，2016（11）：53.
② 庞丽娟，杨小敏. 关于教育供给侧结构性改革的思考和建议［J］. 国家教育行政学院学报，2016（10）：12-16.

起着主导作用。矛盾的次要方面处于被支配地位，起着次要作用，但也会影响矛盾的主要方面和事物的发展进程。在一定条件下，矛盾的主要方面和次要方面可以相互转化。

矛盾地位和作用不平衡性原理具有重要的方法论意义，要求我们坚持两点论和重点论相结合的矛盾分析方法，反对均衡论和一点论。所谓均衡论，就是眉毛胡子一把抓，核桃栗子一起数，不加选择，不分主次，不论轻重，不顾缓急，好比螃蟹吃豆腐，吃得不多，抓得挺乱，在实际工作中找不到打开局面的着力点，找不到破解问题的突破口。所谓一点论，就是只见其一，不见其二，一叶障目，不见泰山，两极对立，零和博弈。两点论和重点论相结合的方法要求我们从复杂的矛盾中抓住主要矛盾和矛盾的主要方面，为解决矛盾提供方向和指导。

两点论就是在研究复杂事物矛盾发展过程中，既要研究主要矛盾，又要研究次要矛盾，既要研究矛盾的主要方面，又要研究矛盾的次要方面。也就是说，既要把握矛盾双方的对立，也要把握矛盾双方的统一，还要把握矛盾双方在一定条件下的相互转化。同时，两点论不是均衡的两点论，而是有重点的两点论，要求在把握矛盾的不平衡性时，把它贯穿于矛盾的分析之中，重点抓住主要矛盾和矛盾的主要方面，切不可平衡用力、不分主次。在坚持两点论的前提下，必须坚持重点论，实现两点论和重点论的有机统一，这是唯物辩证法最基本的理论观点。

矛盾分析方法启示我们在分析思想政治教育供求矛盾时也要坚持两点论和重点论的统一。首先，要抓住思想政治教育主要矛盾，注重主要矛盾的分析和解决。本书经过大量分析后认为思想政治教育供求矛盾是思想政治教育矛盾体系中的主要矛盾。其次，在分析思想政治教育主要矛盾的时候要坚持两点论和重点论的统一。坚持两点论就是要全面分析思想政治教育供求矛盾的两个方面，既要重视思想政治教育供给侧，也不能忽视思想政治教育需求侧，不能把二者割裂开来。在坚持两点论的基础上坚持重点论，清醒地认识到思想政治教育供求矛盾既来源于供给，也来源于需求，但主要来源于供给，要从供给入手抓住矛盾的主要方面破解思想政治教育供求矛盾，实现思想政治教育供求精准对接。

（三）结构分析方法：通过调整优化结构增强系统功能

系统论中的结构分析方法是指对构成系统的各个组成部分及其相互关系进行分析研究的方法。系统是由若干相互联系、相互作用的要素有机构成，具有一定功能和结构的整体。系统作为一个普遍概念，它反映的是客观事物最普遍的特性、联系和关系，因此是辩证思维的一种逻辑形式。凡是系统都有一定的结构。结构就是系统要素相互联系、相互作用的一定方式，包括要素的比例关系、排列次序和组合方式等①。

唯物辩证法认为，任何事物都是有系统结构的，结构是功能的基础，结构决定功能；功能是结构的表现，功能反作用于结构。在既定要素的前提下，什么样的结构就会形成什么样的功能。系统论认为，对于一个系统来说，结构变化直接决定了功能变化，结构变化导致系统整体功能增强或减弱。如果构成系统的要素的质量和数量发生变化，要素的组合方式发生变化，那么，系统功能一定会发生变化。系统构成要素增加或减少，要素比例关系或排列次序发生变化，都会引起系统功能变化。系统构成要素在空间关系和结构形式上的变化，也会直接影响系统的性质和功能。例如，金刚石和石墨都是由碳元素构成的，但是由于原子的排列组合方式不同，二者物理特性迥异。因此，可以通过对事物结构进行调整和改变来实现系统的某种功能。

结构和功能概括的是事物内部的构成方式与事物对环境作用之间关系的一对范畴。它们之间是既对立又统一的关系，结构是事物自身的内在方面，功能尽管也是事物自身所具有的特性和能力，但它主要指向的是事物的外部或环境，外向作用性是功能的基本特征。事物发挥功能的过程，就是和其他事物进行物质、信息、能量交换的过程。功能变化了，交换过程也要发生变化，这一变化将影响事物原有结构中诸要素的地位，甚至发生要素的变异，从而导致结构的变化。结构决定功能，功能反映结构，这就是结构与功能之间的辩证关系。结构和功能这一辩证关系，一方面要求人们要不断调整优化结构，使系统发挥出最佳功能，同时还需要根据系统的内部结构来推测和预见其功能。另一方面还要根据客观需要和主观需求，通过改变系统的输出功能来调整系统的结构，或者从主观需要实现的功能出发来调整和改变系统的内部结构。所以，结构和功能的关系原理是进行结构性改革的理论基础。

思想政治教育结构一般是指思想政治教育系统的基本要素及其相互关系和结合方式②。思想政治教育功能一般是指思想政治教育系统所能发挥的积极有利的作用。思想政治教育结构决定其功能，而系统功能的发挥又决定了思想政治教育实效性。思想政治教育缺乏实效性的根本原因在于其自身的系统功能偏弱，由于结构不够合理，各个组成部分比例失调，导致系统功能弱化。调整优化结

---

① 杨春贵.马克思主义与社会科学方法论［M］.北京：高等教育出版社，2012：84.

② 张耀灿，郑永廷，吴潜涛，等.现代思想政治教育学［M］.北京：人民出版社，2006：235.

构就是以提高系统整体功能为根本目的，对系统内各个构成要素进行合理配置，促使结构更新和升级，保证系统发挥出最大功能。只有通过思想政治教育结构调整优化才能实现从无效到有效，从短效到长效，从低效到高效的创新发展。实现思想政治教育供求精准对接的关键是对思想政治教育的供给结构和需求结构进行调整优化，使供给结构能够更好更快地适应需求结构的变化，实现思想政治教育供求在教学目标、教学内容、教学方法三方面的精准对接。

第三节　大学生思想政治教育供求精准对接的基本思路

实现大学生思想政治教育供求精准对接要有开阔的视野和明确的目标，提出符合思想政治教育规律和要求的基本思路。

（一）以解决供求矛盾为主要目的

矛盾分析方法启示我们提高思想政治教育实效性必须紧紧抓住思想政治教育矛盾体系中的主要矛盾。长期以来，学界对于"什么是思想政治教育主要矛盾"并无定论，对于思想政治教育实效性不佳的原因分析众说纷纭。本书从思想政治教育供求的视域考察思想政治教育实效性不佳的原因，以思想政治教育产品作为研究起点，在分析思想政治教育总需求和总供给的基础上提出了思想政治教育供求矛盾。透过思想政治教育供求矛盾的六种表现形式揭示了其本质是思想政治教育总供给难以适应满足思想政治教育总需求造成的结构性失衡错位的矛盾。从多角度论证了思想政治教育供求矛盾的地位和作用，找到了提高思想政治教育矛盾体系中的主要矛盾。因此，提高思想政治教育实效性必须从供给侧入手采取更加扎实有效的措施来调整优化思想政治教育结构，解决思想政治教育供求矛盾，这样就为实现思想政治教育供求精准对接找到了明确的主攻方向和工作重点。

（二）以提高供给质量为根本任务

思想政治教育供求精准对接强调提高思想政治教育产品的供给质量和供给水平。当前，思想政治教育面临的现状不是需求不足或没有需求，而是需求发生了巨大而深刻的改变，需求的档次越来越高，需求的品种越来越多，而思想政治教育生产提供的产品和服务却没有发生相应改变，产品和服务的质量、品种都满足不了需求提出的新要求。这就启示我们：供给是思想政治教育供求矛盾中的主要方面，实现思想政治教育供求精准对接要紧紧抓住供给这个矛盾的主要方面，不断解决思想政治教育在供给质量、供给水平、供给速度、供给效率、供给方向等供给方面存在的问题。当前，学界对于提高思想政治教育供给质量的重要意义已经达成共识，但对于思想政治教育供给的内涵和构成、供给存在问题的表现和成因、提高供给质量的途径方法还缺乏深入细致的研究。本书把思想政治教育供给划分为思想政治教育资源、制度、环境等生产要素的要素供给和思想政治教育产品的产品供给，强调大力提升利用生产要素生产提供思想政治教育产品的生产能力和技术水平。实现思想政治教育供求精准对接就是要在分析供给存在问题的基础上，提出要通过扩大有效供给来创造有效需求，详细论述了要从压减供给总量、升级供给主体、降低供给成本等八个方面持续发力，为广大受教育者提供更加多样化、个性化、高端化的思想政治教育产品。

（三）以实现供求均衡为中心环节

实现思想政治教育供求精准对接的中心环节是采取有效措施实现供给和需求之间的总量均衡和结构均衡以及长期、动态、高水平、一般均衡。实现思想政治教育供求精准对接必须正确处理供给和需求之间的关系，强调破解供求矛盾的关键是在实现供求总量均衡的基础上实现结构均衡，结构均衡比总量均衡更重要、更紧迫、更具有现实意义。只有加快对思想政治教育结构的调整优化，才能实现思想政治教育长期、动态、高水平、一般均衡，这是实现思想政治教育高质量发展的必要条件。这就启示我们：思想政治教育供求既要实现总量均衡，也要实现结构均衡；既要实现短期均衡，也要实现长期均衡；既要实现静态均衡，也要实现动态均衡；既要实现局部均衡，也要实现一般均衡，只有这样才能实现从低水平均衡向高水平均衡的跃升。目前，学界对于思想政治教育供求均衡问题的研究还比较薄弱，研究成果还不多，是亟待加强的一个研究方向。本书将解决思想政治教育供求矛盾作为逻辑明线，将实现思想政治教育供求均衡作为逻辑暗线，共同的根本指向都是为了实现思想政治教育供求精准对接。思想政治教育结构调整运用供求均衡分析方法，阐明了实现思想政治教育供求均衡有助于提升教育实效性的逻辑依据，根据思想政治教育总需求和总供给函数推导出实现思想政治教育供求总量均衡和结构均衡的条件。在实践路径上，把加强需求管理与实现总量均衡联系起来，提升供给质量与实现结构均衡联系起来，各自分工明确，职责清晰，实现了目的和手段的统一。

（四）以调整优化结构为基本途径

实现思想政治教育供求精准对接的基本途径是解决思想政治教育领域的结构性问题，以调整优化思想政治教育系统的结构，从而增强系统的整体功能。结构性问题通常都是深层次问题，比较隐蔽，难以把握，而且调整结构周期较长，难度较大，产生效果时滞较长。但是，结构问题又是非常重要的问题，因为结构决定功能，只有不断调整优化经济结构，才能从根本上增强系统功能，促使其发挥出更强更优的功能。这就启示我们：思想政治教育结构问题十分重要但又容易被忽视，必须高度重视调整优化思想政治教育结构才能使思想政治教育系统发挥出更强大的功能。目前，学界一定程度上"忽略了结构而专注于供给"，对思想政治教育结构性问题关注不足，研究不够，必须尽快纠正这种片面认识，弥补理论短板。实现思想政治教育供求精准对接不能只谈需求或供给而忽略结构性问题，必须对需求和供给同时进行结构调整优化。当前，在思想政治教育实践中存在大量供求结构性失衡错位的问题，而思想政治教育供求矛盾的本质就是思想政治教育总供给难以适应满足思想政治教育总需求造成的结构性失衡错位矛盾。思想政治教育结构调整聚焦思想政治教育结构性矛盾的解决，确立了目标结构有机融合、内容结构互动对接、方法结构高效转化的三个目标，努力实现目标的紧密契合，内容的集成整合，方法的协同配合。这样才能在供求总量均衡的基础上，实现供给结构和需求结构的结构均衡。

（五）以加强需求管理为重要方面

实现思想政治教育供求精准对接必须加强需求管理，适度扩大总需求，提高需求的层次和水平，既需要挖掘释放出新的教育需求，又需要引导教育需求方向、确保其向正确方向发展。因为供给和需求是一个问题的两个方面，供给管理和需求管理不可分割，离开需求谈供给或离开供给谈需求都是片面的。所以，决不能把需求和供给割裂对立起来，而是要采取更加有力、更加精准、更加多样的举措来加强需求管理，把需求和供给更加紧密地结合起来，发挥互补效益，形成聚合效应。这就启示我们：要在调查分析和研究探讨的基础上制定详细具体的思想政治教育需求清单，以需求清单为龙头加强思想政治教育需求管理。当前，学界对于需求分析的研究越来越重视，但还缺乏对思想政治教育需求的细分和具体化研究。本书将思想政治教育需求细分为社会需求和个人需求的双重需求，阐述了社会需求和个人需求的内涵以及二者之间的关系。特别强调要把社会需求和个人需求紧密结合起来，基于双重需求开展思想政治教育。如果把社会需求和个人需求割裂对立起来，片面强调社会需求或片面强调个人需求都会在理论和实践上带来严重危害。正是由于通过思想政治教育需求研究来加强需求管理十分重要，所以要分析思想政治教育需求存在的现实问题，提出解决需求矛盾的新思路，要适度扩大思想政治教育有效需求，发挥需求在调节总量均衡中的独特作用，满足思想政治教育多样化、个性化、高端化需求，只有这样才能实现思想政治教育供求精准对接。

第四节　运用人工智能实现大学生思想政治
教育供求精准对接的总体布局

实现思想政治教育供求精准对接需要从整体上进行全面部署，厘清逻辑理路，擘画好路线图和任务书，明确主要工作和目标要求。首先，实现思想政治教育精准对接要从思想政治教育需求入手，搞清楚思想政治教育到底有哪些需求，怎样把握这些需求，如何挖掘适应这些需求，所以加强需求管理是前提和基础。其次，实现思想政治教育精准对接要根据思想政治教育需求提升思想政治教育供给质量，需求归根到底是要靠供给来满足的，供给也能够在一定程度上创造需求，只有把供给质量搞上去，和需求真正对接起来才能实现思想政治教育供求精准对接，所以提升供给质量是核心和重点。最后，实现思想政治教育精准对接不仅要实现思想政治教育在总量上的均衡，更重要的是要实现结构上的均衡，只有供给结构及时适应满足需求结构的变化，才能最终实现思想政治教育供求精准对接，所以推进结构调整是关键和枢纽。

实现思想政治教育供求精准对接需要从需求、供给、结构三个方面分别入手，采取各个击破的手段，持续发力解决需求矛盾、供给矛盾、结构矛盾，最终解决思想政治教育供求矛盾，推动思想政治教育创新发展。需求矛盾的解决是解决思想政治教育供求矛盾的基础，供给矛盾的解决是解决思想政治教育供求矛盾的核心，结构矛盾的解决是解决思想政治教育供求矛盾的关键。结构矛盾的解决渗透融入需求矛盾的解决和供给矛盾的解决之中，有交叉重复之处，所以这三个方面矛盾的解决紧密联系、不可分割，必须统筹推进，协同配合，形成整体合力。因此，运用人工智能实现思想政治教育供求精准对接要从加强需求管理、提升供给质量、推动结构调整三个方面持续发力，形成"三位一体"的总体布局。

（一）加强大学生思想政治教育需求管理

思想政治教育需要加强需求管理，发挥需求牵引和需求导向的作用，合理确定哪些需求需要大力加强，哪些需求需要适度压缩，哪些需求需要坚决抵制。例如，在思想政治教育个人需求中，一些健康、合理、积极的需求应当得到重视和满足，而一些消极、低俗、超出思想政治教育范围的需求必须坚决抵制。当前，思想政治教育存在有效需求不足的问题，需要适度扩大有效需求。一方面，要根据时代发展和社会进步及时提出新的社会需求。另一方面，要高度重视受教育者的个人价值和利益诉求，把隐藏在受教育者内心中的潜在需求充分挖掘调动出来变为现实需求，让思想政治教育赢得受教育者的欢迎和喜爱。

加强大学生思想政治教育需求管理要跟上信息化时代发展的步伐，充分利用人工智能的技术手段，可以利用手机问卷调查 APP、网上答题、访问检测等手段对受教育者需求进行认真细致的调查分析，广泛收集受教育者关心关注的问题，了解他们的心声和诉求，准确掌握受教育者的思想情况。所以，搞好思想政治教育调查研究分析，掌握受教育者详细的思想状况是加强思想政治教育需求管理，提高思想政治教育的一项具有针对性与基础性的重要工作。

（二）提升大学生思想政治教育供给质量

思想政治教育的中心任务是提升供给质量，生产出更好更多"适销对路""质优价廉"，能够引领和满足思想政治教育需求的思想政治教育产品，但是不能就供给谈供给，而是要围绕影响制约供给质量的相关因素进行深入分析和全面加强改进。一是要坚决去除无效供给和过剩供给。当前，思想政治教育存在"产能过剩"的问题，集中体现为一些思想政治教育者生产提供了大量的无效供给和过剩供给。无效供给或过剩供给的基本特征是教育效果较差，耗费了宝贵的思想政治教育资源却没有取得积极正面的思想政治教育效果，要坚决果断"去除过剩产能"。二是要全面提升思想政治教育供给主体的生产供给能力。思想政治教育供给主体要从多方面下功夫改进生产技术，生产出更好更多的思想政治教育产品。三是要科学规范思想政治教育供给的约束条件。当前在思想政治教育管理中对思想政治教育产品生产供给过度干预，约束过多、过严、过细，不够科学规范严谨，很大程度上制约了思想政治教育产品的生产活力。因此，要严格划定供给约束的范围和条件，激发思想政治教育产品的生产活力，为思想政治教育营造一个宽松和谐、开放灵活、鼓励创新的良好氛围。四是大力改善思想政治教育产品生产的外部环境。思想政治教育系统和思想政治教育环境相互影响，相互制约，只有努力营造良好稳定的教育环境，特别是发挥社会环境中的积极因素，消除社会环境中的消极因素，才能形成教育环境和教育系统同向发力、携手并进的良好局面。五是高度重视思想政治教育制度建设。思想政治教育产品生产必须要有科学合理的教育制度作为可靠保障。制度供给是思想政治教育要素供给的重要方面，要把制度建设摆在更加突出的地位，作出更有效的制度安排，通过对制度的不断修订完善挤压不良潜规则的生存空间。思想政治教育系统的有效运转机制要形成制度，成熟定型下来，注重各项规章制度之间的衔接配套。六是树立成本意识，尽最大可能降低思想政治教育成本。在思想政治教育产品生产过程中，面临生产成本过高，消耗资源过多，教育者和受教育者负担较重的问题。思想政治教育资源是稀缺的，而思想政治教育需求又是无限的，要以有限的教育资源尽可能地满足受教育者无限的教育需求，就要树立节约教育成本的意识，在确保教育质量的前提下，充分地利用教育资源，提高思想政治教育产品生产效率，尽可能减少教育资源消耗，降低思想政治教育成本。七是加快思想政治教育产品供给速度。要不断加强对思想政治教育产品过程的计划、组织、指挥、协调、控制、监督，在教育需求产生后，教育者要提高生产效率，尽量缩短生产时间，第一时间向受教育者提供优质思想政治教育产品来满足教育需求，避免教育的滞后性和延迟性，只有这样才能提高教育的时效性。

（三）推动大学生思想政治教育结构调整

思想政治教育结构本身是一个比较复杂的概念，本书侧重从两个方面来考察思想政治教育结构的调整优化。一方面，思想政治教育供给结构要适应思想政治教育需求结构的要求和变化。需求结构是指思想政治教育社会需求和个人需求之间的比例和关系。供给结构是指思想政治教育要素供给和产品供给之间的比例和关系。供给结构和需求结构自身要保持适度合理的比例关系。调整优化需求结构既要大力巩固和发展社会需求，充分发挥社会需求的主导作用，增强其控制力和影响力，又要大力鼓励、支持、引导个人需求的发展，充分发挥个人需求的活力和创造力。调整优化供给结构既要增加要素供给的数量，提高要素供给的质量，又要实现要素供给的公平合理分配和充分有效利用，更要提高要素供给向产品供给的转化效率，生产供给"质量优、成本低、效果好"的思想政治教育产品。同时，供给结构和需求结构之间也要保持适度合理的比例关系，这种适度合理的比例关系不仅是静态的，而且是动态的，也就是说，需求结构和供给结构要适应对方的发展变化，做到因时而变、因势而变。例如，社会需求增加必然要求相应增加要素供给，才能有更多的产品供给来满足社会需求。

另一方面，思想政治教育结构要着重对教学目标结构、教学内容结构、教学方法结构等三个方面进行调整优化。思想政治教育教学目标结构就是根据思想政治教育的社会需求和个人需求所决定的思想政治教育的社会性根本目标和个体性直接目标之间的比例和关系。调整优化教学目标结构就是要规定社会性根本目标和个体性直接目标在思想政治教育目标体系中的地位作用，制定具体的教育目的、教育要求、教育任务等。思想政治教育教学内容结构就是各部分思想政治教育内容如政治教育、思想教育、道德教育、法纪教育、心理教育、人文教育等内容之间的比例和关系。调整优化教学内容结构就是要把各部分内容融合成一个丰富多样、协调配合的内容体系，使内容结构呈现出持续改进、动态创新的态势。思想政治教育教学方法结构是指在思想政治教育实践中所运用的各种教学方法之间搭配使用的比例和关系。调整优化教学方法结构就是要选择比较适当、效果较好、受教育者比较欢迎的教学方法，注重多种教学方法扬长避短、推陈出新。

　　本书第四、五、六章分别从加强需求管理、提升供给质量、推动结构调整三个方面探讨如何解决思想政治教育需求矛盾、供给矛盾和结构矛盾。

第四章

运用人工智能加强思想政治教育需求管理

加强思想政治教育需求管理是指为解决思想政治教育需求方面的矛盾，通过引领需求方向、扩大有效需求、关照多样需求等举措对思想政治教育需求进行调控的管理活动。加强需求管理是解决思想政治教育供求矛盾不可忽视的重要方面，是实现思想政治教育供求精准对接的前提和基础。解决思想政治教育供求矛盾不能仅仅从供给单方面入手，而是要促进需求和供给紧密配合、双向互动、同步推进、协同发力。

第一节　加强大学生思想政治教育需求管理的理念

（一）牢牢把握坚定正确的政治方向

思想政治教育是指教育者将一定社会的思想道德观念及其规范转化为受教育者个体思想品德的社会实践活动，其本质是社会主导意识形态的灌输和教化①。思想政治教育的本质决定了思想政治教育需求，特别是社会需求必须在思想政治教育中始终占据主导地位，牢牢掌握意识形态灌输和教化的领导权、管理权、话语权，充分发挥思想引领和价值导向作用，具体体现在五个方面：一是要始终维护、不断加强马克思主义理论教育在思想政治教育中的核心地位，发挥政治教育的主导作用，坚持不懈用马克思主义中国化的最新理论成果武装人们的头脑。二是要突出理想信念教育，帮助人们树立正确的社会理想、道德理想、生活理想，形成正确的人生奋斗目标，坚定坚忍不拔、自强不息的信念，把社会奋斗目标转化落实为个人奋斗目标，并通过理想信念凝聚人心、激发动力、指导行为。三是要把思想政治教育的主导性具体体现在政治教育、思想教育、道德教育三个方面。政治教育的主导性体现在政治方向、政治立场、政治

---

① 陈万柏，张耀灿．思想政治教育学原理［M］．北京：高等教育出版社，2015：54.

观点、政治敏锐性等方面的引领导向。思想教育的主导性体现在引导受教育者树立正确的世界观、人生观、价值观。道德教育的主导性强调受教育者道德素质不断提高，在社会公德、职业道德、家庭美德、个人品德方面不断进步。四是要把思想政治教育的引领导向作用体现在行为规范导向之中，就是按照道德法纪的准则要求对自身的行为和思想进行规范和约束，确保严守法律和道德的底线。五是要研判、鉴别受教育者的需求，剔除其中不合理的、消极的、超出思想政治教育范围的需求，积极引导受教育者不断提升需求的档次品位，不断向高层次、高水平需求提升。一些受教育者对社会需求理解不透、难以接受，个人需求始终在低层次徘徊，这就需要教育者帮助受教育者认识到自己思想的局限性，开拓其思想视野，提高其思维层次，形成受教育者个人需求提升和思想政治素质提高相互促进、相得益彰的良性循环。

（二）注重激发创新发展的原生动力

马克思从理论上阐明了需要的作用，从"人的本质"的理论高度阐述了人的"需要理论"，认为人的需要是实践活动的内动力和源目的。美国著名社会心理学家马斯洛把人的需要从低到高分为生理、安全、社交、尊重、自我实现五个层次，认为这些需要才是推动个体行为最原始、最根本的动力。心理学认为，当人们产生某种物质或精神上的需要而又未能得到满足时，便会产生强烈的心理欲望，这种心理欲望在一定条件下会转化为个人明确的动机和目的，成为一种持久的精神动力，促使个人采取实际行动来满足这种需要，这就说明需要是人的活动发生和发展的初始因素和原生动力。如果人们在接受思想政治教育后，精神需要能够得到满足，获得成功、喜悦、自信、舒适、惬意的心理感觉，那么就可以转化为进一步接受思想政治教育的渴望和期待，形成良性循环。只有深入了解掌握受教育者需求的本质、特征、层次、内容等，才能有效提高思想政治教育的针对性。由于需要本身具有永不满足的特质，一种需要满足之后，又会有新的需要产生，需要具有从低级向高级螺旋上升的发展趋势，所以人的社会实践活动在需要的牵引下不断从低级向高级发展。与次生动力、外在压力相比，原生动力是更加自觉、更加持久、更加强劲的推动事物发展的力量。

（三）有效调节总量均衡

解决思想政治教育供求矛盾的基本途径是实现供给和需求之间的总量均衡和结构均衡。如果供求失衡则不仅供求矛盾无法得到解决，而且会阻碍破坏思想政治教育的持续健康发展。实现思想政治教育供求均衡既可以从需求入手，也可以从供给入手，需要根据思想政治教育现实状况进行灵活选择和搭配使用。一般来说，需求善于对总量进行短期调控，反应速度较快，这是其优势所在。

通过需求调控思想政治教育总量不能简单地认为思想政治教育需求越大越好，而是要适度和适时。例如，在供给不足的情况下，可以适度紧缩教育需求，实现供求均衡；在供给过剩的情况下，可以适度扩张教育需求，实现供求均衡。例如，党的二十大召开前，思想政治教育努力营造喜迎二十大的社会舆论环境，党的二十大结束后，思想政治教育迅速掀起学习宣传贯彻二十大精神的热潮，很好地配合了党的中心工作，对需求的调节适度、适量、适时，效果很好。在大学生思想政治教育中，当大学生刚刚入校时，需要帮助他们了解大学生活、校规校纪教育、做好学习规划；在毕业季到来时，需要及时进行就业指导；在大学生面临生活困难、婚恋挫折、人际关系紧张、债务纠纷、法律诉讼的时候需要第一时间适度扩大供给，加大教育力度。所以，思想政治教育需求要充分发挥其善于进行短期总量调控的优势，成为调节总量均衡的有效手段。

第二节　加强大学生思想政治教育需求管理的举措

（一）引领需求方向——正确运用思想政治教育灌输原则

思想政治教育需求要牢牢把握坚定正确的政治方向，充分发挥思想引领和价值导向作用就必须科学认识和正确运用思想政治教育灌输原则。灌输理论是马克思主义掌握群众、赢得群众、在思想上武装群众的重要方法论。灌输并不是无产阶级的专利，任何统治阶级为了维护阶级统治都会向社会成员灌输本阶级的意识形态和思想观念，资产阶级表现尤为明显。所以，任何怀疑、动摇甚至否定思想政治教育灌输原则的观点和行为都是错误的。马克思首先提出灌输思想，恩格斯第一次明确提出灌输概念，考茨基初步提出了灌输论思想体系，列宁进行了系统论述并形成了科学理论体系，深刻揭示了灌输原则在确保思想政治教育主导性中的决定性作用。在中国共产党思想政治教育史上，向人民群众进行理论灌输，用理论掌握群众、武装群众的思想政治教育实践为夺取中国革命胜利做出了重要贡献，积累了开展思想政治教育弥足珍贵的历史经验，创造性地丰富和发展了马克思主义灌输理论。

思想政治教育要正确运用灌输原则，就要特别注意区分灌输原则和灌输方法。灌输是开展思想政治教育的一项基本原则、工作方法和重要任务，而不是一种具体的、带有强制性的方法手段。灌输原则要求教育者从受教育者外部进行科学有效的灌注和输送，向他们灌输先进的思想和正确的观念，帮助他们提高思想政治素质。我们不能把灌输原则等同于填鸭硬塞式的单向硬性灌输方法，一定要在灌输过程中发挥受教育者的主体性，有力回击对于灌输原则的质疑和挑战，消除人们对于灌输原则的误解和歧视，特别是要努力提高灌输主体的综合素质，认真分析研究被灌输者的思想现状，用高质量思想政治教育产品来提高灌输质量水平。

提高灌输质量水平就是要使思想政治教育具有足够强大的引领力和导向力，塑造高端、优质、档次品位高，能够提升思想境界、培养健康志趣的思想政治教育产品，排除低端、庸俗、劣质、腐朽、消极、颓废的思想政治教育产品，把高质量的思想政治教育精品灌输到受教育者头脑之中。教育部门和教育者要通过灌输马克思主义意识形态来牢牢把握思想政治教育的领导权、主动权、话语权，引导受教育者坚定对马克思主义的信仰，对社会主义的信念，增强道路自信、理论自信、制度自信、文化自信。教育者要旗帜鲜明地大胆灌输、科学灌输、高质量灌输，切忌由于软弱妥协、松懈怠慢、故步自封而放弃灌输，迷失思想政治教育发展的正确方向。

（二）扩大有效需求——挖掘释放出受教育者的个人需求

从问卷调查和个别访谈来看，受教育者不是没有对于思想政治教育的个人需求，而是这种需求在一定程度上被压抑束缚，没有充分挖掘释放出来，没有从潜在需求转变为现实需求，没有从隐性需求转变为显性需求。思想政治教育者必须高度重视受教育者的个人需求，消除对受教育者个人需求的抑制和束缚，充分挖掘释放出受教育者的个人需求。在发展社会主义市场经济的社会背景下，思想政治教育必须充分尊重和高度关注受教育者的个人需求和利益，让人们感受到思想政治教育带来的实实在在的精神收益和满满的获得感，这样才能让受教育者真心信赖思想政治教育，向教育者主动提出个人需求。

一是教育者要下大力气向受教育者讲清楚开展思想政治教育的重要价值和意义，不仅要讲清楚思想政治教育对于社会发展进步的重要意义，更要结合受教育者的思想实际讲清楚思想政治教育对于个人成长、成才、成功的重要意义，让受教育者明白思想政治教育不是与己无关，而是与自己密切相关，对自己大有帮助，这样才能充分挖掘和调动受教育者主动接受思想政治教育的内在动力。例如，教育者应当鼓励受教育者充分表达自己的观点和见解，自发自觉地形成教育需求。受教育者自己提出的教育需求往往比教育者提出的教育需求更加符合实际情况，更加准确，更加具有针对性。

二是教育者要充分尊重受教育者的人格和权利，认真倾听他们的愿望和要求，充分发挥自身主导作用，对受教育者进行引导、激励和评价，和他们一同探索问题、发现真理、掌握方法，在教学相长的过程中循序渐进地发掘出受教

53

育者的个人需求。教育者必须针对不同的教育对象和思想问题开展多样化、个性化、差异化的教育，回答受教育者最关心、最感兴趣、最希望得到解答的问题，敢于正视棘手问题，不回避矛盾问题，积极承担起法律咨询和心理疏导职责，引导受教育者积极参与和自觉接受思想政治教育。

三是教育者要善于运用网络平台和信息化教育手段来扩大教育需求。自从智能手机普及以来，各种学习教育软件如雨后春笋般纷纷涌现，为科学文化教育提供了一个崭新的学习平台。思想政治教育者可以推荐受教育者安装"学习强国"等思想政治教育学习软件，鼓励受教育者在网络平台上自主学习，用网上答题、收藏转发量、评论留言等方式计算学习积分，然后换取红包、流量等学习奖励。这将极大调动受教育者的教育需求和学习积极性。

（三）关照多样需求——通过个性化教育满足差异化需求

思想政治教育多样化、差异化、个性化需求是由于思想政治教育矛盾的特殊性决定的，思想政治教育矛盾本身就具有复杂易变的特点，矛盾的每个方面也有其特点，在发展的不同阶段更有其特点，所以在关注矛盾普遍性的基础上要更加关注矛盾的特殊性，做到具体问题具体分析。传统思想政治教育倾向于满足所有受教育者的普遍性需求，容易忽视受教育者的需求和情感，受教育者想接受的教育接受不到，思想政治教育产品的"供给压抑了需求"。过去那种几百人一起上大课，"一勺烩、一锅煮"的供给方式已经远远不能适应满足受教育者多样化、差异化、个性化的教育需求，必须实现从概略供给向精准供给的转变。

一是思想政治教育应当根据受教育者的不同思想情况，区别对待、因材施教，做到因地制宜、因人制宜、因事制宜、因时制宜，把受教育者区分为若干班次进行差别化教育。思想政治教育实践告诉我们：越是整齐划一，齐头并进，授课效果越不理想；越是开放性的讨论，越能激发受教育者的参与热情，引起受教者的情感共鸣，从内心真正接受认同，取得良好的教育效果。要根据受教育者思想品德的实际状况选择教育内容，采用适当的教育方法，对于先进和比较先进的受教育者要运用先进的内容开展教育，帮助他们进一步提高思想道德素质，为其他受教育者树立榜样。对于一般的和比较落后的受教育者要运用普遍性内容开展教育，促使他们满足社会一般性要求，做合格的社会主义国家公民。如果要求思想政治教育推行标准化教学，那就违背了思想政治教育规律，一定不会收到良好的教育效果。

二是思想政治教育者应下大气力通过个性化教育来加强教育的针对性。个性化教育就是针对每个受教育者的具体实际情况和接受能力开展的差别化、精细化、定制化的思想政治教育方式。个性化教育的优势是可以有效提升教育的针对性，以提高针对性来保证实效性，克服有的教育敲不对鼓点，点穴不到穴位，难以击中要害，缺乏针对性的弱点。增强思想政治教育针对性就是要使教育的目标、内容、方法等方面尽量符合受教育者的实际情况，突出受教育者思想行为的特点。毛泽东指出："做宣传工作的人，对于自己的宣传对象没有调查，没有研究，没有分析，乱讲一顿，是万万不行的。"[①] 思想政治教育者要找准教育切入点，弄清楚受教育者在思考什么、关注什么、想得到什么，把受教育者需不需要、愿不愿意听、做不做得到作为开展思想政治教育的依据，努力消除教育者与受教育者对教育需求和教育供给的信息不对称。

三是以研讨、交流、讨论、互动等多种方式来及时满足受教育者的差异化需求。今后思政课人数规模要严格控制，尽量实现小班化教学，提倡分组进行研讨交流，既可以使每一名受教育者都有与教育者沟通交流的机会，又可以使教育者更加熟悉了解受教育者。开展思想政治教育要根据情况增加交流互动环节，让受教育者畅所欲言，表达真实想法，提出疑难困惑。教育者不能回避矛盾问题，要站在受教育者的立场上，努力答疑解惑，让受教育者解开思想疙瘩，提高思想境界。长期以来，思想政治教育面对的现实困难是教育者数量严重不足，每一名教育者都要承担上百名甚至数百名受教育者的思想政治教育，由于时间和精力限制，很难关心照顾到所有受教育者。当前人工智能的发展方兴未艾，为个性化教育提供了便利的物质技术条件，受教育者可以通过"一对一"的渠道直接向教育者反映思想问题，寻求帮助，而教育者也可以通过"点对点"的方式及时快速回答受教育者的思想困惑，极大地提高了工作效率。

个性化教育对于大学生思想政治教育也是至关重要的。近年来，大学生的家庭背景、文化水平、经历阅历发生了深刻变化，每名大学生都有自己的性格脾气、行为习惯、思维方式等个性特征。大学生思想政治教育说到底是做人的工作，必须充分尊重、理解、把握大学生的个性特点。个性化教育应当区分大一新生、大二大三老生、大四毕业生等各类别大学生的不同思想问题，开展针对性教育引导。大学生出现思想问题的原因是复杂多样的，只有抓住大学生遇到的每一个具体问题，细致耐心做好一人一事工作，才能打开大学生的心结，真正走入他们的内心世界。

加强大学生思想政治教育需求管理的主要内容可以概括为表4.1。

---

①　毛泽东.毛泽东选集：第3卷［M］.北京：人民出版社，1991：837.

表 4.1　加强大学生思想政治教育需求管理的主要内容

存在问题	主要目的	对策措施
主导性发挥不足	引领需求方向	正确运用灌输原则
个人需求未受重视	扩大有效需求	挖掘释放个人需求
个性化需求未满足	关照多样需求	开展个性化教育

第三节　人工智能在加强大学生思想政治教育需求管理中的运用

（一）利用数据挖掘技术精准研判思想政治教育需求

数据挖掘技术是指从数据库的大量数据中揭示出隐含的、先前未知的、具有潜在价值的信息的过程。数据挖掘包括多层含义：数据源必须是真实的、大量的；从中分析挖掘出的信息必须是用户感兴趣的、有价值的信息；发掘出的信息必须是可接受、可理解、可运用的；发掘出的信息是某一方面的特定信息，而不一定是全面系统的信息。常用的数据挖掘方法有分类、聚类、回归分析、关联规则、神经网络方法、Web 数据挖掘等。数据挖掘技术在商业中已经得到广泛运用，例如经典的啤酒与尿布的营销案例。全球零售业巨头沃尔玛在对消费者的购物行为进行大数据分析时发现，男性顾客在购买婴儿尿片时，常常会顺便购买几瓶啤酒来供自己饮用，于是尝试推出了将啤酒和尿布摆在一起的促销手段。没想到这个举措居然使尿布和啤酒的销量都大幅增加了。如今，"啤酒+尿布"的数据分析成果早已成了大数据技术应用的经典案例，被人津津乐道。看似毫不相干的两种事物之间，存在某种潜在的内在联系，需要通过数据挖掘技术去发现，值得思想政治教育工作者借鉴参考。

思想政治教育工作者也应当培养形成大数据思维，掌握一定的数据挖掘技术。例如，思政课教师可以从学生所发的朋友圈、微博中了解掌握学生的兴趣爱好，从学生的评论、收藏、下载、点赞、转发情况推断学生对社会热点事件的观点、倾向、关注度等。这些都有助于思想政治教育工作者精准研判受教育者的个性化、多样化的思想政治教育需求，从而有的放矢开展针对性的教育。2022 年 6 月 10 日发生的唐山烧烤店打人事件引起了社会普遍关注，热度持续长达数月，许多大学生对此议论纷纷，发表各种各样的言论和看法。一些学生发表的评论观点片面，甚至偏激，容易受到不良舆论的误导，这时思想政治教育工作者应当及时跟进，廓清谣言，正确引导舆论，帮助大学生明辨是非，树立正确观念。

（二）利用语音识别和视频感知技术挖掘思想政治教育潜在需求

人类可以与机器进行语音交流，让机器明白你说什么，想干什么，这是人类长期以来梦寐以求的事情。人们形象地把语音识别比作"机器的听觉系统"。语音识别技术就是让机器通过识别和理解过程把语音信号转变为相应的文本或命令的人工智能技术。语音识别技术主要包括特征提取技术、模式匹配准则、模型训练技术三个方面。语音识别的应用领域非常广泛，常见的应用系统有：语音输入系统，相对于键盘输入方法更加省时省力，它更符合人的日常习惯，也更自然、更轻松、更高效；语音控制系统，即用语音来控制设备的运行，相对于手动控制来说更加快捷、方便、准确，已经广泛运用在工业控制、语音拨号系统、智能家电、声控智能玩具等许多领域；智能对话查询系统，可以根据客户的语音进行操作，为用户提供更加方便快捷的数据库检索服务，例如宾馆服务、订票系统、医疗服务、银行服务、汽车导航服务等。

视频感知系统通常包括前端摄像机、传输线缆、视频监控平台三个组成部分。视频感知以其直观、准确、及时和信息内容丰富而广泛应用于许多场合。最新的视频感知系统可以使用智能手机连接，对图像进行自动识别、存储和自动报警，还可以对图像进行实时观看、录入、回放、调出及储存等操作，从而实现基于移动互联网的视频感知。智能视频感知系统不仅仅局限于被动地提供视频画面，而且系统本身具有足够的智能，能够识别不同的物体，发现监控画面中的异常情况，第一时间发出警报和提供有用信息，从而更加有效地协助有关人员处理紧急情况，成为应对和处理突发事件的有力工具。例如公安部门在交通卡口等安装的视频感知系统可以自动识别犯罪嫌疑人或嫌疑车辆，及时向指挥中心报告，进而采取抓捕或跟踪等行动。

目前，许多大学正在大力建设智慧教室。2021年6月，国家开放大学首批5G智慧教室正式投入使用，将5G、AI、大数据等新一代数字技术带入课堂，充满视觉冲击力的巨幅纳米黑板、5G+4K远程互动、智能辅助教学、翻转课堂等一系列高科技教学手段得以广泛运用。智慧教室是借助物联网技术、云计算技术和人工智能技术等构建起来的新型教室，提供了一种典型的智慧学习环境，通过各类智能装备辅助教学内容呈现、便利学习资源获取、促进课堂交互开展。智慧教室有利于为教学活动提供人性化、智能化的互动空间，在学习空间内实现人与环境的自然交互，促进个性化学习、开放式学习和泛在学习。在智慧教室开展思想政治教育时，可以通过学生与电脑系统之间的人机对话，让学生更加自然、愉悦、轻松地投入到沉浸式教学之中，电脑实时记录学生的语音表达，感知其表情、神态、动作，有助于充分挖掘思政课教师在传统课堂上不容易发现的思想政治教育潜在需求。智慧教室通过课前预习测评分析和课中随堂测验即时分析，可以准确把握每个学习者掌握知识的状况，评估学生思政课学习效果，发现新的思想政治教育需求，及时调整思政课教学方案。例如，在心理学专业教室，如果能从传统的鼠标点击答题升级为语音答题，同时伴以视频识别感知，必将进一步增强心理测试的信度，使心理学老师对每一位学生的认知度更清晰、更准确、更全面。

(三) 利用图像识别和情绪识别技术实时掌控思想动态

图像识别是指利用计算机对图像进行处理、分析和理解，以识别各种不同模式的目标和对象的技术，是人工智能的一种实践应用。现阶段图像识别技术一般分为人脸识别与商品识别两大类，人脸识别主要运用在安全检查、身份核验与移动支付中；商品识别主要运用在商品流通过程中，特别是无人货架、智能零售柜等无人零售领域。图像识别一般分为四个步骤：图像采集→图像预处理→特征提取→图像识别。图像识别技术已经成为当前人工智能十分重要的发展方向，表现出广阔的发展前景，发挥出重要作用。

众所周知，人类存在六种与生俱来的基本情绪，即恐惧、悲伤、愤怒、愉悦、惊讶和厌恶，更复杂的情绪则是这些基本情绪的衍生演化。情绪识别技术则是以各种情绪对应的表情与面部肌肉动作为素材，通过高帧率的摄像头来采集视频，然后标注各种表情对应的情绪标签，最后通过分析脸部肌肉群的微运动来分析人的心理情绪状况。人工智能能够识别出人类面部肌肉的动作，再基于面部表情编码系统和基本情绪模型，来判断面部反映的是什么样的情绪。例如，人在生气时通常会皱眉、眼睑紧张、鼻孔张大，在害怕的时候会出现瞳孔变大、眉毛抬起、嘴巴张开。情绪识别技术可以推断出受测者的情绪状态以及潜在心理状态，可以在一定程度上实现"察言观色"和"见微知著"。例如，疲劳驾驶检测系统对汽车驾驶员脸部、眼部、体态等细节特征以及闭眼、打哈欠、揉眼睛、伸懒腰等动作进行智能分析，帮助准确识别是否存在疲劳驾驶。在此基础上，结合车速、连续驾驶时长、驾驶时间段等维度，判断出疲劳监测等级，如：轻度疲劳、中度疲劳、高度疲劳，进而作出提醒或报警响应。

大学校园里无处不在的视频监控系统为运用图像识别和情绪识别技术提供了物质技术基础，在视频监控图像的基础上进行人脸识别并进一步进行情绪识别可以在一定程度上分析判断人的心理和思想状况，有助于思想政治教育工作者实时掌握学生的思想动态。例如，经常去图书馆看书，情绪安静平和的学生通常不会有什么思想问题；近期频繁去校医院进行治疗，愁眉苦脸的学生可能正受到疾病的困扰，心理和思想压力比较大；在学校偏僻角落里常常独自一人出现，表情凝重、陷入沉思的学生往往可能遇到实际困难和思想问题，情绪波动比较大，需要辅导员或思想政治教育骨干引起重视、采取措施。

第五章

运用人工智能提升思想政治教育供给质量

　　提升思想政治教育供给质量是指为解决思想政治教育供给方面的矛盾，通过压减供给总量、升级供给主体、放松供给约束、治理供给环境、完善供给制度、降低供给成本、加快供给速度、补齐供给短板等举措对思想政治教育供给进行调控的管理活动。思想政治教育供给方面存在的诸多现实问题直接造成了思想政治教育实效性欠佳的现状，是改进和加强思想政治教育的主要障碍。这就从根本上决定了提升供给质量是解决思想政治教育供求矛盾的主要方面，是实现思想政治教育供求精准对接的主攻方向和工作重点。

第一节　大学生思想政治教育供给存在的问题

　　从人工智能时代大学生思想政治教育情况问卷调查问卷和作者个别访谈情况来看，思想政治教育在需求和供给两方面都存在问题，但供给方面存在问题比较突出和集中，更多更复杂，性质和程度更严重。思想政治教育供给主要存在七方面的问题。

　　（一）供给内容不接地气

　　问卷调查中高达 93.3% 的受教育者反映一些思想政治教育内容不接地气，脱离受教育者实际需求和真实愿望，没有充分反映受教育者的利益和诉求。思想政治教育内容不接地气具体体现在六个方面。

　　一是脱离实际。一些教育者形式主义、教条主义严重，不了解受教育者学习工作生活的实际情况，对受教育者关心关注的问题正面回应不足，思想政治教育成了高高在上、远离受众的"阳春白雪"。真实性是思想政治教育强大生命力的所在，一定要讲实话、办实事、下真功、动真情，用真理说服人、用真情感染人、用真实打动人。40.2% 的受教育者认为教育者有时联系受教育者实际情况，45.4% 的受教育者认为教育者很少联系受教育者实际情况。时至今日，一些教育者开展教育时仍旧"只讲集体不讲个人，只讲奉献不讲索取，只讲精神境界不讲物质利益，只讲先进性不讲广泛性"，把个别人物形象宣传过于高大完美，距离普通受众比较遥远，令人望而却步，敬而远之。

二是照本宣科。一些教育者从公开出版物上摘抄讲课内容，讲述众所周知的内容，信息量很低，就文本解读文本，就理论解释理论，教学枯燥乏味，陈旧过时，成为脱离社会现实的空洞说教，难以满足受教育者追求的"深度挖掘解读、紧密联系生活实际、解决思想困惑和思想问题"的教育需求，教育意义不大。51.6%的受教育者反映开展思想政治教育时教育者基本上照着稿子念，缺乏自己的观点和见解，这种教育方式令人难以接受。

三是避实就虚。一些教育者开展"选择性教学"，对自身擅长的内容和容易讲的内容多讲或深讲，对自身不擅长的内容和难度较大的内容少讲或不讲，对一些受教育者普遍关心关注的敏感复杂问题回避不讲或一笔带过，教学水平长期在低层次徘徊，教学内容"不解渴"。

四是自说自话。一些教育者不顾及受教育者的感受和反应，根据自己人生阅历进行漫无目的、泛泛而谈的闲谈漫话式教学，讲到哪里算哪里，喜欢用所谓"心灵鸡汤"来糊弄忽悠受教育者，思想政治教育丧失了严谨的理论性和周密的逻辑性，受教育者得不到有益的帮助和启示。

五是偷工减料。一些教育者授课没有激情，平铺直叙，语言干瘪，为了减轻自身劳动强度，以大量视频、动画、影片取代课堂理论讲授，以视觉冲击取代教材理论体系的深刻阐述和知识点的全面讲解来迎合受教育者的偏好和口味。

六是哗众取宠。有的教育者打着增强教学"吸引力"和"亲和力"的旗号，把严肃的思想政治教育过度娱乐化，通过讲述八卦新闻、制造噱头、爆料内幕、传播小道消息等低俗手段来吸引受教育者的注意力，使思想政治教育丧失了应有的学术品位和思想深度。

正是由于思想政治教育内容不接地气，损害了思想政治教育的形象和威信，导致受教育者对教育内容的接受认同程度较低，53.3%的受教育者表示对有的教育内容认同，有的不认同，基本上能够接受认同的只有20.5%。

（二）供给方法创新不够

大部分思想政治教育者仍然沿用课堂理论讲授、集中学习辅导、下发学习资料、政策制度宣讲等传统教育方法，思想政治教育方法创新不够，方法手段单一，单向硬性灌输，缺乏交流互动，课堂气氛压抑沉闷，难以调动受教育者学习积极性和主动性，寓教于乐更无从谈起。63.3%的受教育者认为教育方法呆板，没有吸引力。48.3%的受教育者反映只有课堂讲授一种方法，单调枯燥。

36.7%的受教育者对填鸭式硬性灌输表示了反感厌恶。一些教育者在教学方法上习惯于"一言堂、满堂灌"的教学方式，注重教材体系和理论的讲述，没有使受教育者投入和参加到教学活动中，不顾及受教育者的感受和反应，不重视受教育者的合理需求，一定程度上压抑了受教育者的学习积极性。一些思想政治教育者教育观念滞后，跟不上网络时代日新月异的发展步伐，不善于灵活运用网络思想政治教育方法。开展网络思想政治教育的方法比较单一，仅限于从网络上下载视频、歌曲、动画、图片等原始低级的方法。在 5G 网络迅猛发展的信息时代，竟然有 67.6%的教育者没有开设微博，不添加受教育者微信，不善于运用信息化手段开展思想政治教育。

（三）供给主体能力不足

思想政治教育者是思想政治教育产品的直接生产供给主体，他们与受教育者亲密接触，其道德品质、人格魅力、工作热情、理论水平、授课能力被受教育者"看在眼里、记在心上"，直接影响到思想政治教育的质量和效果。教育者供给能力不足主要体现在三个方面。

一是有的教育者高高在上，没有充分尊重受教育者的关切，没有积极关注和认真研究受教育者的教育需求，更谈不上与受教育者真心诚意、推心置腹地谈心交流。马克思说："激情、热情是人强烈追求自己对象的本质力量。"[1] 列宁明确指出："没有人的感情，就从来没有也不可能有对真理的追求。"[2] 爱因斯坦说："情感和愿望是人类一切努力和创造背后的动力。"[3] 这些教育者不是真心诚意地热爱思想政治教育工作，没有全身心地投入思想政治教育事业之中，仅仅将其当成谋生手段，没有干好工作的干劲和激情。有的教育者开展教育时形式主义比较严重，为完成教育任务而开展教育，责任心和耐心不够，对受教育者不负责任，不愿意下功夫开展扎实、细致、耐心的教育，教育效果自然大打折扣。在一些人看来，思想政治教育工作没有什么技术含量和专业要求，谁都可以干。很多教育者是不能够胜任行政管理工作和科学文化教育工作被淘汰下来的人，没有受过严格正规的思想政治教育专业培训，其教学质量更无法保证。

二是有的教育者理想信念不坚定，理论水平不高，知识面狭窄，没有掌握

① 中共中央马克思恩格斯列宁斯大林著作编译局 . 马克思恩格斯文集：第 1 卷［M］. 北京：人民出版社，2009：211.

② 列宁 . 列宁全集：第 20 卷［M］. 北京：人民出版社，1972：255.

③ 爱因斯坦 . 爱因斯坦文集：第 1 卷［M］. 许良英，等编译 . 北京：商务印书馆，1976：397.

最基本的现代教育技术。作为真理传播者和灵魂塑造者的思政课教师，如果"教马列而不信马列"，没有真学、真懂、真信、真用马克思主义就不是一个合格的思想政治教育供给主体。在问卷调查中，认为思政课教师的理论水平和授课能力一般的占 58.6%，认为理论水平较高，但授课能力一般的占 23.4%，这说明理论水平并不等于授课能力，理论水平向授课能力的转化还需要付出很大努力。一部分教师理论水平不高，不太关注其他学科知识，教学理论深度不够，受教育者难以真切地感受到思政课的知识魅力。一部分教师理论与实践脱节，不善于用生动鲜活的案例来阐述深奥的理论，忽视理论对实践的指导作用。面对纷繁复杂的社会现实，受教育者希望教育者对此进行科学阐述，而教育者缺乏对此进行辨析和阐释的能力，难以及时、准确、深入地解答受教育者的思想困惑。

三是有的教育者思想僵化，教育观念滞后，身体已经进入了 21 世纪，思想还停留在 20 世纪，习惯于用"当年"来评判"今天"，用"自我"来评判"他人"。个别教育者喜欢用几十年前的道理和事例来开展思想政治教育，与大学生的思想观念格格不入，结果是不仅达不到预期教育效果，反而被受教育者吐槽、抱怨、嘲讽。

当前，网络环境在思想政治教育环境中的地位和作用显著上升，已经成为影响思想政治教育实效性的重要因素之一。现在大多数青年人基本上不阅读报纸、杂志等传统媒体，绝大部分信息从网络上获取，手机和网络已经成为他们生活中不可缺少的重要组成部分。但是，网络信息浩如烟海、良莠不齐，反动、色情、暴力、迷信、低俗等各种不良信息随处可见，各种网络谣言和负面炒作甚嚣尘上，网络空间污浊混乱。一些人利用网络传播错误思想观点，散布政治谣言，恶意进行人身攻击，故意挑拨群体对立，危害社会稳定。网络上肆意宣扬的多元价值观念弱化消解了本应崇尚的主流道德标准和价值观念，与社会主义核心价值观格格不入，极大地腐蚀了大学生的思想灵魂，给思想政治教育带来了严重干扰破坏，管好用好互联网成为优化思想政治教育环境的重中之重。

（四）供给制度不够完善

从调查问卷来看，38.3% 的受教育者认为思想政治教育严格按照制度开展，比较规范；26.7% 的受教育者认为没有遵照执行思想政治教育制度，随意性较大；18.3% 的受教育者认为思想政治教育制度本身不够合理完善，没必要遵守；16.7% 的受教育者不知道思想政治教育有什么制度规定。这些情况说明，思想政治教育制度不够科学完善，还存在一些问题，具体表现在五个方面。一是部分思想政治教育政策和制度虽然制定得很好，但是没有上升到法律法规的高度，权威性、连续性、稳定性不够，一些制度规定多变易变，令人无所适从。二是个别教育制度规定不够合理，没有完全遵循思想政治教育规律，还存在一些漏洞和缺陷，特别是没有规定违反制度会受到什么样的处罚，一些制度规定成了"橡皮筋""稻草人"。许多教育者开展思想政治教育不够规范严谨，有的根据上级命令指示临时安排教育内容，有的根据个人兴趣爱好随意改变教育内容。三是很多思想政治教育政策制度规定宽泛模糊，方向性和号召性要求比较多，条文的指导性和原则性比较强，不够细致具体，"可以、应当、原则上、一般、基本"等模糊语言较多，执行中的弹性和随意性较大，针对性和可操作性较弱，在教育实践中不好把握、落实困难，作用效果大打折扣。四是一些思想政治教育政策、制度、规定虽然得到了贯彻实施，但是执行落实得不够到位、不够彻底，没有达到预期效果。五是思想政治教育制度创新不够，更新修订周期较长，新创造积累的思想政治教育成功经验在很长一段时期内没有以法规制度的形式固定下来，推广出去。

（五）供给成本居高不下

当前，思想政治教育活动中节约教育成本的意识还比较淡薄，尚未得到足够重视。教育部门为开展教育不计成本，不惜代价，投入大量人力、物力、财力，耗费大量时间、精力，教育成本持续上升，而教育质量和效益没有相应地同比例提高，造成较大教育资源浪费。从受教育者的直接感受来看，51.7%的受教育者认为占用时间和精力太多，难以接受；42.8%的受教育者认为占用时间和精力比较多，勉强可以接受。这仅仅是受教育者对思想政治教育时间成本较高的反映，而其他供给成本较高的情况则难以在现实中显现出来，比较隐蔽，难以发现。在个别访谈中，许多教育工作者列举了教育成本较高的现实状况。一些思想政治教育泡沫化特征比较明显，表现为劳民伤财的大投入、兴师动众的大场面、耗时费力的大制作，而教育效果不尽如人意。一些思想政治教育开展过多过滥，形成重复供给，挤占受教育者专业课学习时间和休息娱乐时间，教育资源消耗过大。一些思想政治教育意义不大，同一个教育内容反复多次开展教育，导致教育者疲惫不堪，受教育者牢骚满腹。依靠大量教育资源投入谋求教育质量效果提升的粗放型发展途径已经难以为继，必须尽快打破这种"路径依赖"，多措并举降低思想政治教育供给成本，走上"投入较少、效益较好"，全要素生产率持续提升的集约型发展路径。

（六）应对供给竞争不力

思想政治教育可以从一定意义上理解为马克思主义意识形态与非马克思主义意识形态之间的较量和斗争，所以斗争性是思想政治教育的固有属性之一。

马克思和恩格斯一生都在批驳形形色色的反马克思主义思潮，同各种各样的冒牌社会主义者做不懈斗争，为我们加强思想政治教育的批判性做出了表率。当前，在思想交锋的主战场上，思想政治教育应对非马克思主义意识形态和各种错误社会思潮冲击的能力不足，消极被动应付多，积极主动出击少，反应速度迟缓，延迟时间较长，还没有完全占领思想政治教育的主阵地和制高点。当前，信息网络时代去中心化的信息传播模式，对主流意识形态传播的分散和消解作用十分明显①。近些年来，一些错误社会思潮暗流涌动，新自由主义、民主社会主义、历史虚无主义等甚嚣尘上，意识形态领域的斗争形势严峻复杂。当代大学生思想政治状况的主流是积极、健康、向上的，但一些大学生身上不同程度地表现出"政治信仰迷茫、理想信念模糊、价值取向扭曲、道德观念淡薄、社会责任感缺乏、艰苦奋斗精神淡化、协作观念较差、心理素质欠佳、法制观念薄弱"② 等令人不安的情况。思想政治教育面对网络舆论乱象常常集体失语，对于各种错误社会思潮不敢旗帜鲜明、大张旗鼓地发声亮剑，对正面言论的保护和支持远远不够，这种不正常、不合理的现象值得深刻反思和高度警醒。在问卷调查中，受教育者反映只有11.9%的教育者经常对错误言论和观点进行批判，反映出思想政治教育应对供给竞争的斗争性亟待加强。

第二节　提升大学生思想政治教育供给质量的理念

（一）通过创新驱动扩大有效供给和创造有效需求

　　萨伊定律（Say's Law）认为"供给可以创造自身的需求"，尽管存在一定理论缺陷，但也具有一定合理成分，在一定条件下是可以部分成立的，在现实经济生活中有所印证。正所谓"好东西大家都喜欢"，最典型的例证就是智能手机。以苹果手机为代表的智能手机一经问世就迅速淘汰了传统键盘手机，具备了超乎人们想象的强大功能，以惊人的速度创造了对智能手机的巨大新需求。由此可见，扩大有效供给确实能够创造出一定有效需求。思想政治教育扩大有效供给和创造有效需求的根本途径是实施创新驱动战略，实现思想政治教育产品全面深度创新。思想政治教育者要"因事而化、因时而进、因势而新"，通过

---

① 李红，张喜阳．思想政治教育实务 ［M］．天津：天津人民出版社，2016：77.

② 中共中央、国务院．关于进一步加强和改进大学生思想政治教育的意见（中发〔2004〕16号文）［EB/OL］．中华人民共和国教育部，2004-10-15.

不断创新，生产出式样新颖、功能强大、令人耳目一新的思想政治教育新产品，这种崭新的产品供给一定能够激发出受教育者新的个人需求。例如，利用微信公众号开展思想政治教育就是一种崭新的思想政治教育产品供给方式。微信公众号巧妙利用碎片化时间为开展思想政治教育提供了海量教育信息，可以利用图片、音频、视频、直播等形象直观的方式，极大增强思想政治教育的趣味性和吸引力，挖掘出受教育者对思想政治教育的潜在需求。人民日报、新华社、光明日报、思想火炬、红旗文稿、华山穿剑等在全国具有强大影响力的微信公众号，文章内容严格把关、信息权威丰富、标题简短有力、与用户互动性强，几乎每篇文章阅读量都超过十万人次，这种思想政治教育产品供给方式的创新无疑创造了难以估量的巨大思想政治教育需求。一些高校率先利用微信平台进行马克思主义信仰的传播和培育，通过微信公众号、微信群、朋友圈等方式推送思想政治教育内容，创办了"经典与当代""别笑我是思修课"等一系列阅读量和活跃程度很高，深受大学生欢迎和喜爱的微信公众号。这些微信公众号的共同特点是敢说真话实话，贴近大学生生活学习实际，信息量大，更新及时，认真回复互动，能够很好地发挥思想政治教育功能。

（二）努力提高思想政治教育资源配置和利用效率

生产高质量思想政治教育产品的必要条件是教育资源得到合理配置和充分利用。在思想政治教育实践中，处于需求方的受教育者没有对思想政治教育资源的控制支配权，无法对教育资源配置起决定性作用，只是在一定范围和一定程度上拥有影响和建议的权利。而思想政治教育供给方，特别是作为要素供给者的思想政治教育部门掌握大量思想政治教育资源配置的权力，拥有思想政治教育活动的支配权、管理权，决定了思想政治教育的所有重大事项，包括教育对象、目标、要求、时间、内容、重点、方法、制度、环境等，提供了开展教育所需的人力、物力、财力等教育资源，还要命令、指挥、激励、监督、评价教育者开展思想政治教育。思想政治教育要素供给者决定了产品供给者"向谁开展思想政治教育、开展什么样的思想政治教育、怎样开展思想政治教育"等重大问题。思想政治教育活动最关键的因素和最突出的问题——培养什么人、如何培养人——取决于教育部门的意志和决策。思想政治教育内容由教育部门来选择和确定，教育主题和重点由教育部门来安排和设计。教育者作为思想政治教育产品供给主体，其道德修养、教学能力、理论水平、工作积极性直接决定了思想政治教育的质量和效果。思想政治教育过程要由教育者来具体调控，接受教育部门的指挥和管理。思想政治教育绩效取决于教育部门对教育活动开展落实情况的认可、评价、满意程度，要提高思想政治教育质量和效果在很大程度上还要依赖于要素供给者对思想政治教育资源、制度、环境的供给力度，依赖于思想政治教育产品供给者对思想政治教育产品生产的改进和加强情况。

（三）成为调节思想政治教育结构均衡的有效手段

需求管理的优势在于解决总量性问题，调整优化结构的对策措施并不多，而供给管理的特长是善于解决结构性问题，可以通过调整供给对思想政治教育结构进行调整优化，调节思想政治教育系统中各个组成部分和各个构成要素之间的比例和关系，增强思想政治教育系统的整体功能，解决思想政治教育供求矛盾中的结构失衡和错位问题。思想政治教育结构均衡不是一个静态过程，由于思想政治教育需求经常发生变动，这就需要供给实时调整才能实现动态均衡。思想政治教育结构均衡不是一个短期过程，可以一劳永逸地一次性调整到位，还需要定期进行更新才能实现长期均衡。思想政治教育结构均衡不是一种局部均衡，需要把思想政治教育系统作为一个有机整体进行全方位的顶层设计和统筹安排，才能实现一般均衡。思想政治教育结构不能仅仅满足停留于低水平、低层次的均衡，要不断进行升级换代才能实现高水平均衡。思想政治教育需求面对如此艰巨复杂的结构调整任务缺乏必要的工具和方法，所以只能通过思想政治教育供给来调整优化思想政治教育结构，实现思想政治教育供求结构动态均衡、长期均衡、高水平均衡、一般均衡。

要实现思想政治教育供求结构均衡，必须从供给方持续发力推动思想政治教育供求结构调整和优化。例如，供给方式的结构实现由概略型供给方式向精准型供给方式的转变；供给目标的结构实现由单纯注重社会需求向社会需求和个人需求并重的转变；供给载体结构由单一传统载体向传统载体和新兴载体相结合的转变；供给主体结构由单一供给主体向多元供给主体转变，由数量规模型向质量效能型转变，由人力密集型向技术密集型转变；供给内容结构由政治教育"一家独大"向以政治教育为导向、思想教育为根本、道德教育为基础、法纪教育为保障、心理教育为前提、人文教育为拓展等多项内容协调配合的转变等都依赖于供给结构的调整优化。

（四）注重激发思想政治教育创新发展的内生动力

从思想政治教育供求的维度来看，思想政治教育发展路径有两条：一是需求拉动，二是供给推动。需求拉动注重通过扩大社会需求和个人需求的需求总量，牵引需求方向，调整需求结构，升级需求层次来拉动增长，其实质是对思想政治教育存量空间更加充分有效的利用，创新发展潜力有限，很难大幅度提高思想政治教育水平。供给推动注重激发内生增长动力，寻求扩大增量，依靠优化要素配置和调整供给结构来解除对生产要素的抑制，突破现有限制和障碍，通过多种方式发掘和创造出新的有效供给，不断提高供给体系质量和效率。例如，通过丰富供给内容提高思想政治教育产品内在品质，创新供给方法改进思想政治教育产品生产技术，调整供给载体推动思想政治教育产品升级换代，升级供给主体提高思想政治教育产品生产能力，降低供给成本节约思想政治教育产品生产耗费，优化供给环境改善思想政治教育产品生产条件，完善供给制度保障思想政治教育产品规范生产，放松供给约束激发思想政治教育产品生产活力，加强供给管理调控思想政治教育产品生产过程等，这些对策措施都是推动思想政治教育创新发展的强劲动力。由于通过需求拉动来扩大思想政治教育需求的空间已经比较狭小，而通过供给推动思想政治教育创新发展的空间还很广阔，所以供给是实现思想政治教育发展动力从需求拉动到供给推动根本转换的重要抓手，是思想政治教育创新发展的内生动力源泉。

第三节　提升大学生思想政治教育供给质量的举措

（一）压减供给总量——去除思想政治教育产品过剩产能

压减供给总量的主要任务是清理无效供给和低端供给，去除思想政治教育产品过剩产能。这种产能过剩不是绝对过剩，而是相对过剩，是相对于社会和个人的有效需求的过剩。能够有效满足国家、政党、政府的社会需求和广大受教育者的个人需求的思想政治教育产品供给就是有效供给，不能满足这些教育需求的供给就是无效供给。思想政治教育产品无效供给不仅没有收到任何教育效果，而且耗费了受教育者大量时间、精力，甚至造成受教育者逆反心理，给思想政治教育创新发展带来负面影响。思想政治教育只有及时反映时代发展变化，适应思想政治教育实践要求，去除思想政治教育产品过剩产能，才能不断促进自身发展。

思想政治教育供给总量主要取决于思想政治理论课教材，它是教学思想、培养目标、教学内容、课程体系的基本依据和重要载体。所以，思政课教材编写是调节思想政治教育供给总量的主要手段。中国共产党始终高度重视思政课教材建设，思政课教材是由中宣部和教育部统一组织专家编写的统编教材，其政治性、理论性、学术性、逻辑性、专业性、科学性、权威性、系统性、严谨性、规范性毋庸置疑。但美中不足之处是教材内容有一定重复现象，与社会实践和受教育者学习生活工作实际情况联系还不够紧密，同邓小平提出的"学马列要精，要管用"① 的要求还有相当差距，特别是生动性、形象性、灵活性有待加强。例如，统编教材几乎全部是文字，很少有图片，如果能够增加一些有代表性、有视觉冲击力、令人印象深刻的精美图片，就可以做到文字和图片相互印证，"有图有真相"，达到图文并茂的理想教育效果。

从纵向看，大学教材里的一些内容与中学思政课和历史课中的内容有重复。据不完全统计，大学思政课和中学政治课有近四分之一的内容是重复的。② 从初中到高中，再到大学，思想政治理论课内容重复，缺乏新鲜感，吸引力逐渐减弱。大学教材应当对中学已学习过的重复内容进行压缩删减，对于必须保留的内容应努力增强其思想理论深度，进行高度提炼概括。从横向看，大学四门课程教材内容也有重复。例如，"思想道德修养与法律基础"课中"树立正确的人生观价值观"和"马克思主义基本原理概论"中"人的价值"有所重复，虽然从概念来看，"人生观价值观"和"人的价值"是两个不同的概念，但两门课的教学内容的表述和结构的安排基本一致，都是围绕"人的价值"的内涵、特征、结构、实现等知识点展开的，给人"似曾相识"的感觉。内容的单调重复，让受教育者觉得思政课翻来覆去就是这些内容，没有新鲜感、获得感、满足感，影响了教学效果。因此，教育部门应建立教材编写统筹协调机制，对课程体系进行科学论证，下大力气做好教学内容的"减法"，下决心解决初中、高中、本科、硕士、博士教材的纵向衔接和本科生教材的横向贯通问题，去除重复内容，压减供给总量。

思想政治教育产品去除过剩产能要从四个方面入手：一是去伪存真，就是要坚决反对不接地气、脱离实际的空洞说教，去除形式主义，讲真话，办实事，让教育回归本真、触及灵魂，保留提炼经过实践检验行之有效的教育内容。二是去粗取精，就是要坚决反对照本宣科、敷衍塞责的教育态度，去除粗制滥造、照搬照抄的内容，加强教育针对性，有的放矢，对症下药，保留提炼真正能够深入人心、触动灵魂的教育内容。三是去繁就简，就是要坚决反对搞"大场面"，建"大工程"，做"大活动"，树"大典型"的貌似轰轰烈烈、热火朝天，实则没有教育效果的泡沫化教育，去除烦琐庞杂的内容，真正回答受教育者关心关注的热点难点问题，保留提炼开门见山、简练质朴的教育内容。四是吐故纳新，就是要坚决反对新瓶装旧酒、老教案新封面的陈旧过时教育，去除落后

---

① 邓小平. 邓小平文选：第 3 卷［M］. 北京：人民出版社，1993：382.

② 王金伟，李梁，等. 高校思想政治理论课：教育教学供给侧结构性改革实践研究［M］. 上海：上海大学出版社，2017：20.

于时代发展和受教育者需求的内容，不断探索创新多样化、个性化的教育方式方法，保留提炼与时俱进、时代感强的教育内容。

（二）升级供给主体——提高思想政治教育产品生产能力

升级思想政治教育供给主体的关键是选拔任用德才兼备的教育者，下功夫提升教育者综合素质，特别是开展思想政治教育的工作能力，精通搞好思想政治教育的"十八般武艺"。综合素质包括但不限于政治素质、思想素质、道德素质、知识素质、能力素质（包括调查研究能力、组织能力、表达能力、社交能力、创新能力、科研能力）、心理素质（包括广泛的兴趣、优秀的性格、自我控制能力）等。为办好思想政治理论课，习近平总书记对于思政课教师提出了标准更高、针对性更强的政治要强、情怀要深、思维要新、视野要广、自律要严、人格要正的 6 点新要求，为提升供给主体素质指明了前进方向，提供了基本遵循。

1. 教育者要有高尚的道德品质

学高为师，身正为范，师德是教师的灵魂。高尚的道德品质既是为人师表的基本要求，也是完成教育任务的有效保证。思想政治教育的力量既来自真理的力量，更来自人格的力量，即教育者所发挥的模范榜样作用，而且后者更重要。与科学文化教育相比，思想政治教育对教育者道德素质的要求更高更严，教育者必须实事求是，言行一致，能够为受教育者提供思想道德上的示范，教育才会起作用，道德品质败坏的教育者很难成功地开展思想政治教育。思想政治教育是教育人们追求真善美的，一个假恶丑的人教育别人为真、为善、为美是不可能起到正面教育作用的。所以，思想政治素质是思想政治教育者的首要素质，教育者自身良好的道德品质，如严于律己、率先垂范、以身作则等是思想政治教育者特有的人格魅力。教育者要在社会公德、职业道德、家庭美德、个人品德等方面成为受教育者的楷模。教育者优秀的道德品质会产生强大的人格力量，给教育对象带来巨大的影响力。因此，要坚决把那些品行不端、言行不一的"两面人"清除出教育者队伍，只有这样才能把言传身教与身体力行结合起来，把真理的力量和人格的力量结合起来，取得良好的教育效果。教育者要具有像宋代大儒张载在"横渠四句"中展现的胸怀和境界，能够"守得住清贫、耐得住寂寞、稳得住心神、经得起诱惑"，具备甘于吃苦、勇于奉献、敢于担当、善于创新的敬业精神。只有把那些对思想政治教育事业具有满腔热忱和敬业精神，对思想政治教育认真负责，对获取知识永无止境的追求，对教师职业真心热爱的人选拔进入教育者队伍，才能打造出一支具有强烈事业心和责任感的教育者队伍。思想政治教育是一项塑造灵魂的高尚事业，思政课教师是灵魂的工程师。事实证明，只有德才兼备的教育者，才能具有较高的思想政治教育产品生产能力，生产出的思想政治教育产品才能受到广大受教育者的欢迎，真正起到鼓舞人、激励人、塑造人的教育作用。

2. 教育者要有过硬的教学能力

"打铁先得自身硬"，教育者要有"几把硬刷子"才能站稳讲台，用过硬的教学能力上好政治理论课，生产出思想政治教育"精品"。

一是教育者要坚定对马克思主义的信念信仰。教育者要真学、真懂、真信、真用、真热爱、真追求、真拥护马克思主义，成为坚定的马克思主义者和成熟的马克思主义理论家。一方面，教育者要高度重视学习马克思主义经典著作。习近平总书记指出："马克思主义经典著作蕴含和集中体现着马克思主义基本原理，是马克思主义理论的本源和基础。"[1] 教育者只有认真研读《共产党宣言》《资本论》等经典著作，才能掌握马克思主义的立场、观点、方法，提高分析解决社会现实问题的洞察力。另一方面，教育者要广泛学习其他相关学科经典著作。教育者要与时俱进，利用碎片化时间持续不断地"充电"，不断更新自身知识结构，掌握学科领域最新动态和前沿知识，将学习研究成果运用到教学实践之中，才能引领和满足受教育者对思想政治教育的需求。

二是教育者要具备"用学术讲政治"的理论功底和授课能力，增强政治理论课的学理性。用学术讲政治就是要对党的创新理论和重大决策部署进行深入细致的学理阐释，不仅要讲清楚党中央的论断是什么，还要讲清楚党中央为什么要提出这样的论断，是怎样进行论证的，背后的理论依据是什么，用理论的力量、思想的力量、真理的力量引导受教育者理解掌握马克思主义及其中国化成果。既要"知其然"，又要"知其所以然"，还要"知其所以必然"；不仅要讲清楚"是什么"，还要讲清楚"为什么"和"怎么办"。毛泽东在《实践论》中早已指出："感觉到了的东西，我们不能立刻理解它，只有理解了的东西才更深刻地感觉它。感觉只解决现象问题，理论才解决本质问题。"[2] 教育者要拥有坚实的理论基础、广阔的知识面、精深的专业知识、纯熟的教育技能，既要掌握丰富全面的理论知识，又要对社会现实问题有准确深刻的认知，要以经得起推敲质疑的论据、多维度的观察解读、严密的逻辑推理论证来说明理论观点，从历史逻辑、理论逻辑、实践逻辑的思维层面来深入分析社会热点难点问题。

---

[1] 习近平. 认真学习马克思主义经典著作不断推进中国特色社会主义事业 [N]. 人民日报, 2011-05-04 (2).

[2] 毛泽东. 毛泽东选集: 第1卷 [M]. 北京: 人民出版社, 1991: 286.

现在，相当一部分教育者还缺乏用学术讲政治的能力，用学术解释政治现象和分析政治问题的能力还不够强，无法把学术和政治真正联系起来。只有把理论讲深、讲透、讲到位、讲彻底才能征服人，才能"以理服人"，让人心悦诚服，才能锻造思想政治教育产品的核心竞争力。

三是教育者要把"有意义"的思想政治理论课讲得"有意思"，既要有思想性、理论性、学术性，又要有吸引力、亲和力、感染力。2019 年 3 月 18 日，习近平总书记在学校思想政治理论课教师座谈会上提出了"八个统一"的基本要求：一要坚持政治性和学理性相统一，以透彻的学理分析回应学生，以彻底的思想理论说服学生，用真理的强大力量引导学生。二要坚持价值性和知识性相统一，寓价值观引导于知识传授之中。三要坚持建设性和批判性相统一，传导主流意识形态，直面各种错误观点和思潮。四要坚持理论性和实践性相统一，用科学理论培养人，重视思政课的实践性，把思政小课堂同社会大课堂结合起来，教育引导学生立鸿鹄志，做奋斗者。五要坚持统一性和多样性相统一，落实教育目标、课程设置、教材使用、教学管理等方面的统一要求，又因地制宜、因时制宜、因材施教。六要坚持主导性和主体性相统一，思政课教学离不开教师的主导，同时要加大对学生的认知规律和接受特点的研究，发挥学生主体性作用。七要坚持灌输性和启发性相统一，注重启发性教育，引导学生发现问题、分析问题、思考问题，在不断启发中让学生水到渠成得出结论。八要坚持显性教育和隐性教育相统一，挖掘其他课程和教学方式中蕴含的思想政治教育资源，实现全员全程全方位育人。这八个统一遵循了思想政治教育规律、教书育人规律、学生成长规律，具有很强的现实指导意义。教育者要下功夫推进马克思主义的通俗化、大众化、生活化，将抽象深奥的理论、思想、精神准确地转化为受教育者容易理解、能够接受的语言，贴近受教育者的生活、感情、现实状况，拉近与受教育者的心理距离，使之更容易被受教育者认同内化，进而被牢固掌握和灵活运用。

四是教育者要善于运用语言艺术。语言应通俗易懂、风趣幽默、形象生动，力求旁征博引、循循善诱，注意语气语调的运用，努力达到寓教于乐的理想境界。毛泽东在《反对党八股》一文中指出："洋八股必须废止，空洞抽象的调头必须少唱，教条主义必须休息，而代之以新鲜活泼的、为中国老百姓所喜闻乐见的中国作风和中国气派。"① 现在，网络流行语已经成为青年人语言的一部分。巧妙运用和合理引用那些生动形象、时尚新颖的网络流行语既能拉近教育

---

① 毛泽东. 毛泽东选集：第 3 卷［M］. 北京：人民出版社, 1991：844.

者和受教育者之间的心理距离，又能传递积极健康向上的正能量。有些网络流行语不仅积极生动，而且简洁有力。例如，"给力""最美"等。习近平总书记就时常使用网络流行语，如在 2015 年新年贺词中，他引用了"蛮拼的""点赞"等，使语言既具时代特色，又让人倍感亲切。巧用这些网络流行语，不仅可以引发教育者与受教育者的共鸣，还可以使教育者显得更具亲和力，增强教育的活泼性和趣味性。

3. 教育者要有充足的职业激励

思想政治教育者的工作能力和教学水平固然是取得良好教育效果的根本保证，但无论一个人的能力有多强，水平有多高，如果没有有效的激励机制或者激励水平很低，思想政治教育者就会缺乏工作干劲和热情，难以取得良好的工作绩效。激励一般是指利用外部因素调动和激发人的积极性和创造性，把被动转化为主动，把外部压力转化为内在动力的过程。

当前，提高教育者生产供给能力迫切需要建立有效的职业激励机制，要科学合理地运用好物质激励和精神激励这两种激励手段，在高度重视物质激励的基础上，积极探索多种多样的激励方法和手段。思想政治教育者绝大多数属于知识分子，更加注重对于事业成就、奖励荣誉、职业评价、社会地位等高层次的精神追求，如果能够从所从事的工作中获得快乐、满足、欣慰等精神享受，无疑会促使其更加积极主动地投入工作，把思想政治教育当作自己毕生的事业追求。因此，要注重培育教育者的职业道德，通过评先选优、立功受奖、提升职务、进修深造等手段充分调动教育者的积极性和责任心，同时对出工不出力、不负责任、教育效果差的教育者进行惩戒。教育部门要积极引导教育者做好长期职业生涯规划，注重个人发展和职业声誉，利用良好的职业预期和业内评价对教育者进行长期职业激励，最大限度克服教育者短期行为。

我们还可以借鉴一些比较成熟和科学的激励方法，完善职业激励机制。可以考虑引入"双向选择"模式，即同一科目教师同时开课，通过学生选择教师，教师选择学生的双向交流互动，改变以往教育者和受教育者双向绑定的固化模式，通过给教育者施加外在竞争压力，迫使其更加注重受教育者的评价，主动提高上好思政课的努力程度。大学生思想政治教育也可以参考借鉴这种模式，通过思政课教师在不同班次之间交叉授课，让作为受教育者的大学生为教育者打分评价，推动教育者之间的良性竞争和相互学习借鉴，从而实现对教育者的有效激励。

4. 教育者要有独特的人格魅力

建立教育者与受教育者之间良好、和谐、融洽的关系既是开展思想政治教育的基础，又是思想政治教育的重要手段。教育者与受教育者的关系是思想政治教育过程中的一对基本关系，处理好这对关系的关键是教育者拥有独特的人格魅力。教育者要不断提升亲和力，以道德高尚、知识渊博、思想深邃、作风严谨、真诚豁达、风趣幽默的言谈举止来吸引和感动受教育者，使受教育者在人格塑造中得到熏陶和升华。教育者要尊重受教育者的人格和权利，树立民主平等理念，要与受教育者开展积极有效的交流对话，与受教育者经常进行真诚的情感交流。教育者在思想政治教育过程中要开朗热情、团结友善、风趣幽默，要有开阔的胸怀包容受教育者的缺点和不足，发现受教育者的长处和闪光点。教育者要成为受教育者的人生导师和知心朋友，只有那些既能把理论知识讲好，又能够通过言传身教引导受教育者如何为人处世的教育者，才是受教育者最佩服、最尊敬、最有魅力的教育者。

（三）放松供给约束——激发思想政治教育产品生产活力

放松供给约束绝不是对思想政治教育放任自流，而是要遵循思想政治教育的规律和特点，进行科学规范的管理，既要遵循必要的纪律规矩，也要充分激发创造活力，把握好二者之间的度，达到收放自如、张弛有度的良好状态。党的十九大报告强调"注意区分政治原则问题、思想认识问题、学术观点问题，旗帜鲜明反对和抵制各种错误观点"①，为如何放松供给约束提供了基本遵循。这就告诉我们不能把政治问题和学术问题混同起来，对思想认识问题不能无限"上纲上线"，更不能动辄对人"抓辫子、扣帽子、打棍子"，这些做法会让思想政治教育者噤若寒蝉，缄口不言，思想政治教育也就失去了活力和生命力。

以大学生思想政治教育为例，一方面，不能随心所欲、无所顾忌地开展思想政治教育，因为大学生思想政治教育是中国共产党在高校进行的马克思主义意识形态教育，是党培养中国特色社会主义事业合格建设者和可靠接班人的思想保证和理论武装工作。大学生思想政治教育必须坚定正确的政治方向，严格遵守各项政治纪律和政治规矩。另一方面，应当简政放权，激发思想政治教育工作者的创新创造活力，鼓励基层教学单位创造性地开展思想政治教育，不断探索适合本单位特点的思想政治教育新路，而不能循规蹈矩、墨守成规。

放松供给约束可以吸收借鉴"清单管理制度"的有益经验，制定大学生思想政治教育的三张"清单"。一是制定权力清单。权力清单就是把各级政府及其所属工作部门掌握的各项公共权力进行全面统计，并将权力的列表清单公之于

① 习近平．决胜全面建成小康社会　夺取新时代中国特色社会主义伟大胜利——在中国共产党第十九次全国代表大会上的讲话［M］．北京：人民出版社，2017：42．

众，主动接受社会监督。权力清单制度的原则是"法无授权不可为"，关键是精确明细，核心是简政放权。大学生思想政治教育权力清单要详细具体地规定教育部、高校党委、院系、学生工作部、辅导员、思政课教师等在开展思想政治教育中的职责和权限。权力清单可以规定权力边界，防止超越权限，越俎代庖。二是制定负面清单。负面清单是指政府列出禁止和限制进入的行业、领域、业务等清单，清单以外的领域都可以自由进入。负面清单制度的原则是"法无禁止即可为"，只规定"不能做什么"，与正面清单"只能做什么"相比，提供了更加广阔的发展空间。教育部应当制定大学生思想政治教育负面清单，明确规定思想政治教育的"禁区"和"红线"，在此范围之外，鼓励支持引导各高校根据形势和任务独立自主开展思想政治教育，最大限度调动各高校开展思想政治教育的积极性。三是制定责任清单。责任清单明确政府部门必须承担哪些责任，必须做哪些事情。责任清单制度的原则是"法定职责必须为"，明确每个部门的"职责边界"。大学生思想政治教育职责清单可以督促监督各级履行自己在开展思想政治教育中的职责义务，防止推卸责任，推诿扯皮。

（四）治理供给环境——改善思想政治教育产品生产条件

治理供给环境就是要营造宽松、优越、舒适、轻松、愉悦的思想政治教育环境，改善思想政治教育产品生产条件。思想政治教育环境是指影响人的思想品德形成和发展，影响思想政治教育活动运行的一切外部因素的总和。思想政治教育环境是思想政治教育系统的外部条件，是人的思想品德形成和发展的客观基础。广义的思想政治教育环境是指影响思想政治教育活动的一切环境因素的总和，既包括影响思想政治教育活动的外部环境因素，也包括影响思想政治教育活动的内部环境因素。狭义的思想政治教育环境是指思想政治教育主体在思想政治教育活动过程中依据一定的教育目的，有计划地选择、加工和创造的对思想政治教育活动产生影响的环境因素。[①] 思想政治教育环境既包括社会环境、单位环境、家庭环境等现实物质环境，也包括文化环境、舆论环境、网络环境等信息传播环境。

马克思主义关于社会存在和社会意识的辩证关系原理是处理思想政治教育与社会环境关系的理论依据。社会存在和社会意识的辩证关系原理认为社会存在决定社会意识，社会意识是对社会存在的反映，并对社会存在产生能动的反作用。第一，人与环境是相互创造的。一方面，环境给人以影响，制约人的活动。另一方面，人的实践活动可以改变环境，并在改变环境的同时改造自身。

---

① 邓海潮. 经济学视野下的思想政治教育［M］. 北京：国防大学出版社，2014：82.

第二，人的活动和环境的改变辩证统一于实践。人有受外部世界决定的一面，但这种决定不是最终意义上的决定；人在既定条件下是能动的，是可以大有作为的。马克思在《<政治经济学批判>序言》中指出："物质生活的生产方式制约着整个社会生活、政治生活和精神生活的过程。不是人们的意识决定人们的存在，相反，是人们的社会存在决定人们的意识。"①马克思还指出："人们的观念、观点和概念，一句话，人们的意识，随着人们的生活条件、人们的社会关系、人们的社会存在的改变而改变，这难道需要经过深思才能了解吗？"②马克思认为，作为社会存在的外部客观环境决定思想政治教育及其对象的思想和观念，客观环境的变化影响思想政治教育及其对象思想和观念的变化。"观念的东西不外是移入人的头脑并在人的头脑中改造过的物质的东西而已。"③马克思在《德意志意识形态》中指出：人创造环境，同样，环境也创造人④。人的生存和发展不仅要以一定的环境为前提，而且人的思想政治品德也是在一定环境之中形成和发展的。⑤人的生存和发展是在特定的自然环境和社会环境中进行的，人的思想品德形成发展受环境影响很大，特别是社会环境对人的思维方式、精神状态、道德品质的影响更大、更深刻。

思想政治教育环境和思想政治教育活动相互影响、相互作用。思想政治教育环境影响、制约教育者和受教育者的思想和行为，思想政治教育活动帮助、促进教育者与受教育者认识、选择、利用、改变环境。思想政治教育环境极大影响着思想政治教育的效果，思想政治教育环境的好坏对思想政治教育会产生正负两方面的影响。古希腊哲学家德谟克利特认为人通过环境的熏陶、日常的锻炼和教育而获得"第二本性"⑥。不论人的正确思想还是错误思想都与人所处的社会环境密切相关。良好的社会环境能以各种健康积极的因素催人奋进，激发人们对真善美的追求，能极大地促进思想政治教育的实施。当社会风气不正时，不良的社会环境因素以其消极方式影响人们的思想，思想政治教育的正面

---

① 中共中央马克思恩格斯列宁斯大林著作编译局．马克思恩格斯文集：第2卷［M］．北京：人民出版社，2009：591．

② 中共中央马克思恩格斯列宁斯大林著作编译局．马克思恩格斯选集：第1卷［M］．北京：人民出版社，1995：291．

③ 中共中央马克思恩格斯列宁斯大林著作编译局．马克思恩格斯选集：第2卷［M］．北京：人民出版社，1995：112．

④ 中共中央马克思恩格斯列宁斯大林著作编译局．马克思恩格斯文集：第1卷［M］．北京：人民出版社，2009：525．

⑤ 陈万柏．思想政治教育学原理［M］．北京：中国人民大学出版社，2013：85．

⑥ 北京大学哲学系编译．古希腊罗马哲学［M］．北京：商务印书馆，1982：110．

影响常常不能得到应有的发挥，阻碍教育目标的实现。社会主义建设时期那种意气风发、斗志昂扬、积极向上的精神风貌，自力更生、艰苦奋斗、清正廉洁、团结友爱的社会环境，为开展思想政治教育创造了极为有利的良好社会氛围。而在 20 世纪 80 年代中后期，由于一些人忽视思想政治教育，出现了物质文明建设和精神文明建设"一手硬、一手软"的现象，许多基层思想政治教育工作者感到工作不敢做、不好做，以致资产阶级自由化思潮泛滥。

思想政治教育在环境面前并不是无能为力、无所作为的，可以在一定条件下、一定范围内、一定程度上认识、选择、利用、改造教育环境，创造良好有利的外部条件。优化思想政治教育环境是指充分利用环境中的积极因素并将环境中的消极因素转化为积极因素，使环境成为思想政治教育发展的积极因素，以充分发挥其对受教育者的感染熏陶作用。思想政治教育可以通过实践活动有意识、有目的、有计划地选择、利用、改造环境，创造出适宜于思想政治教育的新环境。因此，思想政治教育部门和教育者要在积极适应环境变化的同时，主动改造环境、优化环境，增强受教育者识别、适应、创造良好环境的能力。优化思想政治教育环境可以从社会环境、单位环境、家庭环境、社交环境、网络环境五个方面入手。

1. 优化社会环境

一段时期以来，由于拜金主义、享乐主义、贪污腐败、极端个人主义、历史虚无主义等不良社会环境的影响，一些人理想信念模糊、思想道德滑坡、价值观念扭曲，严重败坏了社会风气。思想政治教育环境受到很大程度破坏，思想政治教育的正面宣传效果常常被社会现实消解，理论与实践脱节，开展思想政治教育举步维艰。怎样消除不良社会风气带来的负面影响，营造良好的社会环境是思想政治教育面临的严峻现实课题。

优化社会环境的关键是加强思想舆论斗争，敢于亮剑，主动出击，坚决果断回击那些混淆视听、动摇人心、危言耸听的歪理邪说，用大道理管住小道理，用正道理驳斥歪道理，用实道理戳穿伪道理，与错误思想言论做坚决斗争，坚决遏制各种错误思想泛滥和蔓延。苏联亡党亡国的历史教训告诉我们：意识形态工作是决定一个政权、一个政党、一个民族生死存亡的极端重要的工作。江泽民强调："大量事实证明，思想文化阵地，马克思主义、无产阶级的思想不去占领，各种非马克思主义、非无产阶级的思想甚至反马克思主义的思想就会去占领。各级党委都要增强阵地意识，切实加强对思想文化阵地的领导。"① 胡锦

---

① 江泽民 . 江泽民文选：第 3 卷［M］. 北京：人民出版社，2006：97.

涛强调："对错误的思想言论绝不能听之任之，对腐朽没落的思想文化绝不能任其泛滥。"① 习近平总书记具体分析了思想文化阵地的现状和斗争策略，深刻指出："当今时代，社会思想观念和价值取向日趋活跃，主流的和非主流的同时并存，先进的和落后的相互交织，社会思潮纷纭激荡。我说过，思想舆论领域大致有红色、黑色、灰色'三个地带'。红色地带是我们的主阵地，一定要守住；黑色地带主要是负面的东西，要敢于亮剑，大大压缩其地盘；灰色地带要大张旗鼓争取，使其转化为红色地带。"② 思想政治教育必须采取有效措施大大压缩错误思潮和敌对势力造谣惑众、散布杂音噪音空间，掌握思想政治教育主动权。

实际上，在党和政府对广大青年开展思想政治教育的同时，西方敌对势力也在利用各种途径进行渗透破坏，试图控制影响青年一代的思想，同我们争夺思想政治教育的制高点和主阵地，这种状况必须引起高度警惕。开展思想政治教育时要旗帜鲜明地支持正确思想言论，反对错误思潮，对大是大非、原则性问题决不能态度暧昧，模棱两可，更不能回避退缩，做"墙头草"和"不倒翁"，坚决不搞"爱惜羽毛"那一套。

令人欣喜和振奋的是，党的十八大以来，中国特色社会主义取得了全方位、开创性的历史性成就，发生了深层次、根本性的历史性变革。党的领导得到全面加强，党的领导被弱化、淡化、削弱的状况得到明显改变；坚定不移全面推进依法治国，有法不依、执法不严、违法不究、司法不公问题的状况得到明显改变；加强党对意识形态工作的领导，社会思想舆论环境中的混乱状况得到明显改变；坚定不移推进国防和军队现代化建设，人民军队中一度存在的不良政治状况得到明显改变。③ 特别是中国共产党大力加强自身建设，全面从严治党取得显著成效，党中央坚持铁腕反腐，"老虎苍蝇一起打"，一大批贪污腐败分子纷纷落马，遏制住了腐败现象蔓延势头。党员干部欣欣鼓舞，广大人民群众拍手称快，党风廉政建设取得重大成效，反腐败斗争取得压倒性胜利，社会风气焕然一新，向上向善的良好社会风尚蔚然成风，社会主义核心价值观深入人心。今后，思想政治教育社会环境将会持续好转，迎来风清气正的良好政治生态，思想政治教育必须紧紧抓住这个极为有利、可以大有作为的战略机遇期，乘势而上，趁热打铁，把思想政治教育质量和水平推进到新的高度。

---

① 胡锦涛. 胡锦涛文选：第2卷［M］. 北京：人民出版社，2016：530.
② 习近平. 习近平谈治国理政：第2卷［M］. 北京：外文出版社，2017：328.
③ 中共中央宣传部. 习近平新时代中国特色社会主义思想三十讲［M］. 北京：学习出版社，2018：49.

2. 优化单位环境

优化单位环境在加强党政机关、企事业单位、农村、社区、中小学、高校、军队思想政治教育中具有举足轻重的重要作用。在大学生思想政治教育中，校园是学生成长的具体环境，加强校园文化建设会对思想政治教育产生潜移默化的巨大影响。构建健康向上、形式活泼、主题鲜明的校园文化，充分发挥教学活动、课外活动、教师榜样的价值导向、文化熏陶、精神激励等功能，培育优秀的校风、教风、学风、考风，营造良好的教育氛围。企业文化同样可以发挥思想政治教育功能，企业文化可以在企业精神文明建设中发挥主体功能，在企业生产经营中发挥主导功能，在塑造团队精神中发挥凝聚功能，在丰富业余文化生活中发挥调试功能，对社会文化发挥辐射功能等。加强企业文化建设就是要传承和发扬企业长期形成的稳定的企业精神、经营理念、价值观念、历史传统、道德规范等，注重发扬企业民主、树立企业形象、完善企业制度、开展企业文化活动等。

3. 优化家庭环境

家庭是社会的细胞，具有人类生存和发展所必需的基本条件。家庭和睦则社会安定，家庭幸福则社会祥和，家庭文明则社会文明。家庭是孩子接受教化培育的第一所学校，父母是感染熏陶孩子行为和习惯的第一任老师。家庭环境是思想政治教育的重要环境之一，是其他任何教育都不能替代的，会极大影响一个人的性格和品行。家庭教育最重要的是品德教育，就是如何做人的教育。优化家庭环境很重要的一个方面就是搞好家庭文化建设，树立和传承良好的家风家教。过去一段时间，在开展思想政治教育时忽略了家庭环境建设的重要性，没有给予家教和家风建设足够重视。所以，习近平总书记在多个场合强调"注重家庭、注重家教、注重家风"，提醒人们重视家庭美德建设，营造尊老爱幼、妻贤夫安、母慈子孝、耕读传家、勤俭持家、知书达礼、遵纪守法、家和万事兴的良好家庭环境①。习近平总书记的重要指示指出了加强道德建设的有力抓手，弥补了道德教育中的一个薄弱环节，必将有力地推动思想政治教育家庭环境建设。

4. 优化社交环境

马克思在《关于费尔巴哈的提纲》中指出："人的本质不是单个人所固有的

---

① 习近平. 习近平谈治国理政：第 2 卷［M］. 北京：外文出版社，2017：356.

抽象物，在其现实性上，它是一切社会关系的总和。"① 马克思还在《德意志意识形态》中指出社会交往的重要意义："意识到必须和周围的个人来往，也就是开始意识到人总是生活在社会中的。"② 这就告诉我们，社会性是人的本质属性，参加社会交往是人的一种强烈的本能需求。社会交往的范围通常称之为社交圈，也可以称为朋友圈。它既是思想政治教育的一个重要环境，又是思想政治教育的一个重要途径。

朋友圈是人们在社会交往过程中建立的信息、情感交流群体，其中同辈群体对思想政治教育的影响巨大。同辈群体是指处于同一环境、年龄相近、水平相当、价值观、兴趣爱好比较接近的群体，例如，同学、朋友、老乡等。同辈群体的思想观念、价值标准、行为规范会对成员产生相当大的影响。朋友圈既可能激发正能量，发挥积极作用，也可能传播负能量，发挥消极作用。例如，一些学习风气浓厚、人际关系和谐、理想目标一致、团结友爱温馨的宿舍为每一个成员提供了良好的学习生活环境，为大学生的成长成才创造了极为有利的条件。相反，在大学生宿舍同辈群体中也常常出现"问题宿舍"，有的宿舍成员因为性格冲突、人际矛盾引发流血事件，有的大学生酗酒、赌博、打架斗殴，有的大学生奢靡、攀比、颓废，有的宿舍缺乏良好的学习气氛和健康的精神风貌，这些消极情况一定程度上削弱了思想政治教育的积极作用。

当前，微信朋友圈成为朋友圈中非常活跃的一种形式，包括了一个人的亲戚、朋友、领导、同事、老师、同学、老乡、邻居、客户等各种类型的社会关系，普通人的朋友圈中都有来自全国各地各行各业的几百人甚至上千人，传播范围非常广泛。微信朋友圈中信息传播速度接近于实时传播，传播的信息对于朋友圈中所有成员的思想价值观念都会产生巨大影响。搞好微信朋友圈建设，关键在于提高朋友圈中意见领袖的思想政治素质，不制作传播违背党的理论、路线、方针、政策的信息和言论，不相信各种谣言，不传播低俗信息，努力营造健康向上、风清气正的微信朋友圈环境。

5. 优化网络环境

习近平总书记在网络安全和信息化工作座谈会上指出："互联网是一个社会信息大平台，亿万网民在上面获得信息、交流信息，这会对他们的求知途径、

① 中共中央马克思恩格斯列宁斯大林著作编译局. 马克思恩格斯文集：第1卷［M］. 北京：人民出版社，2009：501.
② 中共中央马克思恩格斯列宁斯大林著作编译局. 马克思恩格斯文集：第1卷［M］. 北京：人民出版社，2009：534.

思维方式、价值观念产生重要影响，特别是会对他们对国家、对社会、对工作、对人生的看法产生重要影响。"① 网络空间是亿万人民群众共同的精神家园，需要倍加珍惜，用心呵护。互联网是开展思想政治教育"没有硝烟的新战场"，互联网管理部门要依法加强网络空间治理，及时清除互联网上的虚假、诈骗、攻击、谩骂、恐怖、色情、暴力等不良信息，做到正能量充沛、主旋律高昂，创造风清气正的网络空间。宣传思想部门要占领舆论宣传"制高点"，在互联网上积极发出中国声音，努力讲好中国故事，注重维护国家形象，宣传改革开放新成就，展示英雄模范人物风采，同恶意抹黑党和政府的行为做坚决斗争，用社会主义核心价值观滋养人心、润泽社会，动员组织热爱支持党和政府的网民形成网络舆论宣传的强大正能量，与各种敌对势力争夺互联网话语权。

当前，正确分析、及时回应、强力引导网络舆情是整治网络环境的重中之重。网络舆情是公众对在互联网上广泛传播并引发社会关注的热点事件和问题所反映出来的带有一定倾向性和影响力的观点、意见和态度的总称。网络舆情具有复杂性、突发性、不可控性等特点，给思想政治教育带来严峻挑战。各种负面信息肆意传播，夸大社会阴暗面的情绪和言论容易引起人们情绪波动，甚至可能酿成群体性事件，影响社会稳定。网络舆情对思想政治教育的影响极为深刻和长远，要大力加强对网络舆情的管理，坚决遏制虚假信息的传播蔓延，与错误言论做坚决斗争，保障人们的知情权、参与权、表达权、监督权，提高人们的鉴别力、判断力、免疫力，努力营造健康积极向上的社会心理和网络舆情。

（五）完善供给制度——保障思想政治教育产品规范生产

思想政治教育制度化是将思想政治教育活动的运行要求和对教育者、受教育者的基本要求规范于一定的规则体系之中的动态过程。完善思想政治教育制度的目标是制定科学合理的法规政策，对思想政治教育的指导思想、方针原则、目标要求、形式内容、方法途径、成绩考评等做出明确科学的规定。思想政治教育的开展、人员的选拔配置、开展活动的方式、职业道德和纪律等各项安排，思想政治教育活动的过程、管理、服务、评估、监督等各个环节都要形成制度，使思想政治教育有章可循、有法可依，使思想政治教育走上法制化、规范化道路。

完善供给制度不仅要制定科学完善的思想政治教育制度，更要转化制度的执行力和贯彻力，因为制度的生命力全在于落实。得不到严格落实的制度形同

---

① 习近平．习近平谈治国理政：第 2 卷［M］．北京：外文出版社，2017：335.

虚设，比没有制度更糟糕，严重损害了制度的权威性。思想政治教育制度要落实到教育实践中的一人一事，坚决纠正随意变通、选择性执行等现象。要坚持制度面前人人平等，所有教育对象都要接受教育，不能搞特权、搞例外。

（六）降低供给成本——节约思想政治教育产品生产耗费

成本通常是指为获得一定利益而付出的代价。教育成本是指教育单位在一定数量和质量的教育产品中所耗用的教育资源量，通常以货币形式计量。① 思想政治教育成本就是开展思想政治教育活动所耗费的劳动、知识、信息、时间以及相应的人力、物力、财力等教育资源的耗费。关于思想政治教育成本，理论界研究相对比较薄弱，本课题组对思想政治教育成本进行了一定探讨，相关成果集中在第七章：大学生思想政治教育成本，供读者参阅。

思想政治教育成本可以分为显性成本和隐性成本两种。显性成本主要是指思想政治教育中的物质投入，包括硬件建设的经费投入、参加的人员、占用的时间和教育内容的多少等，相对比较容易衡量。隐性成本是指精神投入，主要是指人们为接受思想政治教育在思想、精神方面付出的代价，一般难以衡量。从前文分析来看，思想政治教育实践中存在教育成本过高的现象，宝贵的教育资源没有得到充分利用，教育者和受教育者负担偏重，因此应当在确保教育质量的前提下，采取多种措施尽量降低思想政治教育成本，既要降低显性成本，也要降低隐性成本。

1. 推进教育资源交流和共享降低物力成本

推进教育资源交流和共享可以实现思想政治教育产品多人使用、多次使用、大范围使用、长期使用，避免思想政治教育产品生产重复投入，可以有效降低思想政治教育产品物力成本和显性成本。利用互联网或局域网实现优质教育资源配置均等化是实现思想政治教育产品共享的现实途径。在大学生思想政治教育中，各大单位要加强顶层设计规划，统筹整合教育资源，搭建教育资源交流平台，合力打造思想政治教育精品，各类教育素材、教育案例、新媒体作品等要实现交流共享，下决心解决条块分割、烟囱林立、重复建设、同质化等问题。每一位大学生都可以通过搜索引擎或链接，在校园网上找到自己需要的教育资源，从而实现一次搞建设、代代得好处，大大提高教育资源利用效率。对于大量耗费教育资源，得不到大学生群体接受认可，教育效果不佳的思想政治教育产品果断实行"去库存"，不能继续占用和耗费宝贵的教育资源。

---

① 王善迈．教育投入与产出研究［M］．石家庄：河北教育出版社，1996：5．

2. 开展自我教育和互相教育降低人力成本

鼓励受教育者积极开展自我教育和互相教育可以大大减轻教育者的工作量，有效降低思想政治教育人力成本和显性成本。自我教育法是指在思想政治教育者的帮助引导下，受教育者通过自学获得知识，在感悟和体会中加强自身修养，自觉主动地提高自身思想道德素质的方法。自我教育是作为教育主体的个人把自己作为教育对象加以教育的教育方式。① 苏联教育家苏霍姆林斯基总结了一生的教育经验后得出了一个重要结论："只有能够激发学生进行自我教育的教育，才是真正的教育。"② 我国教育家叶圣陶也提出了同样的观点："教是为了达到不需要教。"达到"不需要教"的条件是培养受教育者自我教育的意识和本领，"不需要教"把教育者的"教"转化为受教育者的自我教育，实现了"他教"和"自教"的统一。人的思想转变是在主体接受、认同外在作用后，自我选择、自我改造、自我教育的产物和结果。受教育者绝大部分时间是在个人有意无意地独处中度过的，许多思想观念的形成大多是独立思考、自我领悟的结果。自我教育作为尊重人的自主性的教育有利于激发、挖掘人的内在潜能，以实现真正的自我超越。

互相教育是指受教育者之间互相开展教育，是共同进步的思想政治教育活动。受教育者之间的探讨交流更加自由，更加平等，更加容易袒露真情实感，产生思想观念的激烈交锋和相互取长补短。教育者应鼓励引导受教育者之间主动开展评论时事热点问题、交流为人处世体会、分享工作经验技巧、探索推广多种形式的"微教育"，以"短平快"的教育形式，让热点焦点难点问题、疑难困惑问题在辨析交流中形成共识，让人人参与、共同思考的良好氛围进一步浓厚，让受教育者的思想在交流沟通中产生升华。自我教育和互相教育给予了受教育者更多自由发挥的机会，为彰显受教育者的主体性提供了广阔的空间。在开展自我教育和互相教育的同时，教育者必须密切关注教育活动开展的状况，及时、准确地引导、干预。自我教育和互相教育不受特定时间、地点、环境的限制，可以在比较自由灵活的条件下进行，投入很少的教育资源，是一种全时空开展的教育方法，可以在很大程度上降低教育的人力成本。

3. 发挥文化的教化培育功能降低平均成本

文化育人的教育对象是不特定范围的大规模受众，无论受教育者人数如何

---

① 吴照峰. 自我教育机制研究——基于思想政治教育视阈 [M]. 西安：西北大学出版社，2014：1.

② 苏霍姆林斯基著，杜殿坤编译. 给教师的建议 [M]. 北京：教育科学出版社，1984：341.

增加，思想政治教育的总成本是固定的，随着受教育者人数的增加，思想政治教育平均成本持续下降，呈现出规模经济效应。所以，应当充分发挥先进文化的教化培育功能，在潜移默化中起到"春风化雨、润物无声"的教育效果，同时降低教育平均成本。习近平总书记深刻论述了文化的育人功能："文化的影响力是无形的，要使文艺工作在推动凝心聚气、明义修德等方面更好发挥作用。"① 思想政治教育可以充分运用中国特色社会主义文化的教化培育功能，用党和人民在争取国家独立和民族解放的伟大斗争中孕育而成的革命精神和革命传统以及党领导人民推进中国特色社会主义伟大事业取得的精神文明成果来影响教化人民群众，达到"以文化人、以文育人"的教育目的。

一是思想政治教育内容要与先进文化建设、增强文化自信紧密结合起来。文化建设包括校园文化、社区文化、企业文化、军营文化等领域的文化建设。大学生思想政治教育要在坚持课堂教学主渠道的基础上，大力开展丰富多彩的校园活动，塑造特色鲜明的校园文化。校园活动具有趣味性、开放性、群众性的特点，既能拓展受教育者的知识面和理论视野，丰富受教育者的精神文化生活，又能够在潜移默化中升华受教育者的思想道德素质，培养受教育者的团队精神和创新精神。因此，思想政治教育要充分利用多种课外教育资源，全方位、多角度、多层次地积极引导和大力支持受教育者开展各种校园文化活动，营造团结和谐、生动活泼、丰富多彩的校园文化，在校园文化中寓教于乐、启迪精神、陶冶情操、提高素质。高校校园文化是在长期积淀中形成的，蕴藏着宝贵的精神财富，是加强思想政治教育的好方法。思想政治教育要在办学实践中发展校园文化，发挥文化的思想政治教育功能，就是要结合各高校的历史传统和任务特点，大力发展具有本校特色和优势的校园文化，培育当代大学生健康、积极、向上的价值观。

二是要借助思想政治教育公共产品的非竞争性和非排他性降低思想政治教育平均成本。思想政治教育公共产品具有可以为绝大多数人共同消费和平等享用的比较优势，所以要尽量扩大其对受教育者的覆盖面。思想政治教育公共产品通常包括三种类型：一是多采用歌曲、快板、相声、小品、话剧、戏曲等人们喜闻乐见的说唱表演形式。例如，歌曲《少年》《我和我的祖国》《万疆》，话剧《共产党宣言》《上甘岭》，小品《扶不扶》《请给我点赞》等。二是开发利用电影、电视剧等影视作品的思想政治教育功能。影视作品是形象化的传播

---

① 中央军委政治工作部．习主席国防和军队建设重要论述读本［M］．北京：解放军出版社，2016：70.

方式，可以寓教于乐，励志怡情，让人们在潜移默化中受到教育。列宁曾经盛赞电影是最好的艺术形式。例如，电影《建国大业》《血战湘江》《战狼》《红海行动》《长津湖》《万里归途》，电视剧《平凡的世界》《人民的名义》等。三是利用动画、漫画、美术作品、摄影作品、公益广告等平面媒体作为思想政治教育载体。例如，在开展社会主义核心价值观教育中，各地推出了多种版本的社会主义核心价值观宣传画，西安市宣传部门以群众喜爱的户县农民画和西府剪纸为素材，塑造了一个个勤劳质朴、忠厚善良、自强不息的人物形象给人以强烈的心灵震撼，传递了满满的正能量。又如，2017 年 5 月刷爆朋友圈的"图说'一带一路'那些事儿"，以幽默漫画配以有趣解说的形式，讲明了"一带一路"的来龙去脉，通俗易懂，雅俗共赏，阅读量快速增长，点赞和评论异常火爆，活跃度很高，值得思想政治教育者借鉴。

三是运用渗透式和陶冶式的教育方法，在降低平均成本的同时降低隐性成本。思想政治教育最好像"植入式"广告那样，把教育内容渗透到受教育者可能接触到的环境中，让人在不知不觉中接受教育，尽量避免硬性灌输。通过营造良好的教育氛围和适宜的文化环境，创造有利条件鼓励受教育者自主开展文化教育活动，使人们在开展活动的同时受到思想文化熏陶，循序渐进地提高思想道德素质。渗透式和陶冶式的教育方法是一种间接的、侧面的隐形教育方法，容易减少或消除受教育者对思想政治教育的反感和抵触情绪，使受教育者在轻松、平等、愉快的氛围中接受教育，比灌输式教育方法更容易使人接受，教育效果更好，大大拓宽了思想政治教育的途径和方法，还可以有效降低思想政治教育成本。例如，中央电视台近期推出的《中华诗词大会》《经典咏流传》《国家宝藏》等文艺节目，巧妙运用 VR 技术，声光电效果美轮美奂，观众和演员零距离接触，既传承了中华优秀传统文化，又使观众受到文化熏陶，不知不觉中接受了爱国主义教育。

4. 促进管理和教育优势互补降低边际成本

管理育人的教育成本与受教育者的人数一般呈现正态分布的线性关系，边际成本先随着受教育者人数的增加而增加，但增加速度越来越慢，在到达峰值之后边际成本又逐渐下降，但下降速度越来越慢。降低思想政治教育成本要善于利用管理育人的教育边际成本增减变化规律，确定最合适的受教育者人数，使其恰好落在思想政治教育边际成本逐渐下降的区间，既要大于边际成本为峰值时的人数，又要小于边际成本为零时的人数，这样可以使思想政治教育总成本和受教育者的人数保持帕累托最优或次优状态。

管理育人可以实现思想政治教育和日常管理的优势互补，同时能够在一定受教育者人数范围内降低思想政治教育成本。一方面，要用法律、法规、制度、纪律的硬性管理来规范受教育者的行为，为思想政治教育做好保证和支撑。另一方面，通过思想政治教育说服引导的方式激发人的积极性和内在动力，在自觉自愿的基础上实现自我管理、自主管理，为日常管理做好柔性的软约束。思想政治教育可以而且应当融入日常管理活动中，寓于人们日常的学习工作生活之中。把经常性管理工作和经常性思想教育工作紧密结合起来，既可以用管理工作加强思想政治教育工作，也可以用思想政治教育工作促进管理工作，改变以往思想工作和管理工作互相分割、各自为战的局面，从而形成思想政治教育合力，节约思想政治教育成本。

大学生思想政治教育中"教书育人、服务育人、管理育人相结合"就是利用管理工作教育功能的集中体现。管理中的规章、制度、纪律对各种行为后果都有明确的规定，奖励和惩罚措施十分清楚，可以发挥行为导向作用，指引人们应该做什么和不应该做什么。管理可以使人们把各种管理规范从外在约束转变为内在思想共识和行为习惯，变他律为自律，自觉养成良好的思想品德和言行举止。思想政治教育者要主动了解受教育者的实际情况，积极配合管理者的日常管理工作，增加教育的针对性和实效性。日常管理工作者要让受教育者真切感受到思想政治教育不是纸上谈兵的空洞说教，而是体现在日常一点一滴的管理工作中，这样的思想政治教育方式往往可以收到事半功倍的教育效果。

（七）加快供给速度——提高思想政治教育产品生产效率

传统思想政治教育专注于提高思想政治教育产品质量，一定程度上忽略了思想政治教育产品的供给速度问题，思想政治教育时效性没有得到足够重视。由于对供给速度没有提出明确要求和严格标准，导致思想政治教育产品生产速度相对缓慢，生产过程耗时较长，流通分配环节比较繁杂，生产效率较低。思想政治教育产品生产完成之时常常已经时过境迁，物是人非，滞后于思想政治教育形势的发展，错过了开展思想政治教育的最佳时机，即使思想政治教育产品质量再好也无法满足受教育者第一时间获得教育信息的现实要求，这是导致思想政治教育实效性不佳的重要原因之一。

5G 技术的迅速普及对思想政治教育产品的供给速度提出了更为严苛的要求，甚至要求思想政治教育产品实现实时供给，与教育环境、教育要求的变化保持同步。由于心理学上的首因效应，人们往往对第一印象特别深刻，要改变第一印象带来的影响通常比较困难，需要付出较多的时间和精力，思想政治教育也是如此。一些错误社会思潮和言论观点在同教育部门和教育者抢时间、拼速度、争头条、抓人心，谁能够第一时间将思想政治教育产品提供给受教育者，谁就能够在受教育者脑中形成第一印象，抢占教育先机，赢得教育主动权。加快思想政治教育产品供给速度，就是要求教育部门和教育者努力提高思想政治教育产品生产效率，用最少最快的时间生产提供大量优质教育产品，不断提高教育产品生产效率。

教育部门和教育者首先要清醒认识到提高思想政治教育产品供给速度对于提高思想政治教育实效性的重要意义，树立"时间决定成败、速度影响效果"的时效观念，提高快速反应能力和紧急情况下的应变能力，抢占舆论制高点和思想主阵地，摒弃"好饭不怕晚、酒香不怕巷子深"等传统观念和做法。教育部门要给予教育者适当的授权，允许教育者在一定范围内直接面向受教育者独立自主地开展思想政治教育，减少不必要的审批环节和程序，让教育者放下思想包袱，轻装上阵。教育者要具备高度的前瞻性和深远的预见性，做好全面应对各种复杂情况的准备，留足教育提前量，储备充足的教育资源，形成模块化教育单元，针对思想政治教育一时一事的具体情况，可以随时随地进行不同的搭配组合，发挥出应有的教育效果。教育者要善于追踪社会热点问题，进行深入剖析解读。重大舆情事件发生后，教育者一定要在第一时间快速做出反应，通过各种渠道收集相关信息，形成对受教育者的信息优势，利用信息势能激发受教育者的求知欲和好奇心。教育者还要善于选择思想政治教育最佳时机，及时和适时地选择对特定教育对象进行特定教育内容的最佳时间。在提高思想政治教育产品供给速度的同时要注意掌握选择突破口的艺术，找到教育的切入点，同时注意把握适度的艺术，要善于准确地把握火候和分寸。

（八）补齐供给短板——把解决思想问题与解决实际问题结合起来

目前，思想政治教育中最明显的短板就是解决思想问题与解决实际问题有所脱节，解决实际问题相对滞后于解决思想问题，成为解决思想问题的障碍和瓶颈。在问卷调查中，51.6%的受教育者认为思想政治教育对解决受教育者生活学习工作中的困难基本上没有帮助，甚至有11.2%的受教育者认为不但没有帮助，反而制造麻烦困难。这就说明解决实际问题还没有为解决思想问题创造有利的条件，奠定良好的基础，是思想政治教育中比较薄弱的环节。

解决思想问题与解决实际问题相结合是马克思主义认识论的本质要求，也是中国共产党长期思想政治教育实践中总结出来的基本经验和必须传承发展的优良传统。马克思主义认识论认为，实践对认识具有决定作用。由于主客观条件的制约，人们在实践活动中，总会遇到不能解决的困难和障碍，这些困难和障碍反映到人的大脑中，就会成为思想问题，因此解决思想问题就不得不分析引起它的实际问题。思想是人脑对客观存在的主观反映，思想问题是客观问题在人脑中的主观反映。如同中医治病的原理，思想问题是"标"，实际问题是"本"，要解决好思想问题这个"标"，就必须首先解决好实际问题这个"本"，这样才能"标本兼治"。如果就思想问题解决思想问题，就会只治"标"不治"本"，甚至连"标"都治不好。因此，思想政治教育要增强实效性，必须把教育人与关心人、帮助人结合起来，要善于从物质动因上分析和解决思想问题，才能收到良好效果。实际问题的解决可以为思想问题的解决创造有利条件和宽松氛围，解决思想问题和解决实际问题需要统筹考虑、共同推进。

大量思想政治教育实践表明，受教育者的思想问题大多数是由实际问题引起的。现实状况是，明显是由实际问题导致的思想问题，教育者却习惯于用思想政治教育来做人的思想工作，反复地开会教育、个人谈话，希望把人的思想认识扭转过来，这样做不仅没有解决现存的思想问题，反而容易引起新的思想问题。解决实际问题是解决思想问题的坚实基础，只有解决了实际问题，思想问题才能解决得更好、更快、更彻底。当前，受教育者常常会在日常生活、工作、学习中遇到各种各样的实际问题，例如，薪酬待遇、岗位选择、调整职务、人际关系、工作调动等。这些实际问题与受教育者切身利益紧密相关，如果这些问题没有得到公正、合理、妥善的解决就会产生思想问题。如果解决思想问题脱离了解决实际问题，就成了无源之水、无本之木，难以取得良好的教育效果。所以，引导人们正确认识现实问题很重要，但帮助人们解决实际问题更重要。要解决广大受教育者的思想问题，就要根据思想问题本身的性质和特点进行具体分析，帮助受教育者解决产生该思想问题的实际问题。

坚持解决思想问题与解决实际问题相结合的关键是找到两者的最佳结合点，在这个结合点上蕴藏着丰富的教育价值和教育时机。这就要求思想政治教育者把帮助受教育者解决实际问题看作思想政治教育工作中必不可少的重要任务，带着深厚的感情认真调查研究受教育者面临的实际问题，采取适当有效的措施，想方设法帮助受教育者解决实际问题，用实际行动来做思想工作。这样的思想政治教育是最形象生动、最有说服力、最有力度，也最有实效的。在解决实际问题的过程中，要注重耐心细致、体贴入微地疏导受教育者情绪，把准思想脉搏，解开思想疙瘩，使解决实际问题的过程变成深化思想、提高觉悟的过程。对于因为客观条件限制一时解决不了的实际问题，要讲清道理，做好解释说理工作，争取受教育者理解支持。

本章主要内容可以概括为表5.1。

表 5.1　提升大学生思想政治教育供给质量主要内容表

存在问题	主要目的	对策措施
供给内容不接地气	压减供给总量	去除思想政治教育产品过剩产能
供给主体能力不足	升级供给主体	提高思想政治教育产品生产能力
供给约束过多过严	放松供给约束	激发思想政治教育产品生产活力
供给环境有待治理	治理供给环境	改善思想政治教育产品生产条件
供给制度不够完善	完善供给制度	保障思想政治教育产品规范生产
供给成本居高不下	降低供给成本	节约思想政治教育产品生产耗费
供给速度相对缓慢	加快供给速度	提高思想政治教育产品生产效率
应对供给竞争不力	补齐供给短板	解决实际问题与思想问题紧密结合

第四节　人工智能在提升大学生思想政治
教育供给质量中的运用

（一）利用知识图谱技术提供可视化动态教育产品

知识图谱（Knowledge Graph）一般是指知识域可视化或知识领域映射地图，是显示知识发展进程与结构关系的一系列各种不同的图形，用可视化技术描述知识资源及其载体，挖掘、分析、构建、绘制和显示知识及它们之间的相互联系。具体来说，知识图谱是通过将应用数学、图形学、信息可视化技术、信息科学等学科的理论与方法与计量学引文分析、共现分析等方法结合，并利用可视化的图谱形象地展示学科的核心内容、发展历史、前沿领域以及整体知识架构，从而达到多学科融合目的的理论和技术。知识图谱把复杂的知识领域通过数据挖掘、信息处理、知识计量和图形绘制而显示出来，揭示知识领域的动态发展规律，为学科研究提供切实的、有价值的参考。可视化教学是运用视觉表达手段提高知识创建和传递的一种教学方法。利用知识图谱技术可以提供形象生动的可视化动态教育产品，代替了传统教学中枯燥单调的图表、图片、数据等静态的思想政治教育素材，具有很强的视觉冲击力，直观醒目，令人印象深刻。

知识图谱通常分为两大类：一是通用知识图谱，没有特别高深的专业知识，一般是科普类、常识类等内容，类似于"红楼梦人物关系图"等。二是行业知识图谱，是对某个行业或专业的深入研究，例如，建筑学知识图谱。知识图谱一般包括知识建模、知识获取、知识融合、知识存储、知识应用五个部分。知识建模是构建多层级知识体系，将抽象的知识、属性、关联关系等信息，进行定义、组织、管理，转化成现实的数据库。知识获取是将不同来源、不同结构的数据转化成图谱数据，包括结构化数据、半结构化数据、知识标引、知识推理等。知识融合是将多个来源、重复的知识信息进行融合，包括融合计算、融合计算引擎、手动操作融合等。知识存储是根据业务场景提供合理的知识存储方案。知识应用是为已构建知识图谱提供图谱检索、知识计算、图谱可视化等。

知识图谱是用关系线将结点联系起来的语义关系网络，能够形象生动地表现出复杂的实体关系。用知识图谱来表示思政课相关知识，可以有效地将复杂烦琐的知识比较体系化、系统化地展现出来。例如，思政课在讲解新中国成立以来的经济发展成就时，如果仍然使用传统的图表、数据进行纵向或横向对比，教育效果并不理想，如果用动态增长曲线来表示经济总量增长幅度，与美国、俄罗斯、英国、法国、德国、日本、印度等国家经济增长进行动态对比，就会发现改革开放后中国经济增长速度明显加快，在 21 世纪第一个十年先后超过了英、法、德、日等国家，特别是党的十八大以来，经济持续快速发展，与美国的差距逐步缩小。这种动态增长曲线一目了然，经济总量的快速增长令人充满自信、倍感自豪，潜移默化之中增进了学生对于中国特色社会主义的自信。

（二）利用人机交互系统帮助受教育者自主学习

人机交互系统（Human-computer interaction，简称 HCI）是研究人与计算机之间通过相互理解、交流、沟通，在很大程度上为人们完成信息管理、服务、处理等功能，使计算机真正成为人们工作、学习、生活的助手的理论和技术。人机交互系统的主要功能为：多模感知功能，智能代理交互功能，基于知识对话的网络信息交互和检索能力，并具有二维和三维虚拟交互环境可视化显示的人机交互技术功能。正如比尔·盖茨所言："人类自然形成的与自然界沟通的认知习惯和形式必定是人机交互的发展方向。"人机交互的趋势是以用户为中心，实现人机一体。这一点在电影《她》中得到了充分的形象化展示。男主人公西奥多在失恋之后，爱上了一个电脑操作系统里的女声。女主人公名叫萨曼莎，不但嗓音悦耳动听、悠扬婉转，而且语言风趣幽默、善解人意。在电影中，人和系统之间成了无话不谈的好朋友，甚至还不可思议地发展成一段恋情。萨曼莎会主动询问西奥多的心情如何，在与西奥多沟通之后，就能推测出他心情不佳的原因，帮助他出谋划策以解决现实问题。这让西奥多逐渐依赖上了这个操作系统，甚至超过了对人的感情依赖。尽管这只是电影中的一个虚构故事，却代表了人机操作系统的发展趋势。

在思想政治教育中，也可以大胆运用人机交互系统，它具有人与人交互系统无可比拟的一些特殊优势。一是人机交互不受时间空间的限制，系统具有记忆功能，可以为用户保守隐私，所回复的内容可以在很大程度上克服人人交互中的主观偏见和认识局限。二是人机交互的体验性比较舒适，在人机系统中用户处于中心地位，系统是为人服务的，这样就避免了人人交互中社会地位的差异，受教育者可以无所顾忌地与系统进行敞开心扉的交流。三是人机交互可以营造出强烈的沉浸感，使受教育者专注于当前的目标情景下而感到愉悦和满足，而忘记了真实世界的情感。人机交互系统带来的人的感官体验和认知体验往往可以强烈地影响甚至改变人的思想境界、思维方式、认知水平，这一点已经在实践中得到部分验证。

（三）利用智慧课堂开展开放式、互动式学习

智慧课堂是以建构主义学习理论为依据，以"互联网+"的思维方式和大数据、云计算等新一代信息技术打造的智能、高效的课堂。智慧课堂基于动态学习数据分析和"云、网、端"的运用，实现教学决策数据化、评价反馈即时化、交流互动立体化、资源推送智能化，创设有利于协作交流和意义建构的学习环境，通过智慧的教与学，促进全体学生实现符合个性化成长规律的智慧发展。智慧课堂的教学流程由课前、课中、课后三个阶段构成。课前进行学情分析、预习测评、教学设计，课中进行内容导入、探究学习、实时检测、总结提升，课后完成课后作业、微课辅导、反思评价等。

思想政治教育者可以借助智慧课堂更好地完成思政课教学任务，利用互联网上海量教育资源，更加方便地导入 PPT 并实现动画及视频的插入，在电子白板任意书写并保存，发布任务、批改作业、解答问题、个别辅导等更加便利快捷，教学效率得到大幅提升。受教育者可以在智慧课堂的支持下更加便利地完成学习任务，直接完成作业并进行自动批改，更加有效地进行教师与学生以及学生与学生之间的交流互动。智慧课堂还可以为学生提供多种学习工具，培养学生的自主学习习惯，提升自主学习能力。

（四）利用机器学习技术配置思想政治教育资源

机器学习是研究怎样使用计算机模拟或实现人类学习活动的科学，是人工智能中最具智能特征、最前沿的研究领域之一。机器学习的核心是"使用算法解析数据，从中学习，然后对新数据做出决定或预测"。也就是说，计算机利用已经获取的数据得出某一模型，然后利用此模型进行预测的一种方法，这个过程跟人的学习过程有相似之处，比如，人获取一定的经验，可以根据此经验对新问题进行比较准确的预测。深度学习（Deep Learning）也是机器学习的一种

方式。它的创意来源于人类大脑的工作方式，是利用深度神经网络来解决特征表达的一种学习过程。浅层学习主要是对一些结构化数据、半结构化数据和一些场景的预测，深度学习主要解决复杂的场景，比如，图像、文本、语音识别与分析等。比如，我们要做市场营销，要把特定的产品推荐给目标用户，也就是如何精准营销，给用户推荐合适产品。如果抽象成机器学习的问题就是把一个产品 A 是否要推荐给用户 B，这就是一个是或者否的问题，也就是一个分类应用场景。这就是把业务需求抽象成机器学习的应用场景。

　　机器学习有可能为思想政治教育的发展提供新机遇，有望在配置和共享思想政治教育学习资源方面发挥重要作用。多年来，从国家层面的顶层设计到基层教学单位的具体实施，思想政治教育积累了大量的数据，既包括思想政治教育的政策制度，又包括思想政治教育实践方面各种各样的数据，更重要的是还有对思想政治教育效果的评价数据，这些海量数据可以运用机器学习技术进行解析，从中分析规律和特点，建立一定的模型，在此基础上进行预测和决定。由于思想政治教育资源配置不合理不均衡，在一定程度上影响了思想政治教育效果，造成思想政治教育资源供给不足和资源浪费的现象同时存在。目前，机器学习值得探索的一个重要方面就是配置思想政治教育资源，通过机器学习可以发现和预测思想政治教育中的一些薄弱环节和短板不足，然后相应地配置更多教育资源或配置急需的教育资源，促进思想政治教育机会公平，进一步推动思想政治教育提质增效。

第六章

运用人工智能推动思想政治教育结构调整

　　思想政治教育结构调整是指为解决思想政治教育结构性矛盾，采取有效举措调整优化思想政治教育目标结构、内容结构、方法结构，增强思想政治教育系统功能的管理活动。调整优化思想政治教育结构是解决思想政治教育供求矛盾的基本途径，是实现思想政治教育供求精准对接的突破口和着力点。教育目标、教育内容、教育方法是决定思想政治教育系统功能最重要的三个要素。科学合理的教育目标是教育成功的前提，丰富完善的教育内容是教育成功的核心，灵活多样的教育方法是教育成功的关键。因此，推动思想政治教育结构调整主要是调整优化思想政治教育目标结构、内容结构、方法结构。

第一节　大学生思想政治教育结构存在的问题

　　思想政治教育存在的结构性问题往往都是深层次问题，比较隐蔽，必须透过现象看本质，经过认真分析思考才能把握，结构性问题主要体现在供求结构、需求结构、供给结构三个方面。

（一）产品供给和个人需求出现失衡错位

　　思想政治教育产品供给和个人需求之间一定程度上存在供求结构失衡错位问题。许多教育者付出辛勤劳动生产出思想政治教育产品，受教育者却消极应付、无动于衷，少数大学生存在理想信念缺失、思想道德滑坡、意志毅力薄弱等问题，思想政治教育难以达到预期效果。与此同时，受教育者普遍存在迫切的精神需求和思想困惑，对思想政治教育抱有很高期望，但是在课堂上听不到想听的东西，只好通过别的途径来获取信息，满足自己的精神需求，造成"需求外溢"的现象，思想政治教育成了食之无味、弃之可惜的"鸡肋"。思想政治教育实践中，一些名师大家的精彩讲座、紧贴实际的教育内容、丰富多彩的教育活动、灵活多样的教育方法受到大学生们的普遍欢迎，而一些脱离实际、粗制滥造、不负责任、缺乏针对性的政治理论课受到人们的反感和抵制就是这种产品供给和个人需求之间结构性供求矛盾的现实体现。

在笔者从事"思想道德修养与法律基础"课教学中就深切感受到这种供求矛盾。例如，学生们普遍反映思想道德修养部分内容过多，比较空泛，希望法律基础部分增加课时，多讲解实用性较强的法律法规。但第五章"领会法律精神 理解法律体系"、第六章"树立法治理念 维护法律权威"、第七章"遵守行为规范 锤炼高尚品格"主要围绕法治精神和法治理念展开论述，内容比较抽象，在实际生活中作用不明显，而对于具体的《民法》《刑法》等内容一带而过，没有深入展开，学生迫切想学习掌握的、与日常生活息息相关的《行政诉讼法》《劳动合同法》《消费者权益保护法》《治安管理处罚法》等法律更是很少涉及。这反映了教育部门对受教育者的需求了解掌握不够，造成思想政治教育产品的产品供给与受教育者的个人需求之间的供求结构失衡错位，而作为思想政治教育产品供给者的教育者对解决这种供求矛盾往往无能为力。

大学生思想政治教育的产品供给和个人需求同样在结构上存在失衡错位。一方面，低质量思想政治教育产品供给较多，在一定程度上压抑束缚了大学生的需求。另一方面，高质量思想政治教育产品供给相对短缺，大学生接受教育的需求得不到充分满足。习近平总书记深刻剖析了思想政治教育实效性不佳的原因是教育针对性不强，深度不够。"部队反映，思想政治教育年年搞，但打下烙印的不是很多。主要问题是有的教育接地气不够、联系实际不紧，说不到官兵心坎里，激不起思想共鸣，没有找准穴位，打鼓没有打到点子上。"[1] 以大学生就业政策宣讲为例，宣讲人员花费大量时间精力讲解某项工作的重大意义、基本原则等抽象问题，可是对于听众普遍关心的具体规定、关键问题、重要事项用模棱两可的模糊性语言有意无意地一笔带过，又没有安排足够的时间正面回答听众的提问，没有完全达到稳定思想、答疑解惑、推动工作的宣讲目的。

(二) 社会需求和个人需求的关系没有理顺

需求结构是指社会需求和个人需求之间的比例和关系，二者要保持适度合理的比例关系。片面强调社会需求忽视个人需求或者片面强调个人需求忽视社会需求都是错误的，在思想政治教育实践中一定要克服这种绝对化、走极端的做法。关于社会需求和个人需求二者关系的认识，高达 91.7% 的受教育者认为应当把社会需求和个人需求紧密结合起来，说明受教育者能够同时重视社会需

---

① 总政治部. 习近平关于国防和军队建设重要论述选编 [M]. 北京：解放军出版社，2014：228.

求和个人需求，不存在片面化、绝对化的认识。传统思想政治教育习惯于从宏观角度来认识思想政治教育，很少从微观角度关注和重视受教育者的个人需求，这就导致了思想政治教育"只见森林，不见树木"，只重视群体的利益和要求，却忽视个体的正当利益和合理需求，致使思想政治教育效果不佳。最近一段时期，思想政治教育矫枉过正，又从一个极端走向另一个极端，过于推崇个人利益、自我设计、个性自由等个人需求，对受教育者不合理的需求没有坚决抵制，个人需求甚至有压倒取代社会需求的趋势，这种错误观点和做法违背了思想政治教育的初衷，必将把思想政治教育引入歧途，必须引起高度警觉。所以，要积极调整优化社会需求和个人需求二者之间的比例和关系，把二者统筹兼顾起来，有机融合起来。社会需求要坚持主导性，根据"少而精"的原则，把主要精力集中在政治性、理论性等体现社会需求的教育内容上，努力提升供给质量。个人需求要更加重视对个性化、差异化、多样化需求的调查研究，扩大个人需求在思想政治教育需求中所占的比重，适当加大思想性、人文性等满足个人需求的教育内容。教育者还要积极探索将社会需求和个人需求深度融合、有机统一的现实途径，绝不能将两种需求割裂开来，对立起来。

（三）要素供给向产品供给的转化不够顺畅

供给结构是指要素供给和产品供给之间的比例和关系，二者要保持适度合理的比例关系。要素供给是产品供给的前提和基础，产品供给是要素供给的目的和体现。在思想政治教育实践中大量存在的要素供给不能顺利转化为产品供给，转化效率较低，甚至在转化过程中发生偏移和转向是思想政治教育实效性不佳的原因之一。要素供给者和产品供给者之间缺乏常态化的联系沟通渠道，教育者进行思想政治教育产品生产时常常得不到充足的生产要素供给，而要素供给者往往了解不到产品供给者对生产要素的现实详细需求。思想政治教育实践中常常是"上面踩油门、中间挂空挡、下面拉手刹"，贯彻执行落实效果不尽如人意。究其原因，要素供给是起点，产品供给是终点，思想政治教育者是中介，是把思想政治教育目标、任务、要求落实为行动的执行主体。思想政治教育者工作态度消极被动、工作能力低下、运用方法不当都会影响要素供给向产品供给的转化。例如，极个别教育者时常在课堂上发表一些不负责任、没有依据的负面消极言论，传播一些未经证实的政治传闻，给思想政治教育带来恶劣影响和严重后果。这说明思想政治教育者并没有真正领会认同、认真贯彻执行教育部门的教育要求和教育目标，教育者的教育实践没有与教育部门的教育目的保持一致，教育效果可想而知，这就是典型的思想政治教育要素供给向产品供给转化不畅的现实体现。

第二节 推动大学生思想政治教育结构调整的理念

（一）目标结构调整要推动社会需求和个人需求有机融合

思想政治教育目标是一定时期内实施思想政治教育活动所要达到的预期结果。实现思想政治教育供求精准对接的前提是调整优化教育目标，坚持社会需求和个人需求的双重需求共同牵引。确立思想政治教育目标首先要满足社会需求，这是制定和确立思想政治教育目标的根本依据。社会需求要更好地发挥引领导向作用，同时更好地指导和提升受教育者的个人需求。其次要适应思想政治教育个人需求，这是因为思想政治教育不仅要促进社会发展，而且要促进人的发展，适应和满足人的发展需要是制定和确立教育目标的重要依据。

思想政治教育目标调整的关键是推动社会需求和个人需求有机融合，找到二者之间的最佳契合点，提高二者的契合度和匹配度。受教育者有积极适应融入社会，寻找"社会归属感"的个人需求，国家、政党、政府有被人民群众支持拥护，实现"被认同感"的社会需求，个人需求和社会需求有共同的价值取向，这正是推动社会需求和个人需求有机融合的理论依据。教育者的重要职责和使命就是站在受教育者的立场上，从受教育者的需求和利益出发，找到社会需求和个人需求之间的内在联系，把社会需求扎根到个人需求之中，让受教育者深刻理解到自己的个人需求与社会需求是紧密联系在一起的，真切感受到个人的成长发展进步离不开社会的发展进步，清醒认识到个人利益与集体利益是紧密联系在一起的，只有这样，才能在实现中华民族伟大复兴中国梦的进程中实现自己的人生价值和人生理想。

在思想政治教育实践中，要让受教育者明白个人利益不能脱离集体利益而孤立存在，只有将个人利益与集体利益相结合，才能更好地实现个人利益。只有将人们千差万别的个人利益统一到实现中华民族伟大复兴梦的最大利益中，才能凝聚共识、统一思想、形成合力。事实上，实现中华民族伟大复兴的中国梦和每个人都息息相关，紧密相连。正如歌曲《国家》中唱到一个简单而深刻的真理：家是最小国，国是千万家。国家、民族、个人在实现中国梦中相互依赖、相互依存、不可分割。中国梦的最大特点，就是把国家利益、民族利益和每个人的利益紧紧联系在一起，形成了一个牢不可破的利益共同体。只要每个人都把自己的人生理想融入社会理想之中，就会同祖国和时代一起成长进步，共同享有人生出彩、梦想成真的机会。

（二）内容结构调整要实现产品供给和个人需求互动对接

思想政治教育产品的质量是由多种因素决定的，但首要的、决定性的是思想政治教育内容，这也就是思想政治教育"内容为王"原则的基本内涵。实现思想政治教育供求精准对接要不断拓展内容空间，丰富供给内容，提高思想政治教育产品内在品质，不断对内容进行调整优化，建立创新、丰富、灵活、开放的内容体系。调整优化思想政治教育内容的切入点是把教育者的产品供给和受教育者的个人需求紧密联系起来，精准对接起来，通过教育者和受教育者之间的交流互动来共同选择、规划、设计、确定思想政治教育内容，从而使思想政治教育内容结构不断优化完善。在互动过程中教育者和受教育者之间要形成相互对话、相互讨论、相互交流、相互影响、相互理解、相互促进、相互帮助、相互适应的关系，为教育内容结构的不断优化保驾护航。

积极互动的目的是为了实现产品供给和个人需求之间的紧密衔接，通过教育者和受教育者之间知识、情感、信息的充分交流沟通，才能决定如何对思想政治教育内容进行选择、取舍、梳理、重组、拓展、整合、确立、改变等一系列问题。教育者在开展教育之前，要对受教育者进行充分细致的需求调查和需求分析，了解掌握受教育者多样化、差异化、个性化的需求，去除不合理和超范围的需求，根据思想政治教育社会需求及时引导、调整思想政治教育个人需求，使受教育者清醒认识到思想政治教育与个人的需求和利益是紧密联系的，进一步增强思想政治教育学习动力。受教育者要主动参与到教育过程中，及时向教育者反馈思想政治教育中存在的问题，反映自己真实的想法和感受，存在哪些疑难困惑，还有什么意见和建议，激发起自己求知探索的欲望，实现更好的成长进步。只有在多次反复的动态互动中，教育者才能准确了解掌握受教育者的个人需求，受教育者才能自觉自愿地接受教育者的产品供给，产品供给和个人需求才能"无缝链接"起来，形成教学相长的良性循环。

（三）方法结构调整要促进要素供给向产品供给高效转化

方法是指主体认识和改造客体所采取的工具、手段和程序的总和。思想政治教育方法是指教育者为了传递教育内容，实现教育目标，而对教育对象所采取的工具、手段和程序的总和。能否正确选择和运用思想政治教育方法，是能否把要素供给顺利高效转化为产品供给的关键。这是因为：第一，教育方法实际上就是思想政治教育产品的生产技术，只有掌握先进、高超、实用的技术才能充分地利用教育资源，用最少的教育成本生产出优质高效的思想政治教育产品，满足受教育者的需求。第二，思想政治教育方法是传递思想政治教育内容，输送思想政治教育信息的通道，只有教育方法得当才能打通中间环节，保证渠道畅通，既要使要素供给向产品供给传输的信息顺畅，也要使产品供给向要素供给反馈的信息顺畅，减少信息传输过程中的损耗和衰减。第三，思想政治教育方法是教育者与受教育者互动联结的桥梁和纽带，只有采用合适的教育方法才能有利于要素供给向产品供给的顺利转化。如果教育方法不当，造成二者关系紧张对立，就会成为要素供给向产品供给转化的障碍。

第三节　推动大学生思想政治教育结构调整的举措

（一）优化目标结构——找准社会性目标和个体性目标的契合点

思想政治教育教学目标精准对接就是要根据思想政治教育的社会需求和个人需求准确定位思想政治教育的社会性根本目标和个体性直接目标，规定它们在思想政治教育目标体系中的地位作用，制定具体的教育目的、教育要求、教育任务等。

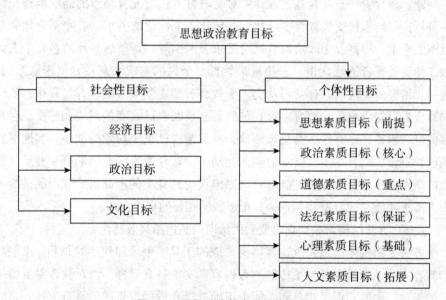

图 6.1　思想政治教育目标体系图

根据社会需求确立的教育目标就是社会性根本目标。社会性根本目标就是通过提高社会成员的思想道德素质来促进社会全面发展进步，当前思想政治教育社会性根本目标就是要激励鼓舞广大人民群众为建设社会主义现代化国家、实现中华民族伟大复兴贡献智慧和力量，培养树立社会主义核心价值观，做遵纪守法的合格公民等。社会性根本目标包括经济目标、政治目标、文化目标等，其中政治目标居于核心和主导地位。经济目标是坚持以经济建设为中心，促进生产力发展，提高人民生活水平，实现共同富裕等。政治目标是拥护中国共产党领导，坚持中国特色社会主义制度，促进社会主义民主发展进步，建设社会主义法治国家，维护政治稳定和社会安定团结等。文化目标是促进社会主义先进文化发展，建设高度发达的社会主义精神文明，不断增强文化自信等。

根据个人需求确立的目标就是个体性直接目标。在个体性直接目标中，思想素质目标是前提，政治素质目标是核心，道德素质目标是重点，法纪素质目标是保证，心理素质目标是基础，人文素质目标是拓展，六大目标构成一个整体。由于思想政治教育的社会需求和个人需求是内在统一的，所以由它们决定的社会性根本目标和个体性直接目标也是内在统一的。在思想政治教育实践中，要找准社会性根本目标和个体性直接目标的最佳契合点，让受教育者认识到社会性根本目标离自己并不遥远，不是高高在上，与己无关的目标要求，而是与个体性直接目标紧密相连，密不可分的。

例如，中国共产党号召广大党员干部要努力掌握马克思主义思想方法，提高战略思维、历史思维、辩证思维、创新思维、底线思维能力，而每一个受教育者自身也有掌握科学思维方式的现实需求。思想方法和思维方式高度一致，掌握了正确的思想方法，也就掌握了科学的思维方式，就能够以科学的思维方式把握客观事物的本质、特征、规律，正确地归纳、判断、推理，有利于拓展思路，正确决策，创造性开展工作。在大学生思想政治教育中，在学习长征精神时要讲清楚每一代人有每一代人的长征路，每一代人都要走好自己的长征路。每一个人要走好自己的人生道路，实现人生价值都需要有长征精神的支撑。坚忍不拔、不畏艰难困苦、艰苦奋斗、乐观主义等精神永远不会过时，可以为个人成长进步提供强大的精神动力。

在大学生思想政治教育中，把社会性根本目标和个体性直接目标紧密结合起来就是要让受教育者正确认识中华民族伟大复兴的中国梦与大学生个人成长进步的辩证关系，把建设社会主义现代化国家的目标与每名大学生的个人理想追求紧密联系在一起。这样就把受教育者内在的主体需要与教育者外在的激励引导两个教育动力源泉都充分挖掘了出来，形成了新的教育动力机制。例如，师范院校通常会在毕业分配时动员号召大学生到边远艰苦地区的中小学去工作。这种教育需求既是从国家教育事业建设发展角度提出的社会需求，也是从大学生个人成长进步角度提出的个人需求，两者是并行不悖、高度统一的。但是，一些教育者在开展教育时往往更多的是站在社会需求的高度对受教育者提要求、做指示，忽略了受教育者关注的个人需求，更没有把这种个人需求讲深、讲透，让受教育者认识到自己的利益和需求所在，实际上割裂了社会需求和个人需求的内在联系。这样就容易让受教育者感到社会需求与自己无关，个人需求受不到关注、得不到满足，从而对教育产生反感和抵触心理。如果从受教育者个体性直接需求出发，把艰苦边远中小学的特点和作用讲清楚，就可以让受教育者明白基层中小学是熟悉社会、摔打锻炼、增长才干、积累经验、建功立业的最佳平台，是大学生职业生涯的必经阶段和最佳起步点，就会更容易理解接受这种教育要求，而不是把"有道理讲成了没道理、大道理讲成了小道理、硬道理讲成了软道理、实道理讲成了虚道理"。

（二）优化内容结构——构建丰富多样协同配合的内容体系

自从 20 世纪 80 年代初，我国设置思想政治教育学科以来，经过多年的发展变化已经形成了相对比较成熟的内容体系。但是，时代在发展，社会在进步，人的素质在提高，反映社会需求和个人需求的思想政治教育内容也应当不断充实、拓展、更新、完善。在内容体系中增加人文教育已经成为大势所趋。思想政治教育教学内容精准对接要以政治教育为导向性内容，思想教育为根本性内容，道德教育为基础性内容，法纪教育为保障性内容，心理教育为前提性内容，人文教育为拓展性内容，六大部分内容融合成一个丰富多样、协调配合的内容体系，使内容结构达到最佳状态。

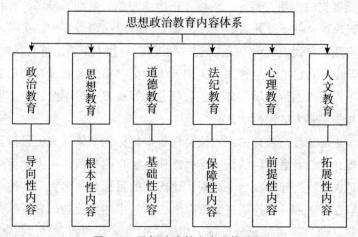

图 6.2　思想政治教育内容体系图

1. 政治教育——要确保个人成长进步的坚定政治方向

政治教育是思想政治教育的核心、灵魂、统帅，居于主导地位。政治教育包括马克思主义理论教育（包括马列主义、毛泽东思想、中国特色社会主义理论体系等)、党的基本理论基本路线基本纲领基本经验教育、理想信念教育、爱国主义集体主义社会主义教育、社会主义核心价值体系和社会主义核心价值观教育、基本国情教育（社会主义初级阶段是我国最大的国情）、民族精神教育（以爱国主义为核心的团结统一、爱好和平、勤劳勇敢、自强不息的伟大民族精神）、时代精神教育（以改革创新为核心的与时俱进、开拓进取、求真务实、奋勇争先的时代精神）、形势和政策教育等。

对受教育者个人而言，接受政治教育是保证个人成长进步、坚定正确政治方向的基本途径。毛泽东多次强调政治方向对于个人成长进步的重要意义，指出"青年应该把坚定正确的政治方向放在第一位"[①]，"没有正确的政治观点，就等于没有灵魂"[②]。教育者必须让受教育者认识到，一个人不论有多大的个人能力，多强的个人本领，多高的专业素质，如果在政治方向上误入歧途，就容易走错路、弯路、邪路，就难以实现人生价值和人生理想，甚至会毁灭人生，这一点已经被无数事实证明。有了坚定正确的政治方向，就会促使个人正确处理个人利益与集体利益、国家利益的关系，将个人利益与集体利益、国家利益结合起来，而不是对立起来；就会增添个人的精神动力，激发个人投身中国特色社会主义事业的积极性和主动性；就会使个人在面对各种错误思潮影响和利益诱惑的时候明辨是非，保持定力。所以，政治教育要强调对个人政治方向、政治立场、政治纪律的教育，使个人对重大政治问题保持正确的立场和态度。政治教育要塑造受教育者合格的政治品质、正确的政治意识和坚定的政治信念，有较强的政治敏锐性、正确的政治判断力和规范的政治行为。

马克思主义理论教育是政治教育的核心，是思想政治教育的重中之重，其目的是让受教育者牢固掌握马克思主义的精髓要义，学会用马克思主义的理论和方法去研究解决实际问题，这将极大增强受教育者个人改造主观世界和客观世界的能力。2018年5月4日习近平在纪念马克思诞辰200周年大会上的讲话为我们加强马克思主义理论教育指明了方向，我们要大力探索创新马克思主义理论教育的新理念、新途径、新方法。

一是要讲清楚什么是马克思主义，为什么要学习马克思主义。学习马克思主义的目的全都是为了实践。要随着时代发展和社会进步不断深化对马克思主义的认识和理解，学会活学活用马克思主义，在灵活运用上下功夫，而不是像

---

① 毛泽东. 在模范青年给奖大会上的讲话［N］. 新华日报, 1939-06-06 (1).
② 毛泽东著, 中共中央文献研究室编. 毛泽东文集: 第7卷［M］. 北京: 人民出版社, 1999: 230.

教条主义者那样把马克思主义经典作家的语句背得滚瓜烂熟，却不知道结合具体的实际情况灵活地加以运用，这样只会给实际工作带来危害。

二是要牢牢掌握马克思主义的精髓要义，特别是马克思主义的立场、观点、方法，大力推进马克思主义中国化、时代化、大众化。马克思主义理论研究和建设工程对马克思主义的定义是：马克思主义是由马克思和恩格斯创立并为后继者所不断发展的科学理论体系，是关于自然、社会和人类思维发展一般规律的学说，是关于社会主义必然代替资本主义，最终实现共产主义的学说，是关于无产阶级解放、全人类解放和每个人自由而全面发展的学说，是指引人民创造美好生活的行动指南。这说明中国共产党人对于马克思主义的认识在继承中实现了创造性的发展，有了更加深刻的认识，达到了崭新的理论高度。遵照习近平总书记重要讲话的要求，马克思主义理论教育要学习和实践马克思主义九个方面的内容：关于人类社会发展规律的思想、关于坚守人民立场的思想、关于生产力和生产关系的思想、关于人民民主的思想、关于文化建设的思想、关于社会建设的思想、关于人与自然关系的思想、关于世界历史的思想、关于马克思主义政党建设的思想。

三是要运用比较鉴别的教育方法，站在人类思想发展史的理论高度，将马克思主义与人类思想史上其他重要的、有代表性的思想流派进行深入比较鉴别，让受教育者深刻体会到马克思是迄今为止人类历史上最伟大的思想家，马克思主义是被实践反复证明的最先进、最科学的思想理论体系。正如毛泽东所说："正确的东西总是在同错误的东西作斗争的过程中发展起来的。真的、善的、美的东西总是在同假的、恶的、丑的东西相比较而存在，相斗争而发展的。"①

四是要讲清楚马克思和恩格斯及其后继者，包括列宁、斯大林、毛泽东、邓小平、江泽民、胡锦涛、习近平等以及中外一大批马克思主义理论家既一脉相承又与时俱进地坚持和发展马克思主义的历史逻辑和思想脉络。让受教育者明白马克思主义创立之后是随着时代、形势、实践、认识、任务的变化而不断发展的，马克思主义是一个开放的、包容的理论体系，而不是停滞的、僵化的、封闭的理论体系。

五是要讲清楚马克思主义在推动人类社会发展进步方面所起到的革命性历史作用。马克思主义不仅推动了社会主义革命，建立了社会主义国家，指导了社会主义建设，而且在资本主义国家内部迫使资产阶级做出重大让步，无产阶

---

① 毛泽东著，中共中央文献研究室编. 毛泽东文集：第7卷 ［M］. 北京：人民出版社，1999：230.

级和劳动人民获得了更多的经济利益和民主权利，理论力量已经转化为强大的物质力量。教育者要让受教育者认清在人类思想史上，没有哪一种思想理论像马克思主义那样产生了如此广泛的影响，深刻影响了世界，深刻改变了中国。

六是要参考借鉴西方马克思主义者对马克思主义的最新研究成果，吸收其中的正确有益成分，让受教育者接触到马克思主义发展的理论前沿，认识到不仅仅是中国在坚持和发展马克思主义，马克思主义在全世界都展现出蓬勃发展的强大生命力，认识到马克思主义的世界意义。

七是要以马克思主义为标尺对各种错误社会思潮进行剖析和评判，让受教育者明白新自由主义、民主社会主义、历史虚无主义等社会思潮错误在哪里，危害有哪些，在比较鉴别中更加深刻地认识到马克思主义的科学性和真理性，从而更加坚定地信仰马克思主义。

2. 思想教育——要培育个人生存发展的正确价值观念

思想教育是思想政治教育的主体内容，包括世界观人生观价值观教育、革命历史和革命传统教育、艰苦奋斗教育、改革创新精神教育等，着重解决主观与客观相符合的问题。世界观是人们对世界总的看法和根本观点，对世界本质、人与周围世界的关系、人对世界的作用及人的生存价值等基本问题的总的看法和根本观点。人生观是世界观在人生问题上的表现，是对人生目的和意义的根本看法和态度，包括人生价值观教育、人生态度教育、生命价值观教育等。价值观是人们关于价值问题的总的看法和根本观点，是指导社会和人的发展方向、影响社会物质生活和精神生活面貌的根本性社会观念系统。

习近平总书记谆谆告诫青年："要树立正确的世界观、人生观、价值观，掌握了这把总钥匙，再来看看社会万象、人生历程，一切是非、正误、主次，一切真假、善恶、美丑，自然就洞若观火、清澈明了，自然就能作出正确判断、作出正确选择。"① 习近平总书记对青年的要求深刻说明了思想教育有利于培育个人科学的思维方式和正确的价值观念，这对于受教育者在纷纭复杂的社会中学会生存和发展至关重要。教育者必须让受教育者深刻认识到，思维方式和价值观念的正确与否在很大程度上影响了一个人的人生道路和事业成败，"三观"不正的人难以建立良好和谐的人际关系，得到他人的认可和欢迎，赢得他人的理解和尊重，甚至很难在社会上立足，更不要说获得事业成功。一个人只有确立正确的"三观"，才能培养和提高对是非对错的价值判断能力，抵御错误思想的侵蚀，在实践中自觉校正自己思想行为的航向，符合社会的行为规范和道德

---

① 习近平. 习近平谈治国理政：第 1 卷 ［M］. 北京：外文出版社，2014：173.

准则，成为一个思想高尚、有益于社会的人。所以，思想教育不是可有可无、无关紧要的教育，而是我们每一个人为了更好地生存和发展必不可少的教育。

思想教育的内容比较宽泛，个人修养教育是其重要组成部分，也是加强思想教育的一个重要抓手，具有很强的现实针对性。中国共产党历来高度重视党员干部的党性修养教育。"老三篇"——《纪念白求恩》《为人民服务》《愚公移山》在字里行间充满着澎湃激昂的精神力量，是进行思想教育，提高思想觉悟的光辉文献。毛泽东号召大家要学习白求恩毫无自私自利的精神，认为"一个人能力有大小，但只要有这点精神，就是一个高尚的人，一个纯粹的人，一个有道德的人，一个脱离了低级趣味的人，一个有益于人民的人"①。毛泽东鼓励大家要增强信心和勇气，"我们的同志在困难的时候，要看到成绩，要看到光明，要提高我们的勇气"。毛泽东指出团结友爱的重要性，"我们的干部要关心每一个战士，一切革命队伍的人都要互相关心，互相爱护，互相帮助"②。毛泽东强调大家要"下定决心，不怕牺牲，排除万难，去争取胜利"③。刘少奇在《论共产党员的修养》中，形成了比较完备的党性修养理论，实现了中国传统道德文化与马克思主义党性理论的完美结合，达到了传统美德与共产党人高尚道德的和谐统一，是加强思想教育的经典范本。

3. 道德教育——要塑造个人为人处世的高尚道德品质

道德教育是思想政治教育的基础，是依据一定的伦理思想和道德规范对受教育者施加的教育，目的是提高道德认识、形成道德观念、陶冶道德情操、培养道德情感、锤炼道德意志、确立道德信念、养成道德行为、提高道德素质。道德教育包括社会公德教育、职业道德教育、家庭美德教育、个人品德教育、社会主义荣辱观教育等。道德教育的目标是培养受教育者高尚的道德品质，提高道德践行能力，实现道德认知向道德行为的自觉转化。

自古以来，中国人都始终高度重视道德教育，强调"德才兼备、以德为先"，道德水平是衡量人的重要标准尺度。对受教育者个人而言，道德教育可以塑造受教育者高尚的道德品质，为受教育者为人处世奠定坚实的道德基础。在市场经济条件下，社会对人们的道德要求不是降低了，而是提高了。一个缺乏社会公德的人很难融入社会并获得社会的良好评价，一个缺乏职业道德的人很难干好工作在职场上站稳脚跟并获得事业成功，一个缺乏家庭美德的人很难维

---

① 毛泽东. 毛泽东选集：第2卷 [M]. 北京：人民出版社，1991：660.
② 毛泽东. 毛泽东选集：第3卷 [M]. 北京：人民出版社，1991：1005.
③ 毛泽东. 毛泽东选集：第3卷 [M]. 北京：人民出版社，1991：1101.

系良好的婚姻家庭关系并获得幸福美满的人生，一个缺乏个人品德的人很难成功地处理复杂的社会关系并获得他人的支持和帮助。

4. 法纪教育——要树立个人良好的行为规范

法纪教育是思想政治教育的保障和底线，包括社会主义民主教育、社会主义法制教育、遵守纪律教育等。德国著名法学家耶林在《法律的目的》一书中指出，法律是最低的道德，道德是最高的法律。法律约束人们的行为，道德约束人们的内心，法律和道德之间紧密联系，不可分割。纪律是指为了维护集体利益并保证工作进行而要求成员必须遵守的行为规范。纪律可以分为政治纪律、经济纪律、组织纪律、廉洁纪律、群众纪律、工作纪律、生活纪律等，其中政治纪律是最重要、最根本、最关键的纪律。

对受教育者个人而言，法纪教育可以使受教育者培养法治精神和法治思维，了解掌握法律和纪律的具体内容，正确行使法律赋予的权利，严格履行法律规定的义务，保证个人不触碰法律和纪律的行为底线，确保受教育者的个人自由。现代社会是法治社会，不懂法的"法盲"在社会上将寸步难行，受教育者要尊崇法治精神，学会用法律来维护自身的合法权益，自觉维护法律的尊严和权威。掌握最基本的法律知识和纪律规定是每一个公民安身立命的根本，是个人行为的规范，法纪教育是必不可少的底线教育。

5. 心理教育——要保证个人健康的心理素质

心理教育是思想政治教育的前提，包括心理现象基本知识教育、维护和增进心理健康教育、心理疾病的预防与咨询教育等。政治、思想、道德、法纪教育的有效实施，都有赖于教育者和受教育者健康的心理。青年要历练良好的心理素质，增强抗挫折能力，不论人生处于顺境还是逆境都要始终保持乐观积极向上的阳光心态。心理教育强调要注重人文关怀，加强心理疏导，提高心理素质，特别是要注重提高"情商"。习近平总书记指出青年"要历练宠辱不惊的心理素质，坚定百折不挠的进取意志，保持乐观向上的精神状态，变挫折为动力，用从挫折中吸取的教训启迪人生，使人生获得升华和超越"①。

现代社会快节奏、高强度、大压力的工作和生活，往往会引起人们的心理失衡、心理障碍和心理疾病，迫切需要加强心理健康教育。对受教育者个人而言，心理教育可以化解心理矛盾、缓解心理压力、提高心理素质。在竞争激烈的现代社会里，心理素质已经上升到与身体素质同等重要的地位，提高情商已经成为比提高智商更为迫切的现实需要。心理教育与每个人息息相关，在思想

---

① 习近平. 在同各界优秀青年代表座谈时的讲话 [N]. 人民日报，2013-05-05（1）.

政治教育中的地位也日益上升。

6. 人文教育——要拓展个人宽广的理论视野

人文教育主要包括文学、历史、哲学、艺术等人文知识的教育和人文精神的教育，可以引导受教育者形成崇高的思想品德、正确的价值观念和积极向上的人格精神。人文教育可以夯实人的文化底蕴，净化人的思想情感，升华人的精神境界，提高人的思想素质，培育人的精神家园，塑造人的高尚灵魂。吸收借鉴中华优秀传统文化和人类优秀思想文化成果等人文教育的内容，可以拓宽受教育者理论视野，增加知识储备，是加强和改进思想政治教育的一项重要举措。

一是要古为今用，从中华优秀传统文化中汲取智慧力量，获得发展的重要动力。中华优秀传统文化是中华民族的"根脉"和"灵魂"，是在五千多年的文明发展中孕育传承下来的，具有源远流长、兼收并蓄、博大精深、影响深远的鲜明特点，历来被国人尊崇和传承。中华优秀传统文化特别注重教育如何做人，如何正确处理个人与他人、个人与家庭、个人与集体、个人与国家的关系。思想政治教育要善于挖掘利用中华优秀传统文化中的道德、哲学、艺术、宗教等方面的各种教育资源，培养人的主体意识、团队精神、家国情怀、审美情趣，最大限度地提升人的精神品质、思想品位、做人品格，促进人的全面发展。例如，《大学》是我国古代思想政治教育的大纲，该书开篇即提出要达到"至善"，必须以"修身为本"；要实现齐家、治国、平天下，都要从自身的道德修养开始，要以修身养性作为根本。"富贵不能淫，贫贱不能移，威武不能屈"的浩然正气；"先天下之忧而忧，后天下之乐而乐"的高尚情操；"人生自古谁无死，留取丹心照汗青"的豪迈情怀；"粉身碎骨浑不怕，要流清白在人间"的铮铮铁骨；"苟利国家生死以，岂因祸福避趋之"的无私襟怀等，都是中华优秀传统文化的经典概括。中华五千年悠久历史和灿烂文化中蕴含着极其丰富的优秀传统道德教育内容，应当尽快充实到现代思想政治教育内容之中并赋予其崭新的时代精神。

二是要洋为今用，吸收全人类共同的精神文化成果。他山之石，可以攻玉。思想政治教育内容应当具有很强的开放性，适度增加一些深刻影响人类社会文明进步的重大思想文化成果，注重吸收其中的正确观点和有益成果。习近平总书记在中法建交50周年纪念大会上指出："读孟德斯鸠、伏尔泰、卢梭、狄德罗、圣西门、傅立叶、萨特等人的著作，让我加深了对思想进步对人类社会进步作用的认识。"① 这些经典著作中蕴含着非常丰富的思想政治教育内容，是全

---

① 习近平在中法建交50周年大会上的讲话 [N]．人民日报，2014-03-28.

人类共同的精神文化财富，完全可以洋为今用，值得思想政治教育吸收和借鉴。所以，在思想政治教育中融入人文教育，提高受教育者的人文素养，可以大幅度拓宽思想政治教育的内涵和外延，将会极大增强思想政治教育的吸引力和亲和力。

表6.1　上海某高校人文素养选修课

序号	授课题目
1	我国周边安全形势及对策研究
2	政治理论课授课艺术
3	重读曾国藩：历史方位与成功密码
4	《孙子兵法》穿越时空的魅力
5	唐代诗歌的现代意义
6	史记之道法自然——老子韩非列传
7	应对美军航行自由行动的舆论法理斗争
8	美军网络舆论操控的特点及启示
9	口才提升技巧
10	革命战争年代我党隐蔽战线斗争
11	积极心理学视角下的部队心理服务工作
12	一带一路：大国韬略中国智慧
13	政治干部如何结合工作搞好报道
14	民族、宗教视域下的西藏问题
15	网络评论的策划与写作

（三）优化方法结构——注重多种方法的针对性协调性创造性

一是要注重针对性。针对性就是要注重分析把握矛盾的特殊性，针对受教育者的实际情况，具体问题具体分析，采用不同教育方法解决不同思想问题，达到因材施教的目的。第一，根据思想政治教育的教育目标、教育任务和教育内容选择适合的方法。第二，针对教育对象的实际情况选择受教育者容易接受、效果较好的方法。第三，针对每个受教育者个别的思想问题采用与之相适应的方法。

二是要注重协调性。协调性就是同时选择多种教育方法时要适当搭配，紧密配合。强调方法的协调性是因为：第一，影响人们思想行为变化发展的因素是复杂多样的。第二，人们参与的社会生活是多方面的，接收的信息是多方面的。第三，社会各项工作和研究领域都出现了多样化和综合化的倾向。要注重多种教学方法协调配合，扬长避短，发挥出合力。例如，讨论式教学法和案例式教学法是运用较多的两种方法。讨论式教学法可以将受教育者从被动听课者转化为主动学习者，允许在讨论中各抒己见，进行观点碰撞和思想交锋，调动受教育者积极参与教学过程的热情。案例式教学法通过受教育者对典型案例的剖析探讨，找到产生问题的原因和解决问题的办法，可以逐步提高受教育者的逻辑思维能力和分析判断能力。

三是要注重创造性。创造性就是指教育者要以提高思想政治教育实效性为根本目的，根据思想政治教育发展状况不断创新教育方法。在教育实践中，要在这些基本方法的基础上积极探索创新灵活多样的思想政治教育方法，创造基本方法的多种实现形式。

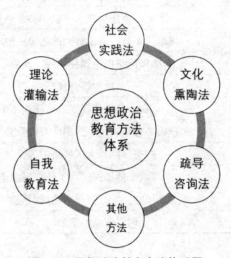

图6.3　思想政治教育方法体系图

根据当前思想政治教育形势和任务的现实需要，特别要注重运用以下四种教育方法。

1. 创新互联网+思想政治教育方法

当今在校大学生都是00后，他们是伴随着互联网成长起来的互联网"原住民"。网络对于敲打着键盘、滑动着鼠标、眼盯着屏幕长大的新一代青年具有天生的吸引力，网络以庞大的信息量、快捷性、互动性、虚拟性、娱乐性改变着人们的价值判断和选择。2022年8月31日，中国互联网络信息中心（CNNIC）发布第50次《中国互联网络发展状况统计报告》，截至2022年6月，我国网民达10.51亿，互联网普及率达到74.4%，是世界上互联网使用人口最多的国家。

现在绝大多数年轻人基本上不接触报纸、杂志、广播、电视等传统媒体，主要依赖智能手机上网来获取工作学习生活所需的信息，手机已经成为人们生活中须臾不可离的获取信息的主要工具，四分之三以上的大学生每日使用手机时长在 2 小时以上。

表 6.2 大学生手机上网每日时长统计表①

时长段	人数	比例
2 小时以内	2749	26%
2~5 小时	5924	56%
6~10 小时	1374	13%
10 小时以上	528	5%

网络思想政治教育是指利用互联网或局域网作为教育载体，传递教育信息的思想政治教育活动。当今信息时代，随着信息网络技术的迅猛发展，网络思想政治教育的地位和作用越来越重要，网络直接影响人们的思想观念和价值取向。谁掌握了网络，谁就掌握了思想政治教育的主导权和主动权，网络思想政治教育方法成为最应当下大气力进行探索和创新的教育方法。

网络思想政治教育使得教育者和受教育者的平等性、互动性更加明显，教育内容的丰富性、新颖性更为突出，有利于增强思想政治教育的吸引力和感染力。网络思想政治教育具有很多优点：一是网络上的海量信息为开展思想政治教育提供了极为丰富的教育资源。二是网络的实时性有助于迅速准确了解人们的思想状况和热点问题，增强思想政治教育时效性。三是网络参与的平等自由度较高，有利于人们放松思想顾虑，更容易表达真实的情感和思想。四是网络信息的多样性可以有效增强教育内容的生动性和趣味性。五是网络能够最大限度扩大思想政治教育受众的覆盖面。

开展网络思想政治教育必须跟上大数据、物联网、云计算、智能设备的发展步伐，充分利用互联网和各单位局域网，可以通过关注公众号、拉入朋友圈、开设论坛博客、网上答题、学习积分、在线问答等多种方式开展网络思想政治教育。思想政治教育部门要及时更新网站内容，让受教育者可以随时进入网站阅读和下载最新资讯，发挥网络的舆论宣传功能。

---

① 谢冰蕾，吴琳华．基于供给侧视角的大学生意识形态教育研究［J］．湖北师范学院学报，2018（4）：86-90.

当前，自媒体在网络思想政治教育中异军突起，发展日新月异。自媒体是指自主化的传播者以微博、微信等媒体为载体，以社会一般大众为对象，自由发布信息所进行的信息生产和传播的个人媒体的总称。自媒体可以充分利用碎片化时间，让受教育者非常便利快速地关注、浏览、发布、转发、评论、点赞、置顶、收藏各种思想政治教育信息，在此过程中受教育者可以深入思考，充分表达自己的观点见解，有利于转变观念，提高思想境界。例如，美国前总统特朗普特别善于利用 Twitter 等自媒体平台，及时发布各种信息与广大民众开展互动交流，收到了一定的宣传效果。教育者应当积极引导受教育者在网上各抒己见、充分交流、辩论讨论，通过发帖跟帖等多种方式，让受教育者逐步提高认识水平和思想觉悟。教育者可以建立微信群，把受教育者拉进朋友圈，及时推送文字、图片、语音、视频等思想政治教育信息，推荐关注优质公众号，利用点赞、评论、分享、转发、置顶等多种方式，完成思想政治教育信息立体、交叉、互动式传播，让正能量、主旋律不知不觉中进入受教育者头脑。现实生活中的生动案例、精美动画、精彩视频、经典语言、趣味故事，都可以运用于思想政治教育，使思想政治教育更加生动有趣，更加贴近生活。

2. 教育者要以身作则发挥好表率作用

思想政治教育要收到实效，一靠真理的力量，二靠人格的力量。思想政治教育过程中，教育者要以身作则，言行一致，率先垂范，为人师表，带头实践自己宣传提倡的东西，要求受教育者做到的自己首先做到，要求受教育者不做的自己坚决不做，做到身教与言教的统一，身教重于言教。教育者对受教育者通常发挥着榜样模范作用，教育者的教育工作在一定程度上就是通过自己的一言一行、一举一动让受教育者去体会和感知。教育者只有真正具备高尚的道德品质和人格魅力，把人格的力量和真理的力量紧密结合起来，才能对受教育者产生深刻的影响，取得良好的教育效果。儒家思想认为，一个人只有先正己才能正人，通过示范教化来感染民众、教化民众。中国共产党历来强调党员干部要在各项工作中发挥模范带头作用，号召党员要成为学习的模范、遵守纪律的模范、团结友爱的模范、勇敢战斗的模范。习近平总书记指出："做政治工作主要靠模范带头，政治干部的表率作用就是最好的政治工作，这就叫行胜于言！现在，形势发展变化了，做政治工作方法手段多了，但模范带头并没有过时。官兵不是看你怎么说，而是看你怎么做。"① "以身作则，就是带兵人各方面都

---

① 中央军委政治工作部. 习主席国防和军队建设重要论述读本 [M]. 北京：解放军出版社，2016：68-69.

要得过硬、带好头，特别是作风要正、形象要好。正所谓'其身正，不令而行；其身不正，虽令不从'。如果自身不过硬，一心只想着个人得失，甚至搞歪门邪道，怎么让官兵信服？"①

3. 推广微课、慕课、翻转课堂等方法

近些年来，微课、慕课、翻转课堂等教学方法在专业课、文化课教学中得到广泛运用，取得了良好的教学效果，值得在思想政治教育中大力推广。

一是开设思想政治教育微课。微课以 5~15 分钟教学视频为载体，讲授教学中的核心知识点，主题突出、指向明确、设计精致、独立完整，更加符合受教育者的认知特点和学习规律。受教育者可以非常方便地利用碎片化时间，通过电脑、手机等互联网终端进行学习，摆脱了时间和空间条件的限制，有利于提高学习效率。微课已经成为思想政治教育方法创新的一个大有可为的重要方向。

表 6.3　上海市高校部分思想政治教育微课②

序号	课程名称	课程来源	课时
1	从 G20 杭州峰会看中国担当世界愿景	复旦大学	14 分钟
2	提升世界话语权引领世界进程路	上海交通大学	15 分钟
3	伟大奇迹源于信仰的力量	上海交通大学	15 分钟
4	见证南海——南海问题的由来、本质和应对	华东师范大学	12 分钟
5	南海形势的现状及挑战	上海大学	13 分钟
6	中国在南海地区的文武之道	上海师范大学	17 分钟
7	什么是中国共产党人的"初心"？	上海财经大学	13 分钟
8	荒谬的南海"仲裁"案	东华大学	16 分钟
9	"不忘初心、继续前进"重要讲话精神解读	第二军医大学	15 分钟
10	南海问题的由来、实质及应对之策	上海中医药大学	17 分钟

二是开发思想政治教育慕课。慕课（MOOC）即大规模开放在线课程，是一个依托互联网，可以学习大量课程的教育平台。由于宽带网络、智能手机、移动通信技术的迅速普及，受众非常广泛，任何人都可以利用这个平台自主学习自己有需求和感兴趣的课程。2016 年武汉大学思想政治教育理论课四门慕课

① 中央军委政治工作部.习近平国防和军队建设重要论述选编（三）[M].北京：解放军出版社，2016：27.

② 温丽华.供给侧改革视域下高校网络思想政治教育阵地的建设 [J].高教论坛，2018（5）：14-22.

上线，开始了慕课教学转型，但目前在慕课上开设的思想政治教育课程还不多，吸引力和趣味性还有待提升。思想政治教育部门应高度重视慕课的价值和优势，以资源开放共享为基础，建立网络教学资源库、新媒体互动平台和在线学习平台，推动知识传播、信息交流、观点互动，让思想政治教育在慕课中占有一席之地。

三是重视思想政治教育翻转课堂。翻转课堂是指思政课课堂要转变为师生之间以及同学之间交流互动的平台，教育者对于受教育者在自学过程中遇到的疑点难点问题进行解答和探讨，从而达到对理论知识深度理解、掌握、运用的教育效果。这种教学方法特别值得借鉴，因为思想政治教育的教学内容一般并不难理解掌握，学生完全有能力自学，而宝贵的课堂教学时间可以用于个性化教学，面对面答疑解惑、讨论交流、研讨辩论、演讲报告等，缓解思想政治教育"内容多、课时少"的现实矛盾。

4. 大力开展丰富多彩的社会实践活动

实践和认识的辩证关系原理是思想政治教育实践育人原则的基本理论依据。列宁告诫我们："培养共产主义青年，绝不是向他们灌输关于道德的各种美丽动听的言辞和准则。……训练、培养和教育要是只限于学校以内，而与沸腾的实际生活脱离，那我们是不会信赖的。"① 毛泽东深刻指出："一个正确的认识，往往需要经过由物质到精神，由精神到物质，即由实践到认识，由认识到实践这样多次的反复，才能够完成。"② 只有经过实践才能深刻理解事物的特点和规律，从感性认识上升到理性认识，从而更加牢靠地抓住事物的本质。思想政治教育要引导人们形成正确的认识必须以社会实践为基本途径。开展社会实践教学，通过组织受教育者参加社会实践活动，丰富实践体验，提高思想道德素质。这种教育方法可以使受教育者在无形中接受教育，达到"春风化雨、润物无声"的理想境界。通过健康活泼的思想政治教育活动可以传播教育内容，潜移默化地改变受教育者的政治思想品德状况。

一是要大胆走出校门，亲密接触社会。要创造有利条件支持受教育者积极参加各种社会实践活动。受教育者积极参加社会实践活动有助于增加对社会的感性认识，打通书本世界和生活世界的界限，在认识社会、融入社会的过程中对书本上学习到的理论知识进行理解、吸收、消化，达到理论和实践相结合的

---

① 韦建桦主编，中共中央马克思恩格斯列宁斯大林著作编译局编. 列宁专题文集：论无产阶级政党［M］. 北京：人民出版社，2009：288-289.
② 毛泽东著，中共中央文献研究室编. 毛泽东文集：第 8 卷［M］. 北京：人民出版社，1999：321.

目的。社会实践活动丰富多彩,包括社团活动、各种纪念日的主题教育活动、革命遗址现地教学、参观爱国主义教育基地、文化科技卫生三下乡、社会调查、工厂实习锻炼、勤工俭学、志愿服务、社区宣传、拓展训练、义务劳动等。例如,参观习近平总书记当年在陕北插队生活工作学习的地方——梁家河,亲身体验切实感受"艰苦奋斗、自强不息、志存高远、扎根人民"的革命精神,激发受教育者艰苦奋斗和自强不息的精神。又如,到法院旁听法官审理案件,到戒毒所零距离接触吸贩毒人员,到监狱观看罪犯劳动改造,这种活生生的警示教育比课堂上的法治教育印象更深、触动更大、教育效果更好。

二是要开发红色旅游资源,增加体验式、沉浸式思想政治教育比重。近年来各地蓬勃兴起、广受欢迎的红色旅游也是典型的体验式、沉浸式思想政治教育社会实践活动。一些红色旅游景区增添了情景模拟、密室逃脱等项目,复原历史场景、服装、道具,突破时空限制,使受教育者沉浸在鲜活的历史场景之中,在体验中学习,在学习中体验,教育效果比较理想。红色旅游把红色旅游资源中承载的中华民族的历史传统和民俗文化、共产党人的光辉业绩和艰苦奋斗精神,潜移默化地融入旅游者的思想意识之中。红色旅游中蕴含的井冈山精神、长征精神、延安精神等革命精神本身就是思想政治教育的重要内容。红色旅游寓教于乐,形式生动活泼,内容丰富多彩,是新时代中国思想政治教育的一项新创举。

三是要探索中国特色群众性精神文明创建活动的多种实现形式。近年来,在社会主义核心价值观引领下,感动中国、寻找最美乡村教师、寻找最美劳动者、寻找最美医生等公众评选活动成为群众性的精神洗礼运动。那些在普通中国人身上体现出的高贵品质,离每个人的日常生活都很近,可亲、可敬、可爱、可信,更容易使人接受和学习,凝聚起了震撼心灵的强大精神力量,有利于全面提高国民素质和社会文明程度,为实现中华民族伟大复兴中国梦提供了丰润的道德滋养。

思想政治教育结构调整主要内容可以概括为表6.4。

表6.4　大学生思想政治教育结构调整主要内容表

存在问题	主要目的	对策措施
关系没有理顺	优化目标结构	找准社会性目标和个体性目标的契合点
出现失衡错位	优化内容结构	构建丰富多样协调配合的内容体系
转化不够顺畅	优化方法结构	注重多种方法的针对性协调性创造性

第四节 人工智能在推动大学生思想政治
教育结构调整中的运用

（一）利用人工智能算法精确感知教育需求推送教育内容

算法是人工智能的三大基石（算法、数据、计算能力）之一。算法（Algorithm）是指解题方案的准确而完整的描述，是一系列解决问题的清晰指令，算法代表着用系统的方法描述解决问题的策略机制。算法是如何解决一类问题的明确规范，可以执行计算、数据处理、自动推理和其他任务。人工智能算法受到人类思维规律的启迪，根据其原理模拟求解问题的算法。同一问题可用不同算法解决，而一个算法的质量优劣将影响到算法乃至程序的效率高低。算法分析的目的在于选择合适算法和改进算法。算法在计算机方面已有广泛的发展及应用，如用随机森林算法来进行头部姿势的估计，用遗传算法来解决弹药装载问题，使用信息加密算法进行网络传输，使用并行算法进行数据挖掘，使用协同过滤算法进行个性化推荐等。随着人工智能算法的不断优化，不仅可以帮助我们提高工作效率、提高生活水平，同时也能帮助我们在庞大的信息数据中迅速地找到有价值的信息。

近年来，人工智能算法开始在教育工作中得到广泛的运用。在思想政治教育大数据的基础上，通过一定规则的推算，有助于精确感知思想政治教育需求。例如，通过对《习近平谈治国理政》四卷的文本分析，可以找到频繁出现的特征词，如人民至上、新发展理念、人类命运共同体等，这样有利于把握习近平新时代中国特色社会主义思想的精髓要义，进一步突出学习宣传贯彻习近平新时代中国特色社会主义思想的重点，更加精准地掌握思想政治教育社会需求。又如，大学图书馆可以对某专业大学生借阅书籍的情况进行算法推算，预测大学生普遍关注的社会热点问题，从而更有针对性地进行答疑解惑，更加精准地掌握思想政治教育个人需求。

（二）利用智能测评系统评估教育效果及时调整教育内容

近年来，各高校已经开始利用人工智能、大数据等现代信息技术，探索开展学生学习情况的智能化测评。据2021年12月16日光明网报道，天津师范大学研究团队自主研发了6套数学学习品质智能测评系统，分为智能批量测评和个体自主测评两大类。具体包括小学生、初中生、高中生数学学习品质批量测评——元认知、非智力、学习策略共3套，小学生、初中生、高中生数学学习品质智能个体自主测评软件（包括元认知、非智力、学习策略、数学素养4个板块）共3套。智能批量测评能够规模化、批量化地对区域、学校、学生个体进行智能诊断，自动高效输出诊断报告，并基于诊断出的问题，自动输出有针对性的改进措施，及时为区域、学校以及每名学生提供高效率、全面化、个性化的智能诊断服务。同时也为实现中小学生数学学习品质的智能施策，综合发挥了测评的导向、诊断、改进和调控的作用。当前，该智能测评系统，已在京、津、鲁、豫、渝、浙、辽等地140余所学校开展了智能诊断施策，收到了数学学习减负提质的初步成效。这表明借助AI技术的智能测评能够实现智能问诊开方，为大学生思想政治教育智能测评提供了重要启示和借鉴。

利用智能测评系统对大学生思想政治教育状况进行学业质量评价的目的不仅仅是为了关注学生的思政课学习成绩，更重要的是要发现学生在学习过程中的问题、培养和发展学生多方面的潜能，了解学生成长过程中对于思想政治教育的潜在需求，帮助学生认识自我，建立自信。此外，通过智能测评系统对学校思政课教学情况、学生学业质量进行客观分析、评估与反馈，有助于及时调整课程内容、改进教学管理，形成"教学—评估—改进—教学"的闭环机制和良性循环。

（三）利用资源搜索引擎为受教育者精准匹配教育内容

搜索引擎是指根据一定的策略、运用特定的计算机程序从互联网上采集信息，在对信息进行组织和处理后，为用户提供检索服务，将检索的相关信息展示给用户的系统。搜索引擎是基于互联网的一门检索技术，有利于提高人们获取搜集信息的速度，为人们提供更多更好的信息。搜索引擎发展到今天，基础架构和算法在技术上都已经比较成熟。最著名的搜索引擎包括Google等，国内百度的中文搜索引擎也取得了很好的成绩。但是，搜索引擎检索的质量仍然需要提高，主要是因为搜索引擎检索的结果通常是大量的无用结果，真正有用的结果却被淹没在其中不容易发现，用户必须花费大量时间和精力去挑选鉴别。因此，搜索引擎的"精准度"，即对用户的"有用性"还需要进一步提高，实现从模糊搜索向精准搜索的技术改进。

利用资源搜索引擎为受教育者精准匹配思想政治教育内容的难点问题是建立和完善个性化搜索，避免冗余信息和无效信息。建立精准搜索的设想是根据用户的网络行为，建立一套完整准确的个人兴趣模型。建立模型的前提是全面收集与该用户相关的信息，包括用户搜索历史、点击记录、浏览过的网页、收藏夹信息、用户发布过的微信、博客、微博等内容。比较可行的方法是从这些信息中提取出关键词或特征词，在此基础上为不同用户提供个性化的搜索结果，推送用户需要的文字、图片、视频等信息资源。利用精准搜索引擎可以为思想政治教育受教育者提供个性化教育内容，使受教育者对某个问题或知识点进行全方位的了解掌握，不仅可以提高学习效率，还可以增强受教育者的自主学习能力。

第七章

大学生思想政治教育成本^①

目前，学界对于思想政治教育成本的研究相对比较薄弱，还不够成熟完善。我们在吸收和借鉴众多学者、专家研究成果和方法的基础之上，依据马克思主义政治经济学和西方经济学的基本理论，运用从一般到特殊的研究方法，从经济学成本的一般概念出发，借鉴教育学、心理学、会计学等相关学科和领域的理论，对思想政治教育成本的概念进行界定，并构建思想政治教育成本分析框架，力求为有效配置思想政治教育资源、最大限度降低思想政治教育成本、提高思想政治教育绩效进行有益的探索。本章实际上是第五章中降低思想政治教育供给成本问题的深入详尽展开，核心问题是如何降低思想政治教育成本，提高思想政治教育的实效性。

第一节　思想政治教育成本的一般考察

（一）基本概念界定

1. 成本

成本是一个价值范畴，是商品经济发展到一定阶段的产物。马克思在《资本论》第三卷第一章中指出："商品 W 的价值，用公式来表示是 $W=c+v+m$。如果我们从这个产品价值中减去剩余价值 m，那么，在商品中剩下的，只是一个在生产要素上耗费的资本价值 $c+v$ 的等价物或补偿价值。"^② "这就是商品的成本价格。"^③ 马克思通过对成本的考察，既看到耗费，又重视补偿，形成了他的成本理论。按照马克思的成本理论，商品产品的成本是指商品生产中耗费的物

---

① 本文分别发表在《政工导刊》2009 年第 1 期，《西安政治学院学报》2009 年第 1 期，作者王军旗、李海燕。

② 马克思．资本论：第 3 卷［M］．北京：人民出版社，1975：30.

③ 马克思．资本论：第 3 卷［M］．北京：人民出版社，1975：31.

化劳动和活劳动的货币表现。它由物化劳动和活劳动中的必要劳动的价值组成，也就是 W=c+v+m 中的 c+v。"成本"一词在《现代汉语词典》中解释为"生产某一产品所耗费的全部费用。"在经济学领域中，成本亦称"生产成本"，"泛指为获取某种经济利益而付出的一切代价。"① "也指企业支付给生产要素的报酬，即生产一定数量产品所耗费的支出。"② 它一般包括劳动力、资本、自然资源、管理技能、固定要素投入和可变要素投入等。从经济学的意义上看，成本的内涵主要指成本的经济内容。不同的社会制度，不同的行业特点，对成本的内涵有不同的理解。但是，成本的经济内容有两点是共同的：第一，成本是一种耗费或支出；第二，成本的这种耗费或支出是相对于"主体"而言的，即它是属于谁的耗费或支出的。美国会计学会在 1951 年提出的《成本概念与标准委员会报告》中指出："成本是为了实现一定目的而付出的（或可能付出的）用货币测定的价值牺牲。"③《日本成本计算标准》中把成本定义为："成本的实质是经营者为获得一定的经营成果而消耗的物质资料和劳务的价值。它具有以下特点：（1）成本是消耗的价值；（2）是经营过程中转移到一定产品（经营成果）上的价值；（3）是与经营目的相联系的；（4）是指在正常经营状态下形成的成本。"④

随着社会经济的发展，成本已不再只是一种生产某种产品所耗费的能计量的各种费用。它有狭义和广义之分，一般的财务会计中所指的成本是狭义的。狭义的成本通常是与收益相对的。广义的成本是指某一实体（包括法人和自然人）从事特定活动所付出的各种"代价"的总和。这些"代价"，不仅包括可以计量的，如 100 元人民币、60 张桌椅等，还包括不可计量的，如精神损耗、人力资本、环境效果等。

2. 教育成本

教育成本，是指教育单位在一定数量和质量的教育产品中所耗用的教育资源量，通常以货币形式计量并以年为时间计算单位，因此它也是指教育单位在一定数量和质量的教育产品中一年所耗用的教育资金量。⑤ 在形成教育产品的活动中，教育单位的教育成本主要由以下三部分构成：

一是"固定教育成本"。它是指固定教育资产的成本以及与之相关的人员开

① 李杨.西方经济学［M］.成都：四川大学出版社，2002：108.
② 武康平.高级微观经济学［M］.北京：清华大学出版社，2001：169.
③ 王又庄.现代成本管理［M］.上海：立信会计出版社，1996：8.
④ 周朝琦，郝和国，阎万杰.成本控制［M］.成都：西南财经大学出版社，1999：2.
⑤ 王善迈.教育投入与产出研究［M］.石家庄：河北教育出版社，1996：168.

支。它至少包括教育单位土地价格的年均利率，教育设施、教学仪器设备、图书资料等耐用教育资源的年度折旧值和维修费用，以及与之相关的必要数量的守卫、维修管理人员的费用。在日常教育活动中，人们往往容易忽略教育单位从事教育的土地成本。实际上，教育单位的土地资源是社会土地资源的一部分，在市场经济条件下受到土地市场价格的影响。由于教育的特殊性，所使用的办公室、会议室、报告厅、放映室等，多数建于当地的优质土地之上，尽管它在政府的调控下不完全反映土地市场价格和机会成本，但客观上具有较高的土地成本。教育单位用地虽然不存在折旧率，但如果换算成货币投入，至少应有土地价格的年均利率。

二是"可变教育成本"。它主要包括教育单位人员的年度费用如工资、奖金、住房补贴、社会保障金、培训和进修费用等，以及易耗教育资源（如实验用品）和用于日常开支（如水、电、气、通信、卫生、实习等）的年度费用。在我国，教育单位人员的年度费用是可变教育成本的主要组成部分。在社会主义市场经济条件下，教育者的劳动作为以精神生产劳动为特征的复杂劳动，其劳动力价格正逐步由偏低回归到适度。

教育成本是用于培养学生所消耗教育资源的价值，或者说是以货币形态表现的、培养学生由社会和受教育者个人或家庭直接或间接支付的全部费用。教育成本可按不同标准进行分类①：按成本负担主体，可分为社会成本和个人（亦称私人）成本；按成本发生，可分为直接成本和间接成本；按成本表现形态，可分为货币成本和非货币成本；按成本内涵，可分为综合成本和单项成本；按成本形态，可分为固定成本和可变成本；按成本计量，可分为社会平均成本和个别成本；按成本发生时间，可分为学年成本和学制期成本。

3. 思想政治教育成本

在上述分析之基础上，可以为思想政治教育成本下一个定义。所谓思想政治教育成本，是指社会或社会群体用一定的思想观念、政治观念、道德规范，对其成员施加有目的、有计划、有组织的影响，使他们形成符合一定社会所要求的思想品德的社会实践活动所投入的全部"耗费"的总和。② 简言之，就是教育单位为实现一定的思想政治教育目的，教育主体运用多种手段作用于教育客体投入的全部"耗费"之和。有必要指出，精神领域内的投入与产出，不能完全等同于物质生产领域。在物质生产领域，投入表现为劳动占用和劳动耗费，

---

① 　王善迈. 教育投入与产出研究［M］. 石家庄：河北教育出版社，1996：169.
② 　此概念是笔者在借鉴张耀灿教授所界定的思想政治教育概念的基础上所给出的。

而产出则表现为劳动成果即产品，具有确定性和可度量性。劳动占用和劳动越少，劳动成果越多，则经济效益越高。非物质生产领域或精神生产领域的投入与产出，和思想产品、精神收益直接相关，它是教育者与受教育者、教育中介与环境之间相互作用的结果，具有不确定性，难以度量，产出还表现为内隐性、间接性和滞后性等，不能完全用物质生产部门的标准来衡量。

（二）思想政治教育成本研究的前提

1. 假定一：思想政治教育资源是稀缺的

在经济学领域，几乎所有的经济学流派及其经济理论都将资源稀缺作为最基本的假定。① 这是源于这样一个基本现实：在特定时期内，无论人们怎样努力，资源也无法取之不尽、用之不竭。正如一个家庭不能给予每个成员想要的每件东西一样，一个社会也不能给予每个人以他们向往的最高水平的生活。这不仅是人类社会的一个永恒话题，而且是人们在经济生活中所必须接受的事实。资源具有稀缺性，精神资源作为资源的一种同样具有稀缺性。恩格斯指出："劳动包括资本，此外还包括经济学家们想也想不到的第三要素，我所指的是简单劳动这一肉体要素以外的发明和思想这一精神要素。"② 据此，思想或思想资源成为生产要素之一，就必然有一个投入与产出的比较问题，其中成本核算显得尤为重要。思想政治教育作为一种精神性影响活动，其中蕴含着劳动及劳动价值，也必然有一个成本控制问题。我们完全可以将思想政治教育投入看作一种投资，教育活动的主体是人——教育者，同大多数经济活动不同的是，教育活动的客体或对象也是人——受教育者，而不是待加工的物质资料，教育的目标同经济活动不同，不是通过生产和经营产品与劳务获取利润，而是培养社会所需要的人，而且这种投资的产出具有滞后性。在这里，我们可以做一个假设，即把思想政治教育作为一个"特殊的生产过程"，它有自己的"市场"，有供给，也有需求，它投入的除了物质性"生产要素"外，还包括精神等非物质性要素，并且这种非物质性要素不仅投入多而且对产出具有重要的决定作用。它产出的是特殊的产品，这种产品与人的精神活动有关，如思想稳定、觉悟提高、积极进取、心理健康等。因此，在思想政治教育投入产出的过程中，教育资源也是稀缺的。一方面，社会经济资源是稀缺的，能用于教育的资源必然是有限的。另一方面，参与思想政治教育过程的各要素是有限的。比如，在一定的教

---

① 刘世锦. 经济体制效率分析导论［M］. 上海：上海三联书店，1993：41.

② 中共中央马克思恩格斯列宁斯大林著作编译局. 马克思恩格斯全集：第 1 卷［M］. 北京：人民出版社，2001：607.

育时间内投入的教育资源是有限的，为同一客体投入的量也是有限的，包括时间、精力、教育内容等。尤其值得关注的是：一方面教育资源是稀缺的，另一方面教育需求则是无限的，以有限的教育资源满足受教育者无限的教育需求，就必须有效地使用教育资源，尽可能减少教育资源消耗，降低教育成本。在教育投入来源和负担主体多元化的条件下，合理有效地使用教育资源，也是各教育投资主体利益的要求。正因为如此，研究思想政治教育的成本问题显得十分必要。

2. 假定二：教育双方都是有限理性的经济人

经济人假定也是现代经济学的一个基本假定，它是以资源稀缺为依据的。其含义尽管有多种理解，但主流观念认为应包括三个方面的内容①：第一，经济人行为的根本动机应是追求自身利益的。马克思深刻地指出：人们所奋斗的一切都与他们的利益有关。思想政治教育也必须以关心人的物质利益与满足其正当的物质需求为前提。第二，经济人应该是理性的，能够根据市场情况、自身处境做出判断，并使其经济行为与自身的知识、阅历相符，从而尽可能使自身利益最大化。第三，在有良好的法律、制度保证的前提下，经济人在追求个人利益最大化的自由行动中会无意识地、卓有成效地增进社会公共利益。在我们肯定并承认思想政治教育资源也存在稀缺性的情况下，参加思想政治教育的教育者和受教育者在进行教育的全过程中是有各自利益追求和取向的，并且在现实生活中，或多或少都受到多种因素的影响，既不可能掌握一切，也不可能先知先觉，其行为不可避免地存在不确定性和倾向性。因此，在研究思想政治教育的主客体过程中将他们看作有限理性经济人。可以推断，思想政治教育者和受教育者都是以追求自身价值为行为动机的；思想政治教育者与受教育者都是有限理性的，不可能达到完全理性的状态；教育者和受教育者在特定条件下，追求自身价值最大化也会自觉不自觉地增进整体利益的提升。

3. 假定三：思想政治教育的外部环境是复杂和不确定的

思想政治教育环境②可以从广义和狭义两个方面加以界定。广义的思想政治教育环境是指影响思想政治教育活动的一切环境因素的总和，既包括影响思想政治教育活动的外部环境因素，也包括影响思想政治教育活动的内部环境因素。狭义的思想政治教育环境是指思想政治教育主体间在思想政治教育活动过程中

---

① 方正起. 战争成本效益概论［M］. 北京：中国经济出版社，2004：91.

② 杨业华. 关于思想政治教育环境界定的考察分析［J］. 思想政治教育，2006（10）：10-13.

依据一定的教育目的，有计划地选择、加工和创造的对思想政治教育活动产生影响的环境因素。人们处于社会这个大环境之中，其思想必然受到外界因素的影响，环境的变化必然引起人们思想的变化。生生不息的社会环境，始终是开展思想政治教育必须认真考虑的社会因素，审慎地对待思想政治教育环境的复杂性和不确定性，不仅事关教育成果的好坏和教育目的能否实现，还直接影响思想政治教育的各种投入和耗费。环境变化越快，人们思想起伏频率和幅度越大，开展思想政治教育的难度就越大，投入的时间、资源等成本就越大。因此，研究思想政治教育成本，不能不对环境的复杂性和不确定性做出基本假定。

4. 假定四：教育双方存在着信息不完全与信息不对称

所谓不完全信息，是指经济活动的当事人不能全面、准确地掌握相关信息，如其他当事人的特征、发展空间、支付函数等。与之相对应，还有一个重要概念就是完全信息①。信息不对称是指经济活动参与人之间，一方所拥有的信息不被其他参与人拥有，从而占有某方面的信息优势。信息不完全强调的是对某一事物的信息了解状况，信息不对称是强调信息在经济活动参与人之间的分布情况，每个参与人并不知道其他参与人对同一事物了解什么、了解多少。在现实经济生活中，参与人之间的信息不可能是对称的②。在思想政治教育过程中，我们要求教育者要尽可能多地掌握受教育者的相关信息，以便有针对性地开展教育。但在现实中，一方面，教育者不可能全面、准确地掌握所有相关信息。我们把这种情况称之为不完全信息。另一方面，由于教育者与受教育者所拥有的知识结构、生活经历、家庭背景、爱好兴趣等不同，所以教育者与受教育者在占有某方面的信息时具有差异性，我们称其为信息不对称。因此，思想政治教育者和受教育者之间存在着信息不完全与信息不对称的情况。

（三）思想政治教育成本管理的特点

从一般意义上讲，管理"就是在特定环境下，对组织或自然人所拥有的资源进行有效的计划、组织、领导、控制和创新等一系列活动，以便达到既定目标的过程"③。思想政治教育要走出一条投入少、效益好的路子，也离不开管理。其中，成本管理是思想政治教育管理的一个基本内容。成本管理是指在某一活动过程中，围绕所有费用发生和成本形成所进行的一系列管理工作，它包括成本计划、成本控制、成本核算、成本分析④。推而言之，思想政治教育成本

---

① 张维迎. 博弈论与信息经济学［M］. 上海：上海三联书店，上海人民出版社，1996：13.
② 张维迎. 博弈论与信息经济学［M］. 上海：上海三联书店，上海人民出版社，1996：2.
③ 刘兴倍. 管理学原理［M］. 北京：清华大学出版社，2004：4.
④ 贾湛. 行政管理学大辞典［Z］. 北京：中国社会科学出版社，1999：244.

管理就是思想政治教育主体运用多种手段作用于思想政治教育客体而对投入的全部"费用"进行的管理工作，主要是由相关职能部门对思想政治教育过程中成本运行情况进行管理，促使思想政治教育以最小的投入达到最大的产出。与其他成本管理相比较，思想政治教育成本管理的基本特征主要有以下几点：

1. 模糊性

思想政治教育成本的补偿，不像物质生产领域投入的成本补偿那样精确，而是带有很大的弹性。在物质产品的生产过程中，生产中耗费的劳动对象和劳动资料的价值转移到产品中去，工人的劳动创造出新的价值，通过产品销售取得销售收入，补偿产品成本后，剩余部分则成为企业的纯收入。因此，在一般情况下，物质产品的生产耗费可以在生产过程中直接得到全额补偿。而思想政治教育领域里的产品——"思想"，尚不能直接用市场价格来计量其价值大小，并且"思想"产品的价值在教育过程结束后无法完全显现出来，具有一定的滞后性。在现实生活中，思想政治教育领域耗费所形成的成本，在教育过程中很难用数学指标精确地加以衡量，也不能全额补偿。这是因为，一方面教育中所投入的不是待加工的物质性资料，而是精神性的资料；另一方面思想政治教育者所投入的劳动不能简单地以劳动时间、市场价格为尺度来衡量。因此，要精确计算出思想政治教育的成本在实际操作上是困难的，但这并不妨碍我们对思想政治教育实际投入量的估算和管理，反而恰恰说明思想政治教育的成本管理是客观存在的。

2. 间接性

思想政治教育成本管理中更多地表现为间接成本管理。在产品成本管理中，直接人工费、直接材料费等管理均为直接成本管理。在单一产品生产的车间里，所有费用均可作为直接费用计入相应的产品成本中去。然而，思想政治教育活动的协作性强，"社会化"程度高，需要个人、家庭、社会等各方密切合作才能完成教育培养任务。从思想政治教育的投入情况看，思想政治教育的投入总体上可以区分为物质类投入和精神类投入两种。人力投入、物力投入、财力投入等可归于物质类投入，也可称为直接成本。知识投入、情感投入和政治荣誉投入等可归于精神类投入，也可称为间接成本。从思想政治教育过程来看，上至中央、国家各部委，下到基层单位，都对思想政治教育投入了一定的人员、设施、器材，这些投入从宏观层面上讲，国家制定了规划，给予了人才支持和物力财力的调拨，其数额是相对固定的，且具有重复性的特点。而其他的大量投入是通过日常的细微的工作来实施，并不引人注目。比如，思想政治教育的具体实施者和组织者投入了大量时间、信息、情感、精力等间接无形投入。这些就决定了思想政治教育成本管理中直接成本管理少、间接成本管理多。

3. 收益性

投入的思想政治教育成本管理运用得当，会得到较高回报。在企业的商品生产中，任何投资都带有一定的风险性。要考虑利润回报、市场价格、供求关系等因素，不是所有的投入都能获得效益，有的甚至可能是负效益。同样，思想政治教育的成本管理，在假定固定成本管理一定的情况下，可变成本管理如果使教育产生的收益为负效益，则证明教育不仅没有达到预期的目标，反而起到了相反的作用。如果教育收益为零，则教育没有达到预期目标，一切成本的管理等于白费。如果教育收益为正效益，则教育是成功的，教育成本管理产生了回报。结合思想政治教育的特点，教育成本管理具有低风险、高回报的特点。因为，思想政治教育是通过各种政治教育活动提高人们的认知能力、道德素养等，强调用正确的先进的思想占领人们的头脑，主要的方法和手段是通过对教育内容的灌输提高广大人民群众的政治觉悟。这种投入理论上只会产生两种结果：达到了预期教育的目标和效果或者未达到预期目标和效果，因此，产生相反作用的概率很小。事实上，在教育收益为正的情况下，产生的收益不仅实现了预期教育的显性收益，而且还有可能产生更大的潜在隐性收益。

4. 边际性

思想政治教育也存在着边际成本，也适用边际收益递减规律。经济学中的边际成本是指厂商在短期内增加一单位产量时所增加的总成本。[①] 边际收益递减是指如果其他投入量不变，当产量达到某点时再追加等量投入所带来的产量或收益出现递减，这个规律叫作边际产量递减律[②]。思想政治教育中也存在边际效用现象。比如，在基层支部中一般要组织本支部党员开展党的性质、宗旨和优良传统教育。第一年入党的新党员觉得非常新鲜，对我党的性质、宗旨有了一定的了解，从我党的优良传统中体味到了党的伟大和光荣，同时也会觉得自己能在这样一个优秀的集体中工作、学习和生活非常自豪，教育产生了预期的效果。随着时间的流逝，这种新鲜感开始逐年递减，第二年如果开展同样的教育，党员就已经没有第一年的新鲜感了，并且热情也随之递减，教育的满足感也开始下降；如果在第三年、第四年还是采用同样的教育方法，那么他们可能早就不耐烦了，甚至会觉得这种教育已经过时了。实际上这是边际效用递减在思想政治教育中的反映。

---

① 高鸿业. 西方经济学［M］. 北京：中国人民大学出版社，2005：162.
② 陈东琪，李茂生. 社会主义市场经济学［M］. 长沙：湖南人民出版社，2002：195.

第二节　现实中思想政治教育成本存在的问题及影响因素

分析研究思想政治教育成本在现实中存在的问题并进行影响因素剖析，有利于为对策措施分析奠定现实依据。

（一）现实中思想政治教育成本存在的问题

从我国目前思想政治教育成本的角度来看，主要存在着以下问题：

1. 成本意识淡漠

在人才引进方面，忽视人力成本。比如，近年来，各大高校以实施人才战略工程为契机，不惜重金引进人才，但同时也存在着不计成本、盲目投资等问题。在物力结构方面，大量应用高新科技设备和电子产品，大大增加了固定资产的投入，也造成部分高投入低产出、有投入无产出甚至还出现负产出的现象。在组织教育方面，缺乏成本意识，也在一定程度上导致形式主义泛滥成灾。主要表现在：把"照抄典型搞教育"当作"改革创新搞教育"；把"完成教育过程"当作"提高教育效果"；把"打扰基层搞教育"当作"引导基层搞教育"。

2. 投入产出比例失调

以最小的成本获取最大的收益，是一切投资所遵循的基本法则。但是，从思想政治教育的实际情况看，在人力、物力和财力上，每年用于教育的投入不断加大，而教育的质量和效益没有相对提高，投入产出不成比例的问题相对比较突出。尽管做了很多工作，但效果并不十分理想，主要表现在：一是教育者倾向于完成自身所担负的教育任务，忽略了受教育者实际学习过程中可能存在的障碍；二是教育者的无效供给不仅不能达到教育的预期效果，还有可能使被教育者产生厌恶感，甚至为下一步教育带来更大的难度；三是教育者没有根据受教育者的变化和发展适时调整教育内容和形式，从而使供求过程始终处于失衡状态。

3. 隐性成本控制不力

在思想政治教育过程中，不仅投入了大量的人力、物力、财力等显性成本，而且还投入了大量隐性成本，包括时间成本、培养成本、制度成本、摩擦成本等。在所涉及的这些成本中，显性成本大都是已经发生、实实在在存在的成本，根据发生的多少或所占比例的大小，比较容易分析和控制，但隐性成本则是游离于会计成本之外，蕴藏在思想政治教育过程中正在发生或滞后发生的成本，并对思想政治教育的绩效影响较大的成本。从思想政治教育的实际情况看，隐性成本有不断加大的趋势。隐性成本的持续增长，不仅对教育效果造成障碍，而且加大了思想政治教育的总成本。

4. 成本约束机制不完善

从思想政治教育的实际情况看，虽然每年用于思想政治教育的投入不断加大，但由于成本约束机制不健全，各单位进行思想政治教育的过程中往往还存在忽视合理使用教育资源的问题，造成思想政治教育资源利用率不高，浪费现象也比较严重。主要表现在以下三个方面：一是预算控制不力，使前期投入教育中的成本沉没，加大了教育总成本；二是监督渠道不畅，容易产生权力滥用、权钱交易、暗箱操作等问题；三是评价体制不完善，对投入的标准、投入的好坏、投入的效果都没有严格的量化考核，势必造成盲目投入、重复投入等问题。

5. 思想政治教育边界模糊

在实际工作中，思想政治教育和很多其他工作渗透、交织、掺杂在一起，如果不加以区分，往往就会加大思想政治教育的成本。例如，大学生心理疾病的诊治，轻者可以借助思想政治教育者进行心理疏导和启发去解决，而重度的心理疾病问题则需要依赖于心理医生运用心理学与医学的知识去诊断与治疗。如果把心理问题当作思想认识问题去解决，把原本属于心理领域的问题纳入思想政治领域范围，势必增大思想政治教育的总成本，降低思想政治教育效益。

（二）影响思想政治教育成本的因素

1. 教育规模

教育作为一种知识产业，其运行必然要使用多种教育资源，这些资源各具特色，只有适度的规模才能发挥最大效用。规模太小很难有高的效益，但有规模也不一定有效益。著名的"马克西-西尔伯斯通曲线"认为：如果投入以一定的比例增加，而产出增加的比例远比投入增加的比例为大，就会产生规模收益递增现象，这就是规模经济。如果规模扩大至相当程度后，由于组织内部沟通与协调的困难，致使产出增加的比例低于投入增加的比例，则会产生规模收益递减现象，称为规模不经济①。经济学原理告诉我们，规模不是越大越好，规模与效益之间存在着一定的约束条件，离开这些条件，扩大规模不仅不能形成效益，而且有可能降低效益。

思想政治教育的教育规模是思想政治教育投入的各种资源在特定时空中的一种体现。它通常有两种表现形式：一是范围大小，二是资源投入的多少。从规模效益的相关性来看，过小的规模必然影响教育投入获得最佳教育效果的实

---

① 陈敬良. 高等教育成本管理论［M］. 上海：上海科技教育出版社，2001：71.

现。在教育目的既定的情况下，在一定范围内，教育规模越大，教育成本相对越低，教育效益越高；反之，教育规模越小，教育成本相对就越高，教育效益越低。在教育过程中，对于教育的收益进行货币化的计量很困难，但我们可以比较几项教育措施的相对成本和效益。比如，我们可以做个比较：在部队的同一个营里的一连和二连，一连进行思想政治教育的投入为 A，二连进行思想政治教育的投入为 B，如果将两个连合并起来搞教育的投入为 C，按照节省资本和劳动投入的规模管理来看，必然有 A+B<C，即降低了投入。再从规模效益的角度来看，在一个合并后的新集体中，教育效果是呈上升趋势的。举一个简单的例子，一连的优秀士兵是 5 人，二连的优秀士兵是 6 人，合起来后的优秀士兵应该是 11 人，所占总人数的比率没有变，但是产生的效果有些改变。首先是心理效果，如榜样的带动作用和两个连之间的对比激励作用。其次是现实效果，思想是行为的先导，当心理效果产生积极的作用时，必然提高行为质量，从而达到提高教育效果的目的，即 1+1>2。这并不是说教育规模越大越好，当规模大到机构臃肿、管理不灵、决策过程过长、适应教育的能力变小的情况下，单位投入的平均效率就会下降，产生 1+1<2 的效果。教育资源利用效率的提高有一定的限度，当教育机构规模增大和教育管理改进到一定程度时，又会导致成本的上升。教育机构规模的扩大，教育管理手段方法的改进，教育管理水平的提高，最终导致教育资源利用效率的提高，平均教育成本的下降，单位教育成本随教育资源利用效率的提高而降低，单位教育产出则随教育资源利用效率的提高而增加。

2. 教育资源

教育资源是指教育过程中投入的人力、物力、财力等资源。教育资源具有稀缺性，对于整个思想政治教育成本的影响很大。因此，努力提高教育资源利用效率，使教育资源得到最充分、最有效的使用，就可以有效地降低教育成本。（1）人力对成本的影响。首先，选择教育者、决策者所产生的成本。应该选择身体素质（包括生理和心理素质），政治素质，思想素质，道德素质，知识素养，能力素质高的人才来承担思想政治教育工作。选择人才好、准、快，所需成本就低，效益就高。反之，成本高效益低。其次，对教育者、决策者的培养成本。人才培养是随着社会发展而不断更新和加强的，应该不间断地、适时地进行人才培养，以满足思想政治教育的要求。环境越复杂，面临的教育难度越大，对教育者和决策者提出的要求越高，所需花费的成本也就越大。（2）物力对成本的影响。教育所需的物力投入与教育总成本呈正比，因为物力特别是不变成本在一段时期内是不发生改变的，是教育过程中实实在在的投入，直接关系教育总成本的高低。物力投入中包括的内容很多，主要指教育设施、教育器材等。不同的教育设施器材所产生的教育效果差异很大。可以分为四种情况：第一种情况是物力投入大，成本高，但绩效也大，物有所值，投入与产出成正比例增加；第二种情况是物力投入大，成本高，但绩效低，物未尽其用，投入与产出成反比例，此种投入必然造成浪费；第三种情况是物力投入小，成本低，但绩效也小，这种投入意义不大；第四种情况是物力投入小，成本低，但绩效有所提高，这种投入被认为是最有效投入。应该说明的是在思想政治教育这个以做人的工作为主体的过程中，物力投入在一定程度上对于增强思想政治教育方法手段上会起到推动作用，但对提高思想政治教育的教育绩效的贡献是有限的。因此，对于教育的物力投入应该合理规划、科学引导，避免盲目投入、重复建设。（3）财力对成本的影响。财力投入越大，成本越大，反之就越小；这里面有一个财务管理和控制的问题。如果财务管理不当、失控，不仅增加了思想政治教育总成本，同时给思想政治教育造成损失。

3. 教育内容

教育内容即教育者提供给受教育者的供给。在经济学上，供给分为有效供给与无效供给。"有效供给是指供给的量、质、价等都能为需求者认可、所能接受的供给。无效供给则相反。"① 思想政治教育的供给是指教育者提供给受教育者的理论、信息、观点等。有效供给是指思想政治教育供给中真正起作用的、真正能解决思想问题并能为受教育者认可和接受的教育。不能解决思想问题的、在教育中起不到积极影响的或者不能为受教育者所接受的教育，是无效的供给或多余的供给。从思想政治教育目前的情况看，教育者的供给和受教育者的需求存在的问题具体表现在：一是教育供给质量不高。少数教育内容空洞、陈旧、系统性不强，既无深度又无广度。受教育者虽然熟知了教育内容，记住了条条框框，但无法内化为受教育者的个人信念。二是对需求认识不清，导致供给不对路。教育者容易忽略受教育者的个体差异和要求，教育过程中未能引导受教育者将个体发展和社会、国家发展相结合，未能将科学知识充分运用发挥，致使教育毫无吸引力和说服力，产生有供给无需求或有需求无供给。由于思想政治教育有效供给不足产生原因的复杂性和解决问题的长期性、艰苦性，其导致供求问题将在一定阶段内长期存在。这个问题如果不解决或解决不好，将会制约思想政治教育的发展，思想政治教育针对性、实效性问题也将得不到有效的根本改善。教育者是供给者，受教育者是需求者，供给者提供的供给有有效与

---

① 胡培兆. 有效供给论 [M]. 北京：经济科学出版社，2004：349.

无效之别，不仅看质，而且还要看量。品质低劣，是无效供给；品质好，但超越受教育者的接受能力和需求量，超过的部分也是无效供给。无效供给无需求，有效供给有需求。无效供给只会加大成本，不会提高效益。

4. 教育环境

思想政治教育环境是指影响思想政治教育活动进行的一切外部因素的总和。思想政治教育环境①可分为广义和狭义两方面，广义的思想政治教育环境是指影响思想政治教育活动的一切环境因素的总和，它既包括自发的环境因素，也包括自觉的环境因素；既包括思想政治教育活动的外部环境因素，也包括影响思想政治教育活动的内部环境因素。狭义的思想政治教育环境是指思想政治教育主体间在思想政治教育活动过程中依据一定的教育目的，有计划地选择、加工和创造的对思想政治教育活动产生影响的环境因素。按照环境成本分析，由此可以得出，教育环境和教育活动之间存在着三种联系：一是教育活动依赖或借助教育环境资源；二是教育活动对教育环境产生正或负面影响；三是教育活动对教育环境所产生负面影响的削减与恢复。与此相对应，分别是教育使用者成本（正常使用环境资源而支付的费用）、教育环境损害成本（因教育使环境改变而造成的损失）以及教育环境保护成本（包括教育前的预防成本与教育后的治理成本）这三种环境成本的存在。以上三种成本体现了教育环境和教育总成本之间的三种联系，揭示了教育环境对教育总成本的影响，每一项成本达到最小化，对教育总成本的影响就小；反之，则会增加教育总成本。

第三节　思想政治教育成本的核算

（一）成本核算方法

对思想政治教育成本的核算是一项比较复杂的工作，涉及的内容和方法很多，但都遵守一个基本程序。

1. 确定成本核算对象

成本核算对象是教育费用的归集对象和教育耗费的承担者。思想政治教育的最终目的是提高受教育者的思想水平，并促使思想转化为行动。受教育者的培养成本应是核算对象，在这里，我们只把直接的且相对集中的对受教育者进

---

① 杨业华. 关于思想政治教育环境界定的考察分析［J］. 思想政治教育，2006（10）：
　　10-13.

行的教育培养活动视为教育成本核算对象，而其他教育培养活动不构成教育成本核算对象，应在核算对象中加以排除。

2. 确定成本核算期

成本核算期是指成本计算的时间跨度，即成本核算所包容的时间长度。成本核算期是依据各单位开展思想政治教育活动实际情况进行计量的，它取决于思想政治教育活动累计时间的长短，依各单位具体情况而定。思想政治教育分理论学习、重大主题教育、经常性思想教育。理论学习时间通常有相对固定的时间段；重大主题教育一般是指上级党委或政工部门计划安排的教育活动，教育内容和时间都具有不确定性，但实施具有及时性，一般投入较大。比如，优秀共产党员先进事迹教育、党的二十大精神学习教育、两会精神学习教育等。经常性思想教育一般贯穿全年度，形式和内容灵活、多样，为简化分析，这里只以前两种教育为主进行研究。

3. 确定成本项目

成本项目是指归属成本核算的各种费用按用途划分的若干项目。这里首先区分费用、支出和成本，其次在计算思想政治教育成本中，应将教育费用支出加上隐性成本减去与教育活动无关的支出。这实际是确定成本范围的问题，在此基础上，按各种费用和用途或成本行为确定成本项目。

4. 正确归集和分配各种费用

在区分费用与成本的基础上，将属于成本的各项费用归集和分配为不同的成本项目。最后，通过教育费用的归集和分配记入相应的会计账户，采用一定的计算方法编制出教育成本。

（二）思想政治教育成本的计算及其最小化

1. 思想政治教育总成本的计算

按照思想政治教育成本支出的不同属性，可以把大学生思想政治教育成本划分为显性成本加隐性成本，或固定成本加变动成本，或直接成本加间接成本，等等。这里，我们以显性成本加隐性成本为例来分析总成本的计算。

经济学中企业生产的显性成本是指厂商在生产要素市场上购买或租用他人所拥有的生产要素的实际支出。[1] 例如，雇佣工人、购买原材料等。这些都是看得见的、比较容易计算的支出。企业生产的隐性成本是指厂商自身所拥有的且被用于该企业生产过程的那些生产要素的总价格。[2] 企业的生产成本应该是显性

---

[1] 高鸿业. 西方经济学 ［M］. 北京：中国人民大学出版社，2005：156.

[2] 高鸿业. 西方经济学 ［M］. 北京：中国人民大学出版社，2005：158.

成本和隐性成本的总和。由此拓展到思想政治教育过程中，可以得出，思想政治教育的显性成本是指思想政治教育主体在实施思想政治教育过程中所需直接耗费的生产要素的实际支出。直接耗费的生产要素包括土地、教育器材、教育资料、教育时间、信息、教育者等，这些往往都是实实在在看得见、摸得着的；思想政治教育的隐性成本指在政治工作过程中思想教育主体所具有的组织管理体制、教育能力、人格魅力、创新能力等的投入情况，这些则是不易直接加以计量的，但对总收益产生重要影响的成本。思想政治教育的总成本就是思想政治教育的显性成本和隐性成本的总和。

若用 C_E 表示思想政治教育总成本，用 C_{EH} 表示隐性成本，用 C_{EA} 表示显性成本，则：

$$C_E = C_{EH} + C_{EA} \qquad\qquad 式（1）$$

$$C_{EA} = \sum_{i=1}^{n} \left(P_{ij} \right) Q_i \qquad\qquad 式（2）$$

其中，Q_i 为第 i 种思想政治教育投入资源的数量，P_{ij} 为第 i 种投入资源的 j 种市场价格，n 为思想政治教育投入资源的种数，则有：

$$C_E = C_{EA} + C_{EH} = \sum_{i=1}^{n} \left(P_{ij} \right) Q_i + C_{EH} \qquad\qquad 式（3）$$

根据现代资源经济学的分析方法，可将思想政治教育带来的隐性成本 C_{EH} 表示为：

$$C_{EH} = \sum_{k=1}^{n} \left(\pi_k \right) \lambda_k \qquad\qquad 式（4）$$

其中，π 是非思想政治教育显性投入资源且影响教育质量的第 k 种资源价格，λ 是非思想政治教育显性投入资源且影响教育质量的第 k 种资源数量，n 为影响人们生活质量的资源种数。

通过上述分析可知，一定教育规模 W_j 的思想政治教育总成本 C_E[①] 为：

$$C_E = C_{EA} + C_{EH} = \sum_{i=1}^{n} \left(P_{ij} \right) Q_i + \sum_{k=1}^{m} \left(\pi_k \right) \lambda_k \qquad\qquad 式（5）$$

2. 思想政治教育总成本最小化

思想政治教育总成本控制的目的就是使其达到最少的投入获得最大的效益。从一般意义上讲，思想政治教育总成本最小化（$\min C_E$）应是构成思想政治教育总成本的各个要素最小化，从式（5）可以看出，即思想政治教育显性成本最小

---

① 思想政治教育总成本模型的构建，借鉴了战争成本计量模型的科学因素，同时考虑思想政治教育的特点，关于这一模型的推理过程参见：方正起．战争成本效益概论［M］．北京：中国经济出版社，2004：133-134.

化（$\min C_{EA}$）、思想政治教育隐性成本最小化（$\min C_{EH}$）。所以有：

$$\min C_E = \min C_{EA} + \min C_{EH} \qquad\qquad 式（6）$$

我们知道，在一定时间跨度内，思想政治教育的隐性成本在短期内不会有所改变，因此，思想政治教育隐性成本 C_{EH} 是由特定的教育规模 W_j 而定的，在 W_j 既定情况下，思想政治教育隐性成本 C_{EH} 也基本确定。可见，在式（6）中，思想政治教育总成本最小化的核心就在于思想政治教育显性成本最小化。换言之，当思想政治教育显性成本最小化时，思想政治教育总成本随之最小化。从这个意义上讲，我们可以将思想政治教育显性成本最小化等价于思想政治教育总成本最小化。研究思想政治教育总成本最小化，只需我们做出最佳选择：在为"生产"既定的思想政治教育规模 W_j，从各种思想政治教育投入要素量及其价格组合中选择出最佳的经济途径，即最小思想政治教育显性成本组合。

从式（2）可知，在思想政治教育投入资源消耗量及其价格既定情况下，如何计算思想政治教育显性成本，由于在实际实施思想政治教育过程中，各种投入资源的消耗量是不断变化的，所以我们将这种变化用 X 表示。那么，式（2）就可改造成一个以 X 为自变量，以 C_E 为因变量的思想政治教育总成本函数：

$$C_E = \sum_{i=1}^{n} (P_i)\, X_i,\ X \geqslant 0 \qquad\qquad 式（7）$$

借鉴现代经济学的厂商成本最小化理论，可得到在特定技术条件下的思想政治教育总成本最小化的总体目标函数，如式（8）所示：

$$\min C_E = \min \sum_{i=1}^{n} P_i X_i$$
$$s.t. f\,(X_i) = W_j \qquad\qquad 式（8）$$
$$X \geqslant 0$$

其中：X_i 为第 i 种思想政治教育资源，P_i 为第 i 种思想政治教育资源要素价格。

在不考虑角点解等特殊情况下，若每个条件 $X_i \geqslant 0$ 都不束紧，即在最优点处每个严格不等式 $X_i > 0$ 都成立，那么可将式（8）中多余的约束 $X \geqslant 0$ 解除掉，使得式（8）成为只有一个等式约束的最小值问题。即：

$$\min C_E = \min \sum_{i=1}^{n} P_i X_i$$
$$s.t. f\,(X_i) = W_j \qquad\qquad 式（9）$$

为了便于对式（9）求最小解，引进一个任意常数 φ，建立一个关于思想政治教育总成本最小化的拉格朗日函数。

$$C_E\ (\varphi,\ X_i)\ =P_iX_i-\varphi\ [f\ (X_i)\ -W_j] \qquad\qquad 式（10）$$

其最小点 $X*$ 应满足下面的一阶必要条件：

$$\frac{\partial C_E}{\partial X_1}=P_1-\varphi^*f_1\ (X^*)\ =0$$

$$\frac{\partial C_E}{\partial X_2}=P_2-\varphi^*f_2\ (X^*)\ =0$$

$$\cdots\cdots\frac{\partial C_E}{\partial X_n}=P_n-\varphi^*f_n\ (X^*)\ =0 \qquad\qquad 式（11）$$

$$\frac{\partial C_E}{\partial \varphi}=\ [f\ (X^*-W_j)\ ] \qquad\qquad 式（12）$$

上述一阶导数必要条件，即式（11）和（12），也可以用几何方式表达。为此，以两种思想政治教育投入资源要素为例：给定一个教育规模 W_j，就应对应一条等产量线 $f\ (X_1,\ X_2)\ =W_j$，思想政治教育决策者的任务就是在这条等产量线上找一个成本最小点。如果存在着一条等成本线 $P_1X_1+P_2X_2=CE$ 与 $f\ (X_1,$ $X_2)\ =W_j$ 相切，则其切点就是思想政治教育总成本最小点 $X*$，如图所示。

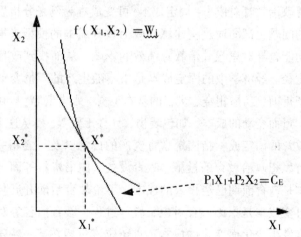

图 7.1　思想政治教育总成本最小化

也就是说，取出思想政治教育任意两种既定资源，在 $f\ (X_1,\ X_2)\ =W_j$ 线上的任意点都代表这两种资源的一种组合，这些组合产出相同，在这条线上除 $X*$ 点以外的任意一个点，产出相同，但成本都不是最小。同样，在 $P_1X_1+P_2X_2=C_E$ 上的任意点代表这两种资源的总成本相等，在这条线上的除 $X*$ 点以外任意点，成本相同，但产出都不是最大。

通过上述分析可知：要使思想政治教育总成本最小，就必须使不同思想政治教育资源要素的边际产品比值等于相应思想政治教育资源要素价格的比值，或者说，让技术替代率等于思想政治教育资源要素价格比值。当且仅当思想政治教育资源的等产量线凸向原点时，思想政治教育总成本才有最小值 $\min C_E$。

从以上推导和分析来看，思想政治教育成本从理论上存在一个教育成本最小点，如果能够在收益一定时，使每一种投入要素组合都能做到成本最小，那么总成本必然最小。但由于思想政治教育资源的投入资源要素除了可以量化的投入外，还有很多是不易量化的，因而达到思想政治教育成本最小点是不易的。本模型旨在希望能够在现实教育投入决策时提供一种原则性指导，对节约成本有很大的帮助。

（三）思想政治教育成本的模型

在教育总成本的计量和最小化分析当中，我们将成本分为显性成本和隐性成本来进行研究，主要是从成本是否实际发生，发生的状况方面来研究总成本的计量和最小化问题。下面，我们来研究在一定的时间跨度、一定的预算或投入下，各成本构成与产出的关系状况，从而为更合理、更有效地利用资源提供可资借鉴的依据。

我们以思想政治教育总成本＝固定成本+可变成本为例来分析思想政治教育成本构成方面的问题，试图通过构建思想政治教育成本的模型来推导证明，不同成本之间的功能差异对思想政治教育绩效的影响，从而找到改善思想政治教育成本的有效途径。经济学中的固定成本是指不随生产的产量变动而变动的成本，如固定资产折旧、房屋租金、员工的基本工资、水电费等。[①] 可变成本是指随着企业改变产量而变动的成本，如包装物、计件工资等。[②] 从这个概念可以引出，思想政治教育的固定成本指固定教育资产的成本以及与之相关的开支，应该包括用于进行思想政治教育的设施、教育设备、图书资料等固定要素投入的总和。固定成本是教育前期已经投入的成本，不论教育活动开展与否它都要发生的成本。其可变成本是指因教育对象、教育过程、教育内容等对教育产出产生影响的各要素发生变化而变化的成本，它还应该包括在某一特殊时期，为了完成上级党委或政工部门下达的特殊目标而投入的特殊教育要素的成本。

---

① N. 格里高利·曼昆. 经济学原理：第 3 版 ［M］. 梁小民，译. 北京：机械工业出版社，2006.

② N. 格里高利·曼昆. 经济学原理：第 3 版 ［M］. 梁小民，译. 北京：机械工业出版社，2006.

1. 模型的构建①

我们知道，思想政治教育产品的生产在投入大量的生产要素的过程中，教育者和受教育者的目标函数是不同的。教育者的目标函数是实现思想政治教育绩效最大化；受教育者的目标函数是实现个人价值最大化。由于双方目标函数的差异性，就需要寻找一种管理和控制制度，使受教育者在实现个人价值最大化的过程中，其行为也能够满足社会利益最大化的要求，同时，思想政治教育绩效也能达到最大化。

思想政治教育产品的生产需要经费投入和教育者劳动投入两种生产要素。因此，可以将思想政治教育产品的生产函数定义为：

$$F = F(I_t, L) \qquad\qquad\qquad 式（13）$$

这里，F 是思想政治教育产品产出，I_t 是用于思想政治教育的经费投入；L 是教育者劳动投入，由教育者工作努力水平决定。由于存在生产要素边际效用递减规律，因此 F 是 I_t 和 L 的单调递增的凹函数，即有：$\dfrac{\partial F}{\partial I_t} > 0$，$\dfrac{\partial F}{\partial L} > 0$；$\dfrac{\partial^2 F}{\partial I_t^2} \leq 0$，$\dfrac{\partial^2 F}{\partial L^2} \leq 0$。可以用 R 表示观测到的思想政治教育产品产出，用 r 表示思想政治教育实际产出，则

$$R = r + h \qquad\qquad\qquad 式（14）$$

h 是观测到的思想政治教育产品产出与思想政治教育产品实际产出之间的差额，也就是测量误差，根据统计学的规律，服从均值为 0，方差为 σ^2 的正态分布。投入思想政治教育的总成本是

$$C = a + bR \qquad\qquad\qquad 式（15）$$

其中，C 是对于思想政治教育的总投入，也就是思想政治教育总成本，a 是固定成本，不随教育时间长短的变化而变化的。bR 是可变成本，它是根据观测到的思想政治教育产品产出量来支付的，b 是支付系数。由于存在信息不对称，为观测思想政治教育产品产出会付出监督成本。成本越小，监督效率越高；成本越大，监督效率越低。由此可见，监督成本是递增的凸函数，具有一阶导数和二阶导数大于 0 的特征，即 $\dfrac{\partial C_m}{\partial I_m} > 0$，$\dfrac{\partial^2 C_m}{\partial I_m^2} > 0$。为简化计算，可将监督成本函

---

① 笔者借鉴国防大学郝万禄教授关于军队科技人员参与和激励双重约束模型构建了军队和军人关于工资的博弈模型，试图说明不同成本之间的功能差异。参见：郝万禄. 中国军人收入分配制度研究 [M]. 北京：中国经济出版社，2005：214.

数定义为最简单的一元二次函数：

$$C_m = \frac{1}{2}b_m I_m^2 \qquad\qquad 式（16）$$

b_m 是成本系数，b_m 越大，工作的负效用越大。同理，受教育者努力工作需要付出一定成本，其成本函数是：

$$C_t = \frac{1}{2}b_t I_t^2 \qquad\qquad 式（17）$$

根据委托代理理论，可以假定思想政治教育者是风险中性的，受教育者是风险厌恶型的。受教育者的效用函数具有风险规避的特征，即 $U = -e^{-pw}$。其中，p 是风险规避度，w 是受教育者的实际收入。结合式（15）和式（17），可以得到：

$$w = C - C_t = a + bR - \frac{1}{2}b_t I_t^2 = a + b\ (r+h)\ -\frac{1}{2}b_t I_t^2 \qquad\qquad 式（18）$$

在排除了测量误差带来的收入之后，受教育者确定性的等价收益是：

$$E_w - \frac{1}{2}pb^2\sigma^2 = a + br - \frac{1}{2}b_t I_t^2 - \frac{1}{2}pb^2\sigma^2 \qquad\qquad 式（19）$$

其中，E_w 是受教育者的期望收益，$\frac{1}{2}pb^2\sigma^2$ 是受教育者的风险成本。于是，受教育者的最大化期望效用函数 $EU = Ee^{-pw}$ 可以转化为最大化确定性等价收入，即式（19）。受教育者可以选择工作努力水平 I_t 以实现期望效用函数最大化，即：

$$MAX\,a + br - \frac{1}{2}b_t I_t^2 - \frac{1}{2}pb^2\sigma^2 \qquad\qquad 式（20）$$

（8）式是教育者最大化其效用函数时的约束条件。再令 $\overline{U}$ 为受教育者的保留效用水平，于是教育者最大化其效用函数时的约束条件变形为：

$$\overline{U} \leqslant a + br - \frac{1}{2}b_t I_t^2 - \frac{1}{2}pb^2\sigma^2 \qquad\qquad 式（21）$$

教育者的期望效用函数为：

$$EU = E\ (R - M - \frac{1}{2}b_m I_m^2)\ =\ (1-b)\ r - a - \frac{1}{2}b_m I_m^2 \qquad\qquad 式（22）$$

对教育者来说，目的是确定最佳补偿水平 M 和监督成本 I_m 以实现期望效用函数最大化。根据以上假设和委托代理理论模型的参数化方法，可以构建教育者与受教育者关于生产思想政治教育产品的博弈模型。

$$MAX \ (1-b) \ r-a-\frac{1}{2}b_m l_m^2$$

$$\overline{U} \leqslant a+br-\frac{1}{2}b_t l_t^2-\frac{1}{2}pb^2\sigma^2$$

$$MAXa+br-\frac{1}{2}b_t l_t^2-\frac{1}{2}pb^2\sigma^2$$

模型1：教育者与受教育者生产思想政治教育产品的博弈模型

2. 对模型的分析

构建教育者与受教育者生产思想政治教育产品的博弈模型的主要目的是分析固定成本和可变成本这两种成本如何影响思想政治教育产品的产出水平。为了简化分析，可以令思想政治教育产品的生产函数为幂函数：

$$F=F \ (I_t, \ L) \ = I^a L^b \qquad\qquad 式（23）$$

其中 a 和 b 是常量。将式（23）代入式（20）求 I_t 的最大值，分别对 b 和 b_t 求导可得：① $\frac{\partial i_t}{\partial b}>0$；② $\frac{\partial I}{\partial b_t}<0$。由此可以得出结论1：思想政治教育产品的产出水平。将式（20）和式（21）代入式（22），在分别对 b 和 I_m 求极值的基础上，根据隐函数求导法则可得：① $\frac{\partial b}{\partial p}<0$；② $\frac{\partial b}{\partial \sigma^2}<0$；③ $\frac{\partial b}{\partial b_t}<0$。由此可以得出结论2：受教育者最优激励补偿系数与风险规避度 p 测量误差、受教育者努力工作成本系数 b_t 负相关。在结论1、2的基础上，采用类似的推导方式可以证明结论3：思想政治教育产品的产出水平与固定成本负相关，与可变成本正相关。

3. 模型的结论

当思想政治教育成本一定时，增加固定成本，可变成本将减少，此时由于固定成本增加引起的教育收益的增加量 E' 小于由于可变成本减少引起的教育收益的减少量 E''，两者相抵，教育总收益是减少的。

当思想政治教育成本一定时，减少固定成本，可变成本将增加，此时由于固定成本减少引起的教育收益的减少量 E' 小于由于可变成本增加引起的教育收益的增加量 E''，两者相抵，教育总收益是增加的。

因此，在思想政治教育资源有限的情况下，加大或减少任一资源投入不仅会影响其他资源投入力度，更会影响收益产出水平的高低，这就要求我们科学合理分析教育投入中的各要素对于收益的影响，合理配置教育资源投入，尽量控制固定成本，如教育设施、教育仪器等要素的投入，增加可变成本的投入，如教育者的能力素质、教育内容的改进、教育管理水平的提升等，教育产出才会有较大幅度的提高，从而可以激励更多优质思想政治教育产品的产出。

第四节　优化思想政治教育成本结构

优化思想政治教育成本结构，需要双管齐下，该压的下决心降低成本，该增的毫无顾虑地扩大投入。只有这样，才能实现思想政治教育效益的最大化。

（一）降低思想政治教育成本

1. 降低制度成本

制度经济学认为，制度是社会经济主体之间相互制约与合作的一种社会契约。因而，制度变迁实际上是旧的契约废止和新的契约形成的过程，而契约的重新设计、创新和签订，均需要付出一定的成本。建立制度的决策行为完全是取决于预期建立制度所带来的收益大于其成本。我国思想政治教育的制度，是为保证教育实施的一种法规、规章性重要保证。建立教育制度，存在一定的制度成本，这些成本应该包括过程成本、执行成本和社会成本。在其他条件既定的情况下，当三者之和达到最小化时，预期收益才有可能达到最大。从思想政治教育建设的目的和运行的实践看，降低制度成本，关键要把握两点：一是制度建设必须注重整体设计。这就要求制度出台，既要能体现党和政府的战略意图，又要与高校实际相匹配；既能够高瞻远瞩、放眼未来，又能够全面具体，有助于解决现实问题；既能够体现制度的规范性，又有一定的灵活性；既要符合与时俱进、改革创新的要求，又能使之不在短时间内失去效用，保持鲜活的生命力。二是各项政策制度一定要严格执行。制度一经建立，就要严格执行，按章办事。同时，对于那些落实有力并取得效果的单位要能够给予表彰和鼓励，而对那些应付、敷衍，只把制度挂在墙上没有放在心上的领导或单位，要提出严肃批评和惩处。

2. 降低机会成本

"生活中充满了选择。由于资源是稀缺的，因此，我们必须不断地决定如何使用我们有限的时间或收入。……你必须考虑做出一个选择需要放弃多少其他的机会。所以放弃的选择被称为机会成本。"[①] 你选择做一件事，必然会放弃另外一件，那个被放弃的所带来的收益就是你的机会成本。机会成本是一种观念上的成本，是因放弃其他选择预计可能丧失的最大收益，并不是实际已发生的

---

① 萨缪尔森，诺德豪斯．经济学［M］．北京：华夏出版社，希尔出版公司，1999：10.

货币性的支出。所谓机会成本，按照经济学的观点，是指将一种资源用于某种用途，而未用于其他更有利的用途所放弃的最大预期收益①。在商品领域中，机会成本是个非常重要的概念，思想政治教育也同样会产生机会成本。当思想政治教育主体从事其他工作得到的收益大于从事思想政治教育所得到的收益时，开展思想政治教育的决定就需要特别慎重，因为它的机会成本就越大，从而进行思想政治教育的总成本就越高。从这个角度来说，要降低思想政治教育的机会成本，就要努力提高思想政治教育所产生的收益。

要降低思想政治教育的机会成本，发挥思想政治教育的效益，需要从以下几个方面努力：第一，全面提高思想政治教育各要素的质量。从教育者、决策者到教育时间、教育内容、教育手段、教育方法、教育器材等要素的质量都对教育效果产生影响，尤其是思想政治教育队伍质量的高低。思想政治教育仅靠这些有形的投入是不会产生高效益的，而提高思想政治教育者自身素质的无形投入，才是取得思想政治教育高效益的必由之路。第二，科学合理地分配教育资源的比例。第三，注重协调思想政治教育和专业课学习等其他工作的关系，尽可能减少因思想政治教育和其他活动在资源投入方面所可能产生的冲突，营造融洽和谐的氛围，降低资源利用带来的机会成本。

3. 降低摩擦成本

摩擦成本是指因人际关系中的矛盾、冲突、不合作、不协调而额外耗费的人力、物力、时间、精力。因摩擦而发生的成本，通常不易计算，更不易被人重视。这种成本不仅包括时间、精力和物力，而且包括对人们心理的折磨。摩擦成本是一种负生产力，是社会额外支付的成本。

就思想政治教育而言，摩擦成本的代价是很大的，它带来的是单位凝聚力的降低、积极作用的抑制和人才的流失，进而影响单位的全面建设。降低思想政治教育中的摩擦成本，可以从以下两方面入手：第一，提高决策者和教育者对于摩擦成本的认知度，了解摩擦成本产生的根源和表现，避免工作中的"我行我素""一言堂"等现象；第二，妥善地协调利益，制定出多数人都能接受的公平原则，并根据这个原则进行利益分配，依此来增强单位的整体向心力和凝聚力。

4. 降低失信成本

"信"的基本含义包括"真实""诚实"及"可信"。对失信行为，经济学的通常解释是：市场经济条件下，对自身利益最大化的追求使得人们根据边际

① 刘树成. 现代经济辞典［Z］. 南京：江苏人民出版社，2005：469.

收益大于边际成本的原则做出经济选择，人们从失信行为中得到的好处（收益）要大于他为此所付出的代价（成本）。也就是说，人们在比较预期成本收益大小之后，做出"失信"或是"守信"的抉择。这种在一定的信息基础之上做出抉择的过程，即是一种博弈的过程。教育者和被教育者都有两种选择，即失信或守信。当教育者和被教育者都选择守信时，才可能出现最优的结果，教育收益才可能最高；而当教育者和被教育者同时选择失信时，即教育收益为最低；当其中任何一方选择和另一方不同时，教育效果相抵，教育预期受到影响。同时，教育者的选择在一定程度上决定或影响被教育者的选择。用图表表示为：

表 7.1　教育者与被教育者之间失信与守信的博弈表

		被教育者	
		守信	失信
教育者	守信	（1，1）	（1，-1）
	失信	（-1，1）	（-1，-1）

　　在大学生思想政治教育过程中，失信成本主要表现为：一是提升了内部管理成本。也就是说，失信行为越普遍、越厉害，内部管理成本就越高；二是增加了开展思想政治教育的机会成本。由于诚信缺失，人与人之间的信任度降低，教育者原本应对受教育者在学习、生活、工作等方面的全方位关注来了解其思想状况，可是由于诚信缺失，受教育者刻意隐瞒情况，人为增加了思想政治教育中的影响因素，增大了教育难度，导致了教育预期的下降，教育的机会成本上升。

　　经济领域失信行为的产生主要是因为失信成本偏低，因此可以通过明确信用的产权边界，完善征信体系等社会监督功能等措施，以提高失信的成本。在大学生思想政治教育领域中，针对失信行为应采取以下对策：一是建立失信惩戒机制，提高失信成本。二是运用信用文化改善人际环境。信用文化是指在市场经济条件下，用以支配和调节人与人、人与社会、社会各经济单元之间信用关系和信用行为的一种基本理念和规范。在大学生思想政治教育中，建立信用文化的过程，说到底就是以"诚信为本、操守为重"的信用理念在大学生心中内化的过程。在构建信用文化时，要紧紧抓住教化与内化这两个环节。通过思想政治教育来达到教化的目的，让大学生真正懂得诚实守信是共赢的基本要求，使"守信"为荣、"失信"为耻等观念深入人心。三是建立个人信用档案，监督大学生信用行为。

（二）加大思想政治教育投入力度

1. 加大思想政治教育中的人力资本投入

美国经济学家舒尔茨在20世纪50年代提出了"人力资本"的概念和理论来解释经济增长的源泉问题。人力资本是物质资本的对称概念，通过对人的教育、培训、实践经验、迁移、保健等方面的投资而获得的知识和技能的积累。[①]随着社会经济的发展，人力资本的投入迅速增加。大学生思想政治教育为了适应形势需要，也必须下大力培养思想政治教育的顶尖人才，只有一流的教育者加上一流的教育条件才可能培育出一流的受教育者。因此，从国内外的成功经验看，大学生思想政治教育中的人才培养需要从以下几方面付诸努力：

一是加大人才培养的投入。认知科学表明，在现代社会中，对于体能、技能与智能的获得，社会需要支付的成本比例为 $1:3:9$，而三者对社会财富贡献（人才资本增值）的比例为 $1:10:100$。世界银行的一份报告资料显示，劳动力平均每人多受1年教育，收入至少要提高 2.4%，GDP 则会增加 9%。在各国军队中，以色列军官的素质之所以被公认较高，是因为他们在培养上舍得投入，如院校教育经费占到国防费的 25% 左右。在大学生思想政治教育中，需要解决的问题很多，但通过加大投入培养高素质人才不失为一种明智之举。

二是思想政治教育人才培养要结合实际，坚持专业培养和精神培育相结合。从实践得知，专业化学习可增加学习速度，提高学习效率。按照可以预见的三种不同的增长模式，基于分工而来自学习效果的增长，增长率低且递减；基于分工的学习效果但没有分工演进的增长，增长率高但递减；基于分工演进的增长，增长率高且递增。我们可以得出这样两条结论：一方面，思想政治教育不能单纯抓教育，而应结合专业技能训练抓思想教育，以抓思想教育促进专业技能提高；另一方面，思想政治教育中应注入专业技术元素。这就要求思想政治教育者以现代信息技术为理论基础，培养信息技术媒体的操作能力以及开发、设计、创新能力，运用先进、现代的科学技能指导思想政治教育实践，以提高思想政治教育的整体绩效。

三是人才培养需常抓不懈。常言道："十年树木，百年树人。"人才培养是长远之计，应从长计议、科学规划。首先，优化人才选拔机制，建立和完善有利于广纳群贤的选人机制，拓宽择人渠道和选人视野，把优选政治人才建立在充足的后备人选和大范围的竞争基础之上。通过建立公正、公开的选拔机制，

---

① 中国社会科学院经济研究所. 现代经济辞典［Z］. 南京：江苏人民出版社，2005：849.

激发人才队伍的生机与活力。其次，强化继续培训机制，努力探索培养"通才"的方式、方法，既要在学历上严格要求，又要注重真才实学；既要提高培训起点，又要逐步增加培训次数。再者，全方位引进优秀人才，建立引进人才机制，充实思想政治教育者队伍，通过运用思想政治教育的新方法、新手段，增强思想政治教育的针对性和实效性。

2. 强化思想政治教育激励效果

经济学中的激励是指利用外部诱因使人的积极性和创造性受到调动与激发。① 激励机制来源于经济领域，但同样适应于思想政治教育领域。思想政治教育就是通过适当的外部刺激内化为个人的自觉行动，使人完成目标的行为处于高度的受鼓舞状态，从而最大限度地发挥人的潜力（智力和体力）。激励的手段包括物质激励、精神激励、环境激励、目标激励、任务激励、组织激励等。思想政治教育提供各种必要的信息，受教育者将所获得的信息转换为认知结构，这些就为随后的行为提供了内部指导和在一定诱因存在条件下的内部动机。当然，并不能说一定会产生相应的行为，预期行为的外现还需要一个从认知、内化到行为操作的转换机制，这个机制就是精神激励机制。譬如，人们获得道德规范信息并内化为自己的认知结构，要表现出道德行为还需要一定的激励机制。同理，开展思想政治教育想要达到预期的教育目标，除了必需的教育内容和程序外，应建立一定的激励机制。通过一定的激励机制来启发人的自觉性、调动人的积极性、激发人的创造性，从而达到思想政治教育的目的。

实践表明，用激励理论开展思想政治教育易于为人们接受，胜于单纯说教。关注并运用激励理论开展大学生思想政治教育最根本的问题就是科学合理地运用好物质激励和精神激励这两种激励手段。从某种意义来说，激励就是一种刺激。不同条件下，激励表现的刺激强弱不同，可分为强刺激和弱刺激。因此，不同的环境、不同的对象、不同的情况，运用不同的激励方式对于提高思想政治教育效果是非常重要的。

3. 加大投入促进思想政治教育创新

美籍奥地利经济学家熊彼特（Joseph Alois Schumpeter）在1912年出版的《经济发展理论》一书中，最早提出了"创新"这一独特概念。他认为，创新就是企业家对生产要素实行了新的组合。具体体现在五个方面：一是引入一种新的产品；二是采用一种新的生产方法；三是开辟一个新的市场；四是获得原料的新的来源；五是采用一种新的企业组织形式。熊彼特在论述创新的特点时

---

① 中国社会科学院经济研究所. 现代经济辞典 [Z]. 南京：江苏人民出版社，2005：477.

还指出，创新与科学技术发明并无必然联系，两者不能等同；创新不限于大企业，也不一定是大规模的；创新往往被效仿追逐而形成高潮，推动整个经济周期性、波浪式地发展。所以，经济发展也就是这种"来自内部自身创造性的关于经济生活的一种变动"。在借鉴这一创新理论进一步认识经济内在规律的同时，以改革开放、市场经济、全球化的迅速发展为标志的变革，已经成为当今世界不可争论的事实。在这种事实面前，人们不再讨论是否存在创新，而是研究如何创新的问题。面对新形势、新情况，思想政治教育在继承和发扬优良传统的基础上，必须在内容、形式、方法、手段、机制等方面努力进行改进和创新，特别是在增强时代感，加强针对性、实效性、主动性上下功夫。然而，任何创新都需要付出一定的代价。也就是说，创新离不开投入，这种投入可以是有形的，如科学技术、物质资源、劳动投入等；也可以是无形的，如时间、精力等。思想政治教育是一个由教育者、受教育者、教育内容、教育目标和教育手段等因素构成的系统，"是教育者运用教育的力量，促使由于教育对象（指受教育者）的思想现实与教育目标的差异而引起的矛盾，不断朝着社会所期望的目标转化，使教育对象的思想政治素质逐步达到一定的教育目标的过程"①。新时期的思想政治教育创新，关键在于教育思维创新、教育内容创新和教育手段创新三个方面。因此，研究大学生思想政治教育的创新成本应主要从这三个方面进行考虑。

一是培养教育者的创新思维，以先进的理论引导受教育者。所谓创新思维，就是在客观需要的推动下，以获得的新信息和已储存的知识为基础，综合运用各种思维形式，创造出新理论、新方法、新观点、新形象，从而使认识或实践取得突破性进展的思维活动。创新思维应该多一些理性思考，不是为了创新而创新，而是要计算创新的成本与收益，权衡投入与产出。实践没有止境，创新也没有止境。思想政治教育的创新思维应该要求思想政治教育的决策者和教育者在继承优良传统思想的同时，运用先进的理论，发扬敢破敢立精神，摒弃因循守旧、本位主义的作风，广泛摄取新信息，扩展知识体系，综合运用多种思维形式，运用创新思维创造性地开展工作。对于思想政治教育的创新思维成果要大力奖赏，以此激励参与者不断创新。

二是更新教育内容，构建时代感与科学性相统一的教学内容新体系。教育内容的选择和确定离不开教育对象的需求，研究并创新教育内容必须立足于教育对象，也就是为实现教育对象的发展和社会的发展相统一，立足人的全面发

①　杨国欣，江鸿．思想政治教育沟通论［M］．成都：四川教育出版社，1992.

展谋划思想政治教育创新。比如，研究教育内容的针对性，增强受教育者的理解力；研究教育内容的时代感，增强教育的效果；研究教育内容的科学性，增加对科学知识的应用，用科学引导教育，增强教育的可信性，减少盲目性。唯有如此，创新教育内容所投入的成本才能真正发挥作用，体现创新的本质内涵。

三是创新思想政治教育手段，使受教育者的思想在喜闻乐见中升华。如果说创新思维和创新内容是一种相对较少的投入，那么创新手段则是一种实实在在且花费较大的投入。首先，实现由"经验型"向"科学型"转变。立足传统和经验固然使我们可以驾轻就熟，很快收获成果，但从长期来看，吃"老本"最终会"黔驴技穷"，并且会与时代发展格格不入。因此，教育不能单凭经验，还应加大科学元素，以科学为先导，增加教育的说服力。其次，实现由"单面灌输型"向"多面交流型"转变。以往的教育不太注重教育的多面性，主要以教育者的单向灌输为主，比较保守、封闭，信息流动和交流效果不好。现在应该做到教育的多维一体性，即以教育对象为主体，以社会、家庭、集体、个人为教育面，增加多向沟通和交流，扩大信息维度和交流的广度，从而增强教育效果。最后，实现由"单一型"向"多元化型"转变。传统的一支粉笔、一块黑板的教育形式显得死板、缺乏活力，教育效果必然大打折扣。运用现代化手段搞教育已是大势所趋，新的科技成果，尤其是信息网络技术的广泛应用，为思想政治教育注入了新的活力，不仅大大增强了教育的吸引力，还极大地提高了教育的效率。由现代化多媒体为主导的现代教育形式是教育手段创新的成果，在增加成本的同时收益也会倍增，从某种意义上来说教育达到了预期效果，教育就是成功的。创新是前进的动力，没有创新就无从进步与发展，大学生思想政治教育的创新来源于实践，并在实践中不断探索前进。只有开拓创新、与时俱进，大学生思想政治教育才能结出丰硕的成果。

第八章

微空间大学生主流意识形态的认知认同①

认知认同作为主流意识形态认同的起始点，从逻辑关系的角度讲，认知认同、情感认同、实践认同三个过程之间是循序渐进、由易到难、逐级递增的，最后形成整个认同的闭合回路。作为理解认同的初始环节，认知认同完成了个体从自然属性向社会属性的过渡。微空间信息裂变性、信息碎片化和信息交互性对认知认同造成了冲击，在一定程度上改变了传统认知认同的特点，认真探究微空间认知认同的媒介意义，高度关注微空间对认知认同产生的新价值，有助于我们在更深的层面塑造微空间与主流意识形态认知认同的逻辑关系。

第一节 认知认同是主流意识形态认同的前提

在价值层面上，认知认同是主体在与客体互动过程中，对某一事物的内心认可及面对问题情境时带来不易得到的满足或自信。研究微空间认知认同的发展特点和规律，对于实现微空间主流意识形态认同具有初始价值。通过学习与知觉记忆，可以实现对主流意识形态体系的认知认同。然而，在全球化信息的狂飙猛进中，由于自然性"衰减"的强大作用力，以及个体差异与价值观的多样性存在构成认知认同内容上的干扰因素，使微空间主流意识形态认知认同面临着巨大挑战。

（一）认知认同的衰减性

衰减，顾名思义，就是衰变与减弱。衰减的初始意义就是指能量的递减，它代表的是价值意义的减少。在价值认同领域，通过认知，人们的价值观念得以确立，但由于各种客观因素的存在，价值认同永续地处于一种变动之中。无论是增强还是减弱，其客观意义依据大多都是衰减现象的客观存在，减弱是衰

---

① 本文发表在《思想政治课研究》2022年第6期，作者王军旗、徐亮。

减的结果，增强是为了弱化衰减。这一原理对于行为的指导意义在于从根本上认识与面对。因而对于衰减机制的认知、对于价值认同的构建与长时维系以至于强化有不可忽视的意义。认知认同的衰减性决定了不能仅靠一次就能实现，它需要经历一个不断学习和不断教育的反复过程。布鲁德本特（D. E. Broadbent）指出，个体在现实社会中每天要应对和处理大量信息，由于神经系统同时处理信息的能力非常有限，需要过滤器从中进行调节，以免中枢神经系统过度负重。不能通过的信息会被暂时储存在短期记忆中，并随着时间的推移迅速衰退。认知认同发展的规律需要经过注意规律，在主观认知上去除屏蔽干扰源，自适应调节心理活动机制；记忆规律，遵循遗忘曲线原理；想象规律，在认知意会中产生意会知识；思维规律，在知觉、回忆与组合中达到认知认同发现和认知认同接受。在信息社会，主体自主选择学习的内容、方法，会直接反映主体的价值观念和价值行为，这为通过介入渗透提高微空间主流意识形态认知认同探索了一条可行路径。

（二）认知认同的阶段性

皮亚杰从心理学的角度，认为个体在认知认同的过程中要经历四个阶段区间：第一个阶段区间是感知运动阶段。主要是开启运动感知模式，全面提高个体感知协调和环境自适应能力，在反思解决问题中了解日常生活环境，从而实现个体的发展。第二个阶段区间是前逻辑阶段。个体意识层次在稳步提高的阶段中，对心理图式信息和意识图式信息有了初始的认知，并在潜意识的大脑空间中产生图像记忆。第三个阶段区间是具体运演阶段。儿童的认知结构已经从前一个形式演变为计算范式。特定思维特点主要包含唯一性、可逆性和自主性。第四个阶段区间是形式运演阶段。儿童的思维逐步演变为抽象的逻辑推理。根据皮亚杰的研究成果，在微空间开展认知认同教育时，可以根据个体不同年龄、不同学历、不同群体进行更加有针对性的教育，特别是根据个体不同年龄阶段的认知认同特征，系统性把握各阶段认知认同教育的内容、方式和方法，坚决克服理论教育内容与个体年龄层次倒挂的现象。认知会随着时间产生变化，干预是有长时效应的。为了促进和保持早期干预的长时效应，在教育整个过程中应该提供知识的框架结构。目前，心理学家对信息加工系统的研究主要集中在三个领域：言语技能、数量技能和记忆。要提高认知的品质，就必须对认知的内容进行科学巧妙的编码。从编码角度讲，系统化、大众化、通俗化、现实化的认知认同内容远比深奥的、专业的、高深的内容认知认同程度高。认知与文化的关系，启示我们在提高意识形态认知认同过程中，要注重营造环境氛围，要有适合记忆的编码，要坚持持续性教育，保持干预效应，以促进认知认同长期发展。因此，从顶层设计的角度看，需要全盘衡量主流意识形态认知认同教育的系统性、层次性和阶段性，切实安排好意识形态各个阶段教育内容，以提高认知认同的实效性和精确性。

（三）认知认同的延展性

认知认同的延展性主要是将认知的范围延展到生命体大脑神经中枢之外的物理自然环境、社会文化环境和信息技术环境。认知认同的延展性更注重认知认同主体和环体二者之间的双向互动交流，它主要包括相似性、互补性和耦合性三种论证方式。相似性论证主要是基于同等性原则（Parity Principle）而展开，在完成认知认同任务的情境过程中，如果利用其他外在辅助物体完成任务和利用大脑神经中枢完成任务相同时，根据同等性原则，就可以把外在辅助物体视为认知认同的延展部分。互补性论证主要是基于萨顿的互补性原则，认知认同在无限地向纵深推进，对于外界的认知认同，不需要按照内部认知认同的固有逻辑，可以在延展的过程中，创新认知认同的方法和内容，认知认同系统在整个形成和发展的演变中，通过充分利用表层和里层两个层次上的迥异性，从而实现在意识和行动上的思想互融。耦合性探讨的焦点是人体、意识、环境三者之间的思维逻辑关联，运用逻辑推理和思维链接进行认知认同行为分析，从而演化认知认同的行为图式。耦合性的演进论证过程分为两个步骤：一个步骤是利用人脑、身体和环境的耦合来推导认知认同的演进图式；另一个步骤则是利用演进图式推导认知认同的演进过程。认知认同延展性更注重强调身体的参与和情境的转换，具有典型的主体间哲学倾向，它在某种程度上是对胡塞尔（Husserl）现象学中的主体间性和哈贝马斯（Habermas）重建主体性理论的一种呼应。认知认同延展性扩展了主体的认知认同边界，拓展了认知认同的主体观，也实现了认知认同主体从单一到多元的转换。

第二节　微空间对主流意识形态认知认同的影响

微空间信息的裂变性、碎片化和交互性，全面开启了主流意识形态认同的新空间和新方式。在改变传统面对面认同互动方式的同时，使认同主体在现实的影响束缚中脱离出来，形成一种间接不在场形式的交往认同新模式，这种新模式对主流意识形态认知认同产生重大的影响。

（一）微空间信息裂变性影响认知认同

微空间信息裂变过程产生的海量信息，导致人们在微空间中无从选择，容易陷入信息的黑洞，迷失自己，进而影响对主流意识形态的认知认同；微空间主流意识形态正向传递的信息，在海量的信息汪洋中，准确精准的传递到受众的难度逐级增加，进而削弱受众的认知认同；大量社会思潮、负面信息借助微空间的空间裂缝，隐藏在海量的裂变信息中，潜移默化地影响主流意识形态认知认同的效果。

一是微空间信息传播总量的核裂变。信息技术的更新，将微空间推向了社会和历史的前台，并完成了信息原子化的彻底转型。微空间信息快速裂变效应带来信息总量井喷式的增长，每一条信息就像游离在时空场域的一个原子，在微空间中彼此不停地摩擦碰撞，产生新的原子，同时原子在微空间经过不同宿主的转发、评论后，会形成二次加工后的传播信息倍增效应，生产出更多的原子。原子之间交叉传播，不断地形成扩散。一条简单的"微信息"在微空间场域经过个体的反复加工、修饰和改良后，会不断地拓展其外延的宽度和内延的深度，最后经过不断地赋予内涵和不断地相互传播，形成微空间信息的"微风暴"。"微风暴"中心拥有着巨大的能量源，通过将能量源分配在个体思想、生活、情感、行为等各领域，其巨大的能量辐射效应已经严重影响和干预了信息的认知。信息在微空间的裂变，就是从一到二，从二到四，从四到亿万的过程，这个过程时间持续得越长，信息总量裂变得就越多，覆盖的场域就越宽阔，信息的辐射力和影响力也就越强。微空间信息的裂变过程，是完全由每个信息的受众自发开展的。微空间海量信息容易让个体陷入信息迷雾，对其不仅不能产生正确的判断，反而容易变得更加无所适从。微空间个体可以因为一句话一条微信路转粉，也可以因为朋友圈一条信息的转发、一个无法考证真伪的视频截图粉转黑。在微空间海量信息的传播过程中，个体情绪和观点取代了深度的调查报道，事件的传播、舆论的传导更容易受微空间意见领袖的左右，个体更容易陷入沉默的螺旋，在意见共识上达到趋同。微空间群体基于身份属性、兴趣爱好、职业发展等划分，其实在信息接收之前，已经在无形中完成了信息选择，致使信息接收的渠道越来越窄，容易造成信息茧房。个体只关注自己感兴趣的一面或只倾听个体认同的一种声音，容易产生群体极化、情绪激烈或事件反转。

二是微空间信息传播速度的超光速。在传统社会，信息传播的能量是有限的，这主要是传播平台的局限性和传播渠道的匮乏。传统的信息传播由信息主体来主导，传播途径除了电视、报刊媒体便只剩下口口相传。微空间掀起了信息单向传播的技术革命，它像巨人之手，有力地撕开了信息垄断的无知之幕。微空间信息的传输实现了从单一信息通道强制输送向双端信息通道互动的转变。信息的传播速度呈现出前所未有的裂变速度。微空间信息传播的速度与信息的宿主、宿主的跨越程度以及宿主在传播能力上是呈正比的。因此，可以得出这样一个公式：传播速度 =（宿主数量+宿主的传播能力）×宿主的跨越程度。微空间信息传播借助"意见领袖""大V"这些超级宿主，利用微空间自媒体平台，就热点敏感问题发表个人的观点，通过海量的粉丝，进行几何式的转发，其传播的速度是超光速的，特别是在话语中如果渗透着西方意识形态，会激化意识形态领域的冲突和斗争，严重削弱和影响主流意识形态的认知认同。微空间自媒体在面对突发性事件的反应速度，经常在传统媒体还没有介入之前，就形成了第一波的信息传播。微空间自媒体可以实现第一时间、第一现场、第一主观视角地进行在线传播，让受众在第一时间直观感受到信息传播的速度，仿佛置身于信息发生的现场。同时，在微空间信息传播中，可以借助其两大超级传播载体微博和微信进行交叉传播，无疑更加助推了其传播的速度和广度。

三是微空间时间吞噬的核聚变。微空间信息裂变性对时间的吞噬主要表现在信息传递速度和信息时间占有两个维度。微空间自媒体的迅速崛起，人人都可以成为信息的发起者和传播者，这在一定程度上把微空间信息的传播提高到一个前所未有的高度。微空间信息传播的瞬时性，几乎可以通过微信、微博直播做到与事件动态进展实时保持同步，这种同时态在某种意义上形成了对时间的吞噬，理论界将其称之为时间的共时性。著名学者卡斯特提出：全球信息流动的瞬时性，横跨世界任何一个物理坐标，为在时间维度开展文化和实践活动的即时性提供了可能。微空间信息的吞噬也表现在对网民接收信息的时间占有上，这种吞噬是对网民在其他时间消费上的一种剥夺。网络媒介的多媒体手段和信息的海量传播为受众制造了一种时间拼贴，它用文字、视频、图片、声音，通过论坛、博客甚至即时通信等介质，从不同角度、用不同方式对受众造成信息轰炸，真正有价值的也许就凤毛麟角，但观众徜徉其中会大大增加时间成本。

（二）微空间信息碎片化影响认知认同

微空间信息碎片化影响意识形态认同主要表现在三个方面：一是信息碎片化容易吸引大众，但认同的持久性会降低；二是微空间信息快节奏的表达方式，在认知层面上导致一些内涵深刻的思想问题和逻辑关系无法全面得到展开和论述；三是微空间信息碎片化降低了信息自身价值功能，致使个体在认知的认同度上呈现出持续衰减弱化的趋势。

一是信息碎片化更容易吸引个体。传统时代，夺人眼球的信息往往需要极高的创意，即便如此，因为大众生活的单一性和规律性，信息的关注概率依然很低。但在微空间，大众很容易被多样化的信息吸引，一条信息在较大的移动互联网平台上，很容易获得极大的关注。与此同时，大众对于单个信息的持续性关注却变得很低。微信公众平台阅读文章的用户，能够将一篇数千字长文从头到尾阅读完的用户比例不到万分之一。大众用户在观看视频网站，进行网络学习，阅读网络新闻时，往往有跳跃浏览、间断浏览的习惯，这些都是因为大众持续性关注较差所导致的。持续性关注较差，引起大众对单一话题的热度降低，一个话题会在瞬间成为微空间热议的焦点，但话题很难持续深入地展开，往往经过几天时间，这个话题便在大众关注中销声匿迹。微空间为吸引个体注意，个别媒体在信息的发布、转发、评论的过程中采用标题党、断章取义叙事等方法，过度对现实社会进行碎片化的拼贴式构建，导致信息内容的不完整不充分，这种碎片化、表象化的信息传播报道方式很容易误导公众。

二是信息碎片化改变认同逻辑架构。在传统时代，信息只要能够获得大众的关注，就很容易对大众实行彻底的转化，因为此时信息是完整的，拥有严密的逻辑链条，只要能够吸引大众按照这个逻辑链条走完心路历程，大众心理就会慢慢被信息影响。但微空间碎片化的信息没有这种功能，碎片化大大降低了信息所涵盖的内容，内容的流失导致信息影响力被削弱，单一的信息很难再形成具有逻辑的说服链条，因而也很难对大众进行说服，转化大众变得越来越困难，因而信息的价值也就变得比以前低了很多。微空间信息碎片化在割裂时间和空间的同时，让人们的精力很难持续在一件事物上，从而让时间随精力的转移而被分割。大众对于单个信息的持续关注度持续走低，亚马逊发布的《2019年全民阅读报告》中对用户的阅读方式进行了分析，23%的受访者表示过去一年主要阅读电子书，占比比上一年增加了4%，71%的受访者表示在开始阅读电子书后其阅读总量有所增加。① 微空间阅读方式转换为虚拟阅读，并逐渐产生对网络虚拟阅读的依赖性。阅读方法从翻动页码到手机阅读，阅读内容从文字到图像，阅读思维从研发式阅读到快餐式阅读，阅读习惯已经慢慢地实现了从纸质阅读到微阅读，从"大而全"到"简而精"，从严谨周密的逻辑推理向形象直观的微内容的转化。因此，原有的系统完善、理论宏大、逻辑严谨、表达抽象的叙事体系无法引起人们的广泛兴趣，致使其在微空间的自媒体平台上无法得到广泛认同，微空间迎合个体快捷的生活节奏，满足浅阅读的需求，个体可以在微空间任意评论、浏览信息。话语生产的自由化、呈现方式的快捷化，极大地调动了微空间个体的互动性和参与性，催生出众多原创的符号和话语，致使碎片化的信息在空间持续发酵，并迅速弥漫扩散在整个微空间。

---

① 亚马逊发布"2019全民阅读报告"：近半读者年阅读超10本［EB/OL］. 新华网，2019-04-23.

　　三是信息碎片化唤醒了个体自我意识。微空间信息碎片化改变了传统的生活态势和思维观念，它将碎片化、隔离化、自主化的生活方式向纵深推进。个体需求已经从获取海量公共信息服务向获取专属定制信息服务转变，个体可以更加自主地在自身建构的社会中生活，并且彻底与其不感兴趣或不相关的议题隔绝。这在间接层面上造成了信息传播渠道多，但缺少绝对权威；信息海量数据多，但缺少核心观点；个体围观评论多，但缺少实际行动。比如，个别微空间自媒体为追求新闻的新颖性和时效性，碎片化或片段化的报道新闻事件，极易引起民众对新闻事实真相的误解和扭曲。波兹曼指出，"媒介的变化改变了个体的认知结构和思维结构"①。微空间信息碎片化在主动迎合个体阅读方式转变的同时，也在一定程度上因缺少系统的逻辑支撑，间接导致了个体思维逻辑和体系的碎片化。以色列在对世界主流网站数据库全面系统深入研究的基础上，发觉存在这样一种趋势，即：读者停留在一个网页的时间平均不超过 27 秒，这其中还涵盖了网页信息数据的载入时间。同年，有学者对英国学术研究的两个最重要的数据库进行分析，发现学术研究者对文献的阅读普遍采取跳跃式浏览的方式，只关注学术文章的标题、摘要、关键词和作者信息，对文献内容只是走马观花的阅读，这种阅读方式正在逐渐改变着个体信息接收的逻辑缜密性和科学条理性。这种快餐式阅读、情绪化阅读和碎片化的阅读方式，很容易让个体陷入信息的洪流之中，从而影响对事物的正确判断。

　　四是信息碎片化唤醒了个体的消费主义意识。微空间个体漫无目的的消费趋势倾向，致使其耗费大量的精力和时间关注朋友圈的更新状态、关心朋友圈的每一条链接，这种对朋友圈信息更新的持续敏感度，并没有引发个体深层次的思考和阅读，取而代之的则是浅层次的浏览，他们并没有把知识和信息的接收上升到理性思维的高度去认真地思考，取而代之的是以"我浏览过""我评论过""我转发过"作为在微空间自我呈现、自我炫耀、自我表演的物质消费基础和文化理论依据。微空间个体每天不断地更新、浏览、转发消息和文本，不断地将自己放到浏览的虚拟情境中，这在一定层面上形成了分享信息比思考信息更重要，产生了自我的虚假消费需求，随着分享链接的垃圾信息逐渐增多，个体交往互动与信息共享的消费观念逐步弱化。在微空间漫无目的游荡、浅层次的思考，在转发、浏览、评论中实现信息的分享，寻找自身需求的信息通道看似越来越多，然而真正引发自身深层次需求认知的通道越来越少，这种建立在微空间虚假的消费需求，看似异常繁华，实质上鱼龙混杂，并不会为个体带来

---

　　① 尼尔·波兹曼. 娱乐至死［M］. 章艳，译. 北京：中信出版社，2015：49.

精神层次的满足和提升，相反只会让个体在认知体验上更加焦虑和烦躁，更加恐惧和不安。

（三）微空间信息交互性影响认知认同

微空间对社会传统秩序的颠覆和重构，重新界定和构建了意识形态在上层建筑的地位和影响。人与人之间的互动关系对文明物质形态的依赖与依附日渐衰微，构成了信息时代知识传播的后喻特点，社会权力开始向微空间流动。微空间通过信息技术的变革，为社会空间中每一个独立个体赋予生活和实践的物质形态基础，从而在潜移默化中影响和改造社会的政治空间架构和制度规范，实现社会的全面转型。

一是传播交互模式的转变。微空间彻底打破了传统话语传播的单向通道，微空间信息交互传播的去中心化和无组织特点带来了权力的转移和下放。在信息话语的生产模式和接收模式上，微空间的大众可以自由地进行切换。在交互模式上，微空间经历了从自上而下垂直线性的模式向自下而上分散的模式转变，网络受众可以利用转发、评论、分享、点赞等多种方式，完成信息数据的立体、交叉互动式传播。这种全方位、多时空的立体交互模式，助推了信息传播的速度和频率，为微空间个体第一时间了解热点敏感信息并迅速做出情感和行动上的呼应提供了开放的场域，信息充分实现了跨越时空的高度集成化和共享化。微空间作为一个日益成长的新型权力机构，为草根势力带来了崛起的机会，其话语传播像细胞一样扩散，进而渗透在空间的每一个缝隙角落。以微空间中的微信为例，根据其交互模式和信息功能的不同，可分为稳定型社群网络、随机型社群网络和中心型社群网络。其中，稳定型社群网络可以精准实现个体之间点对点的互动，随机型社群网络可以实现任何个体之间的链接，中心型社群网络可以围绕中心结点呈现放射状的传播方式。

二是话语生产模式的转变。传统话语生产模式，因为受到资源配置、制度规范、阶级层次、文化属性、学历水平等转入门槛条件的限制，官方媒介在话语生产过程中始终居于主导地位，牢牢地把握着信息传播的控制权和使用权，大多数个体只能以一种旁观者的角色属性游离在话语生产的边缘地带，长期处于你说我听、你生产我接受的被动生产模式之中。微空间重塑了话语生产的格局，为个体提供了一个相对自由的生产平台，其自由、平等、个性、共享的精神内核为个体注入了强大的勇气和动力，不同个体可以跨越时间、空间和文化的差异，进行自由的交往互动，话语的权力也经历着从集中向分散、从精英向草根的转变，微空间为个体进行话语生产冲破了一切阶层、文化等外在因素的障碍，实现了话语权力相对的自由和公平，话语主体的交互更加自由化，话语内容的生产更加自主化，话语主体与内容的对接更加无缝化，话语的传播方式更加便捷化，话语的生产方式更加平民化，人人都是话语的生产者和传播者，微空间话语生产正式进入一个高速发展的新时代。

三是空间叙事结构的转变。传统认知架构模式下，"自上而下"的叙事逻辑结构和认知模式，呈现出权威性、垂直性和单向性的特点。例如，在政府机构，意识形态常常采取以党委为中心，通过专家辅导、下发学习资料、集中开会学习等形式的叙事结构；在学校主要采取以政治理论课为主，通过宣讲、开会、辅导等形式的叙事结构。这种自上而下的叙事结构，使得个体在自我感受上产生强大的压迫力，从而本能地产生抵触和抗拒。随着自媒体时代的到来，人们在微空间自下而上的书写成为可能，它改变了传统"自上而下"的叙事认知结构，卡斯特将这种叙事结构称为"流动空间的草根化"。微空间草根的叙事逻辑是每一个独立个体都可以自由参与发表意见，从地方性、民间性和边缘性的视野叙述对主流意识形态的认知认同，从而达到"自下而上"的认知和叙事。微空间更注重个体自我体验，更强调叙事结构的创新，采取在空间上实现全覆盖，在内容上更接地气的空间叙事逻辑，在大众个性化、多样化、复杂化需求日益提高的情况下，更容易引起个体的认同。

四是虚拟互动模式的转变。传统互动交往模式中，个体在空间上的物理在场和时间上的实际嵌入，是确保认知认同得以顺畅发生、平稳运行的基本前提。微空间人际互动的展开，可以挣脱身体实际在场的物理束缚，避免在现实交往活动中，因权力规训给个体带来的精神压力和伤害。微空间匿名性的特点，在一定程度上为个体提供了更大的勇气和力量，使其可以更加开放、自主地融入微空间的虚拟社群中，从而释放现实中隐藏的自我个性。根据个体的兴趣点和利益点，在微空间选择属于自己的微群体，从而更为自主地展示自我，实现对自我认同的改造和重塑。认知认同的延展性让个体的身体和器官获得了最大的延伸，传统信息社会无法实现连接的群体，如朋友的朋友的朋友这种间接关系，通过微信和微博可以进行互动；猎奇心理驱动下的偶遇连接可以通过摇一摇、漂流瓶或陌陌等 APP 轻松实现；共同兴趣产生的连接可以通过微信群进行互动，微空间在互动中注重强调以自我为中心节点，各类连接关系可以突破时间、地域、兴趣爱好等诸多限制，快速发生裂变，整合重组关系，开展交往互动。

第三节 微空间主流意识形态认知认同的实现路径

一种主流意识形态理论体系能否真正实现大众化，能否真正被大众认知认同，能否真正让大众自觉践行，不仅要求理论体系本身具有强大的吸引力，同时理论也必须通过科学方便快捷的传播渠道进行广泛输出。微空间作为新时代主流意识形态论辩交锋的主战场，更加急需系统性地整合主流意识形态各方面基本内容，构建一个被大众认可和接受的层次分明、逻辑严谨的科学理论体系，打通理论到实践、思想到行为的微空间主流意识形态认知认同实现路径。

（一）系统化构建

1. 从思维认知体系上进行系统化构建

系统化的思维构建能够充分整合各个环节的力量，从顶层设计的角度出发去发现、分析和解决问题。提高微空间主流意识形态认知认同，要在思维认知的前提、思维认知的融合和思维认知的层次三个方面进行系统化的构建。

一是在思维认知的前提下，要始终紧紧扭住马克思主义在微空间主导地位这条主线。加快推进意识形态认同从传统网络时代向移动信息时代的全面转变，积极构建微空间—微博、微信自媒体受众—社会热点敏感问题—世界性话题"四位一体"的系统框架，具体是指：坚持马克思主义在微空间的主导地位，构建以微空间为思想交锋的"主阵地"，以微博、微信自媒体受众为认同主体的受众"目标群"，以社会热点敏感问题为认同的"突破口"，以世界性话题为引导的主流意识形态全球推广为"桥头堡"，同时注重运用微空间"互联网+"搭建基础平台、发展"移动载体"拓宽传播渠道、开发"大数据"实施精确定位，全面提高微空间治理的能力和水平。①

二是在思维认知的融合上，要坚持一元主导与多元文化相结合的主流意识形态认知认同构建。微空间带来的信息传播"去中心化"及信息管理"把关人弱化"等现实，加剧了主流意识形态一元性与文化多样性的对立，如何在意识形态认知认同构建中正确处理"一元化与文化多样性"的对立，关乎社会发展稳定大局。微空间的社会化作用，加剧了信息的流通速度，扩大了舆论场的规模，微空间作为各种社会思潮、各种利益诉求汇聚的平台，意识形态领域的斗

---

① 韩庆祥，张健. 当代中国意识形态驱动战略实施路径［J］. 中共中央党校学报，2017（4）：73-74.

争异常激烈，要正确把握一元主导与多元文化的关系、解放思想与统一思想的关系、吸收人类精神文明成果与抵御外来错误思潮的关系，采取"堵""疏"结合的方式，积极提高信息时代主流意识形态的自觉适应能力，注重信息技术的融合，始终将微空间治理纳入国家治理体系，坚持把移动载体作为重要战场，通过微博、微信两种途径，充分利用朋友圈、公众号、@议题和热搜群的交叉渗透传播，将中国优秀传统文化渗透到个体的工作生活中，切实提高辨别是非真伪的能力，在健康的舆论环境中促进文化的融合创新发展。

三是在认知认同的层次上，要注意拓宽理论研究视野，进一步提高政治判断力、政治领悟力、政治执行力。重点分析微空间个体思维层次的变化，在国内，要紧跟十九大报告中社会主要矛盾的新变化，寻找增强人民美好生活需要新的认知点，切实在微空间提供更加精确的认知供给；在国外，要紧密结合当前世界格局的变化，实时跟踪掌握西方各种思潮的动向，特别注意西方国家带有意识形态色彩议题的传播，议题主要集中在攻击马克思主导地位、质疑执政合法性、排斥党指挥枪、解构丑化价值观、推广普世价值。在微空间这个意识形态的主战场上，既要敢于同西方思潮进行对话和斗争，在纠正错误思潮的过程中，既提高了个体对主流价值体系的认知，又能宣传中国道路和中国模式。微空间改变了传统的认知结构，在理论研究上要求尽量避免传统的以科层为主导，防止数据资源碎片化与信息孤岛现象的发生。传统的理论研究者，在思维上习惯将意识形态认知认同割裂成不同的部分进行研究，致使无法从全局的角度深刻领会意识形态的变化。在对认知体系进行系统化构建的过程中，要注意在微空间的共同理想和终极价值维度上始终保持稳定的价值内核；在微空间的主流意识形态性质、个体意识和行为、舆论思潮的流动方向、微空间群体行为上保持正确的价值引导；要注意在微空间及时回应社会关注的热点敏感问题和网民的意愿诉求，切实提高和增强微空间视域下主流意识形态的凝聚力和吸引力；充分发挥微空间自身特性，不断提高理论的内涵性、新颖性、时代性、丰富性、创新性和趣味性，为微空间个体认知提供更多的自我选择，增强微空间认同的契合度，增强主流意识形态的认同感。

2. 从内容认知体系上进行系统化构建

微空间主流意识形态认知内容体系的构建前提是清楚了解和把握两个方面，一是主流意识形态内容体系的逻辑性，二是主流意识形态内容体系的科学性。通俗地讲，就是主流意识形态包含哪些内容，内容之间彼此的逻辑关系是什么，凭什么认同主流意识形态的内容体系。主流意识形态的内容体系学界有很多种构建方式，其中比较有代表性的是学者沈卫星的"结构需求说"，他提出了"一鼎三足"的构成模式,在此基础上我们将内容体系概括为"一鼎四足一动力",即:一个奋斗目标,实现共同理想,它是整个意识形态价值内容体系的核心;四个逻辑支撑,马克思主义的指导思想逻辑,中华优秀传统文化的文化逻辑,时代精神和民族精神的精神逻辑,核心价值观的人格逻辑;一个动力源泉,习近平新时代中国特色社会主义思想。厘清内容体系的逻辑架构后,就要进一步思考:如何在微空间推广这套体系?这套体系的先进性和科学性的价值何在?为什么主流意识形态一定比非主流意识形态更科学更合理?微空间个体认知认同主流意识形态内容体系的吸引力在哪里?在理论的解释模型上采取"存在—中介—目的—评价"模型①。马克思主义的最终理想旨向是实现人的全面而自由的发展,它实现了对个体和人类的终极关怀,这与微空间个体向往的自由本性不谋而合。马克思主义认为,实现理想和现实融会贯通的中介是实践,这是马克思主义思想最鲜明的特征。马克思的实践论和唯物史观,在任何时代任何空间都闪烁着智慧和真理的光芒。任何思潮和非主流意识形态在整个解释模型系统中都存在着片面性和狭隘性,比如,新儒学的最终理想是实现社会大同,但在中介的实现形式上是道德的形而上,所以在构建微空间主流意识形态认知认同内容体系上,一方面要坚持马克思主义的科学性和指导性,在体系的构建上,要注重抓住意识形态的本质,将核心理论融入认知认同内容体系的各个环节,用理论的说服力和感染力吸引个体的认知认同。另一方面要注重坚持动态性、全面性、目的性、差异性和创新性原则,既要在微观角度关照个体内在的发展需要,又要在宏观角度关照社会的发展需要;既要准确理解把握微空间意识形态认知的新变化,又要具体分析微空间意识形态认知面临的新问题;既要结合大数据精准分析微空间意识形态的动态趋势,又要深刻反思意识形态内容认知体系构建上存在的弱点和缺陷。当前主流意识形态在内容认知体系构建上,存在着配方陈旧、渠道单一、工艺粗糙、包装落伍等问题,这与在微空间提高主流意识形态内容科学性、创新性和引领性的要求存在着明显的不一致。

因此,要根据不同文化背景的人群,动态调整意识形态认同内容,切实符合受众个体的认知认同需求,提高内容层次与个体利益、精神需要和社会认同的契合度,真正反映不同层次个体的实际需要。同时要充分考虑微空间自身内容碎片化、传播裂变化、表达通俗化等特点,既要注重在内容深度上进行细致区分,又要注重把各个内容层次与微空间文化充分结合,在道德、核心价值观、

① 沈卫星. 社会主义核心价值体系认同面临的挑战与应对 [M]. 北京:学习出版社,2016:20-24.

马克思主义思想等各种维度上,要有相应的微空间文化对接,既有通俗易懂、接地气的阐述,又有生动形象、深入浅出的表达,还要体现理论的深度和厚度,认知认同效果才能够得到进一步提高。

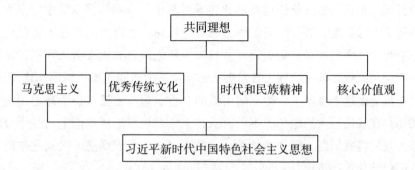

图8.1 主流意识形态价值内容体系逻辑架构图

3. 从环境认知层次上进行系统化构建

主流意识形态的认知与其所在的环境无法分离。因此,提高微空间主流意识形态的认知认同,需要动员线上和线下的力量,既要从社会层面不断调整经济环境和文化环境,也要从空间层面不断调整技术环境和空间环境。从经济环境的维度看,经济因素作为主流意识形态的力量源泉和方向指南,健康稳定的经济发展环境可以为意识形态的平稳顺利推广和主体自身主动的认知提供良好的基础。在微空间意识形态的传播过程中,稳定的经济环境并不能直接转换成个体的认同,它需要达到个体利益需求与经济稳定增长之间的平衡,真正让经济发展的成果惠及每一个个体,切实处理好当前大众最关心的教育、住房、健康、收入等现实利益问题。从技术环境的维度看,人类政治认知的每一步推进,都离不开媒介技术环境的助推。延展认知理论指出,媒介技术环境正在重塑个体认知理念、重建认知结构、重造认知方式。媒介技术环境重点关注技术环境的变化如何改变和影响个体的认知,如何建构个体的符号属性和存在感知。针对微空间主流意识形态认知认同上出现的信息污染和噪音,要学会运用大数据等技术手段进行信息搜索,彻底过滤掉信息噪音和信息污染源,同时运用大数据根据个体的浏览内容、行为方式,实时动态分析认同主体微空间关注的焦点,切实营造安全可靠的技术环境,彻底让思想污染的重灾区失去生存的土壤。

(二)大众化推广

"意识形态决定文化前进方向和发展道路。必须推进马克思主义中国化时代化大众化。"① 主流意识形态要在微空间实现大众化，必须针对国内和国际两个微空间群体，用最具有中国特色、最能体现中国符号、最富现代节奏、最个性的信息语言、符号和话语体系创新马克思主义理论，使其在最大程度实现大众化的目标。在意识形态价值体系转化传导过程中，应根据受众的学历层次、年龄结构等实际情况，进行恰当的语言和理论转化，实现主流意识形态话语体系从复杂哲学原理到浅显易懂故事、从只有少数人理解到大多数人明白，从高大上的理论研究到接地气的融入日常生活的转换。微空间主流意识形态认知认同，在大众接受度这个维度上，微空间用语的个性表达与主流意识形态的理论表述之间还存在着比较大的距离。不可否认，主流意识形态在推广上已经十分注意网络民众的接收问题，但是必须承认，微空间主流意识形态的大众化推广和认知认同仍然任重而道远。

一是从技术的维度掌握微空间传播的特点和规律。信息时代的发展，间接为微空间提供了技术赋权。根据统计数据，我们可以发现全天文章推送共有 3 个比较高的时间段，分别是 7：00-10：00、17：00-18：00、20：00-22：00，深入分析，这三个时间区间分别是上班、下班和睡前，通过分析公众号文章的推送时间与其被关注、阅读、转发、评论之间的规律，了解掌握推送频率高的时间区间，科学提高主流意识形态的推广度。

结合统计分析，传播媒介的选择需要考虑传播主体所处历史环境、传播目的、传播组织性质和社会功能、传播媒介性质、受众需求等因素。从历史的维度审视意识形态大众化传播过程，先后经历了口语、纸质、电子和自媒体传播媒介的更新和升级。微空间自媒体传播主要是借助微博、微信等自媒体平台进行主流意识形态大众化传播，它在改变个体交往方式和生活状态的同时，也间接实现了内容生产和信息传递，并呈现出主体匿名性、价值多元性、过程互动性、时效即时性和空间无界性等特点。深入探讨微空间对传统主流意识形态大众化传播模式的解构和建构，全面了解微空间自媒体的发展进程、传播规律、总体布局、模块构成、运作方式，为探索利用自媒体有效推进主流意识形态大众化提供理论基础。微空间自媒体对传统传播环境的改变，重构了个体信息接受心理、行为和传播习惯。在大众化推广的过程中，了解微空间个体的使用行为、权力运作和秩序维持；了解微信基础模块、信息模块和管理模块的组成，了解 MOOC、弹幕、二次元的历史，只有实时动态了解微空间不断衍生的新的传播媒介，才能不断了解个体的用户心理和需求，才能充分利用好意识形态传

---

① 习近平．习近平谈治国理政：第 3 卷［M］．北京：外文出版社，2020：32．

播的新兴载体，才能不断创新意识形态传播的方法手段，真正实现主流意识形态的大众化传播和认知认同。

二是从实践的维度创新交互方式。微空间自媒体在人际传播上，提供了更自主的交流平台和更多样的交流方式，主流意识形态大众化传播开始经历从灌输向对话的转变。现代个体的独立思考能力和自主意识的显著提高，对每一件事或每一个理论都有自己独立的判断和表达，不会轻易接受外来的理论教育和灌输。因此，要克服传统灌输理论中传播主体与受众客体二元对立的模式，打破传播主体与受众客体之间的认知认同鸿沟，利用现象学主体间性原则，为受众在空间和实践两个维度主体性的彰显架设对话的桥梁，全面刺激调动受众主体的主动性，使其充分释放活力和思想，全方位提高交互、嵌入和认知能力。人们利用自媒体在微空间就现实热点敏感问题展开讨论时，实际上也是真实的表达对主流意识形态的关注与接收。微空间个体的交互过程实质上是线下和线上的思想交互，理论和现实的情境交互，时间和空间的时空交互，观点和思想在交互中展开激烈的交锋和碰撞，在满足民众个性化表达需求的同时，也提升了主流意识形态的认同度。

三是从内容的维度实现信息的精准推送。如何实现主流意识形态内容的精确推送，需要了解微空间个体习惯浏览的内容，对浏览的痕迹进行实时动态追踪。我们将微信公众号划分为新闻资讯、科技电子、经济金融、生活情感、娱乐影音、健康养生、体育运动、文化艺术、网络购物、旅游度假10个栏目。通过数据分析，可以发现不同主题微信公众号在平均阅读数上存在差异，微空间微信公众号用户的兴趣分布主要集中在新闻资讯、生活情感和娱乐影音上。大众化推广实现的一个重要步骤就是精准推送主流价值思想。微空间主流意识形态传播必须树立"互联网+"的理念，注重加强与云平台融合对接，运用大数据对个体进行精准定位，对群体进行精准的分析，详细了解个体的性别、年龄、学历、职业、收入等结构属性，了解个体的社交、兴趣、爱好等价值属性，实现大众化推广的精准性、实时性和动态性，真正完成从简单枯燥向丰富立体，从被动接受向主动选择，从集体模式向私人订制的精准高效传播的转变。在主流意识形态推广过程中，要将推广的重点放在个体高度关注的区域，善于把握微空间个体碎片化的思维方式和阅读习惯，主动把主流价值内容进行碎片化处理，积极提取其核心思想和理念并以碎片化的形式呈现，充分吸引受众个体的注意力，提高内容的关注度。在对内容建构解构的过程中，力争创造出一些大众喜闻乐见的精品文章、段子、图片或微视频；要善于探索微空间群体交往规律特征，结合不同微群体的喜好和特点，有针对性地定制不同的内容进行推送，真正实现微群体价值理念和主流价值理念的有机融合，并积极利用大数据、云平台，量身定制信息推送，这是主流意识形态获得认同与共鸣的前提，也是政府公信力提升的重要渠道。同时在信息精准传播的过程中，要注重时刻保持主流意识形态推送信息与微空间个体需求之间信息推送的零距离，真正实现信息传播与社会渠道之间无缝连接，切实提高传播的精确性和渗透力，真正打通信息传播的"最后一公里"。

（三）通俗化演绎

艾思奇指出：通俗化不仅仅是通俗生动的文字，而是要应用理论，通俗化的活用并不在于"解释"，而在于"指示"，在于用理论生活的指示。主流意识形态通俗化演绎的实质以通俗易懂的话语表达和大众喜闻乐见的实践形式为载体，全面推动以马克思主义理论为指导的中国建设和改革发展的实践进程。主流意识形态通俗化演绎核心是实现从晦涩难懂的哲学理论到浅显易懂的大众语言，从抽象固化的逻辑推理到轻松愉快参与的互动转换过程。"比特（bit）"和"数字化"成了新世纪人类生存的"福祉"[1]。微空间在改变个体交往互动思维模式、语言风格、心理意识和行为特点的同时，也为主流意识形态在通俗化演绎的道路上赋予了新的时代内涵。

一是注重话语通俗化。韦伯指出："任何统治都企图唤起并维持对它的合法性信仰。"[2] 核心价值思想获得大众认同，话语的通俗化是其中一条最行之有效的途径。话语作为思想意识传递和输出的方式，以文字、图像和视频为载体，在时间和空间双向维度下蕴含着思想的交流和碰撞，涉及探寻、建构和反思的全过程。习近平强调："要坚持意识形态话语转换和话语创新统一，切实提高意识形态的影响力和吸引力。"[3] 微空间主流意识形态的话语转换是根据微空间特点和自媒体平台情境的要求，适应受众的习惯和需要，适度调整和改变话语叙事的逻辑结构和话语输出方式，用更富有微空间特色属性的话语来沟通、分享、交流自己的观点和思想，从而在话语通俗化的推进过程中，提高主流意识形态话语体系的引领力和吸引力，在话语通俗化的过程中，要注意把握话语供需之间的平衡，切实在供给端和需求端实现完美对接。当前在通俗化的过程中，供给端生产的产品属性的排列结构是，微空间政府供给端：政治性>理论性>人文

① 尼古拉·尼葛洛庞帝. 数字化生存［M］. 胡泳，范海燕，译. 北京：电子工业出版社，2017：18.
② 马克斯·韦伯. 经济与社会：上卷［M］. 林荣远，译. 北京：商务印书馆，1997：239.
③ 习近平. 在全国党校工作会议上的讲话［J］. 求是，2016（9）：3.

性>趣味性；微空间个体需求端：趣味性>人文性>理论性>政治性。在供给端中的政治性和理论性属于政府的强制供给，通俗性的属性非常弱；在需求端中的趣味性和人文性属于个体的强制需求，通俗性的属性非常强，这就直接形成了双向的势能差，即：供给与需求的势能差和通俗自身的势能差，间接上也产生了结构化的矛盾。因此，在话语通俗化的过程中，也要注重供给侧结构性改革和需求侧方向性创新，在供给端提高趣味性和人文性话语的输出量，同时在话语需求端要加大对理论性、政治性话语的创新，加快其通俗化升级的步伐。

二是注重方法通俗化。通俗性在哲学的角度，是追问个体的本性，是对个体本性的回馈，在认知维度上具有极强的实践表征和现实属性。意识形态的推广要真正内化于心，获得大多数个体发自真心的认同，必须要第一时间了解个体需求，第一时间倾听群众心声，第一时间适应时代信息转换。微空间打破了时间历时性和空间共时性的桎梏，全面颠覆了个体在时间和空间维度的传统认知，拓展了微空间背后隐藏的深层逻辑和总体性关系特征。在对自我认同模式进行解构的同时也在改变个体对自我情境体验的认知。因此，在通俗化演绎的过程中，微空间在缩短信息传受双方物理位移的同时，对心灵空间的位移拉近提出更高的要求。在信息传递输送过程中，通过建构传受双方共同参与的视域融合机制，实现信息资源的最优配置，从而在二者互相认知的维度上拥有共同的符号象征体系。微传播的趋势倒逼传播方法必须向微型化、通俗化、视听化的方式转变。阅读方式的快餐化，使人们对主流意识形态理论的认知度明显降低，而且趋向于浅薄化，要采取更为灵活的通俗化表达方式。在时间和空间的维度上，对图解新闻、微视频等传播方式方法进行创新，实现个体从生活认知体验维度向思想认知体验维度的转化，从而引发个体对意识形态的客观审视和深层反思。微空间为传统时空观赋予了全新的内涵，个体无法用严谨的逻辑思维方式透过历史的维度去审视分析问题。微空间个体的认知认同需要经历注意信息、引起兴趣、搜索群体、采取行动、分享体验这一系列新的过程体验，要将信息传递方法通俗化理念关照到认同实现的全过程全领域，正面的方法传递会巩固认同，进而发生积极的辐射传播效应，负面的方法传递会消解认同，进而产生负面评价降低认同。如图8.2所示。传统线性、结构性的时间维度让位于多元性的空间维度，我们可以提前采用动漫、卡通、微视频等方法对一些重要政治会议进行预测性报道，例如，运用自媒体平台从图像、视频等多角度全方位报道党的十九大，就收到非常好的效果；可以运用大数据对受众人群进行科学定位分析从而进行精确性报道；还可以运用微空间实时数据更新方法，打破传统线性时间报道模式，实现微空间内容传播从单一的文字内容向图片、声音、文字、视频全方位综合立体的表现形式转变。

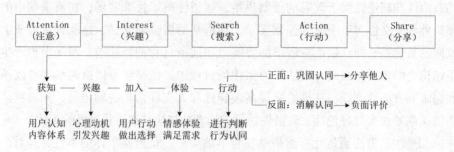

图8.2 微空间认同产生的心理图式和行为流程图

三是注重符号通俗化。海登·怀特认为：意识形态在进行心理导向的生产复制过程中，某些象征符号体系被赋予了成为认识事物"意义"的特权，而其他一些象征符号体系则被压制、忽视或隐藏。符号体系能够实现意识形态过程的完整重现，因此，有效归纳、构建包含图片、文字、图形等各种形态的传播符号体系具有重大的理论意义。图像符号作为微空间信息传播的衍生品，能够最大化地调动个体的视觉器官，达到最佳的认知效果。微空间敏感焦点事件和其传播认知主体具有强烈的符号属性，事件和思想的传播扩散，因双方的不在场，而更多地以跨越时间和空间的符号对话和沟通来进行展开。微空间的符号体系包括文字符号、图像符号、视频符号（音频）、表情符号和动漫二次元五大符号体系。意识形态内容在通俗化的推广中，要注重结合微空间不同群体的需求，主动对接五大符号体系，在思想的推广中进行深度融合，创造性地开展符号的编码和解码，生产出既代表自身意识形态属性又被网络群体高度认可的体系符号。霍尔指出：受众在识破编码意义后，会根据自己的经验解读出新的意义。微空间个体在符号输送过程中不是被动消极的符号接受，而是在话语构建过程中主动积极的选择。符号自身编码和解码之间的相互生产转换和翻译，其实质是各类符号体系在主流价值体系符号中的交锋和对抗。因此，主流价值符号体系推广和认同，是建立在不同体系符号之间互相竞争和妥协的基础上形成的。微空间个体在符号传播和转发过程中，并不是完全复制最初的编码，而是在原始编码的基础上，加入个体主观意愿，进行充分的解码。编码解码理论在符号的通俗化过程中，一直有两个坐标维度：一个坐标维度是负面的解码。在解码的文本符号中，隐隐弥漫着强烈的自由主义思潮。另一个坐标维度是正面的解码。在转码的过程中，更多体现的是国家领导人和民众的零距离，在引起微空间个体热议的同时，也拉近了领导和民众的距离。同时要注意，通过各种符号体系相互交织融合传播，在通俗化的整个推广过程中会收到事半功倍的效果。

主流意识形态主观上希望通过体系符号的编码和解码，限制符号的内涵和外延，微空间个体则希望在体系符号的编码解码转化过程中，动态更新符号的内涵，不断拓展符号的外延。话语编码和解码演进的历程是曲线而非平行的直线，中间充满了忍让和反抗。因此，要积极地进行符号的编码解码，积极转变传统意识形态的符号表达，用形象生动的符号体系表达和传递党的声音，完成传统政治符号向微空间生活符号的转换。在微空间自媒体运用中，表情符号蕴含着个体更多的情感，因此成了微空间个体交往互动符号体系中的重要一环。主流意识形态在构建符号体系过程中，要注重符号体系之间的内在逻辑关联，注意区分不同符号的认知主体和认知层次，运用大数据对微空间话语符号进行数据量化梳理和研究，归纳出重要程度较高的概念、词句或字母等传播符号，并对这些符号的表现形式、逻辑关系、意义内涵进行深度的制作加工，构建一套接地气的官方符号话语传播模式，这种话语模式就是运用主流意识形态的传播符号，来诠释本质性含义的表达方式。当官方符号话语与民间符号话语二者之间找到完美的契合点时，主流意识形态话语就能极大地提升在微空间传播的质效比，从而显著提高个体对主流意识形态的认同度。

第九章

微空间大学生主流意识形态的情感认同①

习近平总书记在中央和国家机关党的建设工作会议上的讲话中指出："带头做到'两个维护'②，既要体现高度的理性认同、情感认同，又要有坚决的维护定力和能力。"情感认同是以认知认同为前提，主观上乐于接受思想的传导并积极地进行转化，从而在个体内心深处产生积极的情感体验。它充分实现肯定情感和主动选择的统一，稳定情感和自觉选择的统一，坚定情感和必然选择的统一。意识形态在微空间传播时融入更多的情感因素，更有利于个体产生思想价值层次上的认同共鸣，从而有助于推动实践认同的形成，实现从内化于心的情感向外化于行的行动价值超越。

第一节　情感认同是价值认同的动力

情感认同是建立在个体全面系统理性认知的前提下，情绪相对平稳的情感体验。它有正反两个方面的情绪表现形式，每一种选择都与行为的实践正相关。情感自身的非理性因素特点，在微空间得到了最大的释放，它营造的情绪氛围渗透在情感认同的全过程，容易产生逆反性的情感隔阂和鸿沟。微空间个体自身情感的复杂性、动态性和善变性，极大地影响着认同的深度和广度。认同主体在情感认同过程中，释放积极情绪有助于促进认同；反之，则会阻碍认同。

（一）情感的流变性

作为有血有肉的个体，作为社会实践的主体，认同主体的情感会随着客观世界的变化而产生自然的流变。从现象上看，它是承认运动的，是"不死"的，但它用范畴的运动取代现实的运动，从而也就根本否认了社会生产力的增长、

---

① 本文发表在《观察与思考》2021年第6期，作者王军旗、徐亮.
② 习近平. 在中央和国家机关党的建设工作会议上的讲话［J］. 求是, 2019（21）：1-9.

社会关系和社会思想的不断变化，因而它实质上是"死的"。"不死的死"，是对蒲鲁东政治经济学方法论唯心主义色彩和形而上学实质的真实写照和反映。当人类通过自己的劳动进行生产活动的时候，客观世界也从外向内转化为人的思想、观念。因而，人在完成现实生产的同时，也完成了思想、观念、情感的生产。情感作为一种特殊的观念形态，其流变性较社会关系来说更为剧烈。在历时性的维度，个体因为心理的需求程度差异，呈现出情感的瞬时性和永久性两种时态。当个体的情感需求得到短暂的满足，情感就会呈现出瞬时性，当个体的情感需求得到连续的满足，情感则表现为稳定的信念。显然稳定的信念在维系人们选择能持续满足自身需要的客观事物上更具能动性，而短暂的情绪无助于保持选择的连续性。只有当情感是肯定性质的情绪，稳定程度的信念才能形成坚定的信仰，进而成为持续促进发展的强大精神支撑和行为驱动。因此，情感也就成了衡量主流意识形态认同程度的内化性指标和关键性因素。

（二）情感的层次性

个体情感系统具有科学严谨的逻辑层次结构，其层次结构的划分在根本上取决于其自身的价值层次结构。情感作为价值逻辑关系层次在大脑中的主观能动反映，其核心目的是满足个体的价值需要和精神需要。情感能级的高低呈现出逐级递增的趋势。低能级在经过历时性和共时性的能量体验后，方可顺利开启高能级的情感。低能级是高能级的基础，高能级相对于低能级来说，表现出极强的主观能动性。价值从低能级向高能级的转化过程中，会产生价值系统的势能差。价值系统在因变量和自变量之间呈现出明显的逻辑关联性，价值能级的因变量发生变化，其能级产生的自变量也会发生改变。价值能量呈现形式和手段的多样性需要较强的主动性、前沿性和创新性做支撑，从而为个体主观思想提供更多交流平台，为理性思维提供更大的空间。在情感能级的区分维度上，高能级情感具备更强的振动性、更大的互异性、更复杂的干预性。高能级情感具备极强的振幅的波动性，不同社会环境和现实情境，在很大程度上会对价值能级情感的启动升级、运行机制、续航时长、目标定位和精确制导产生一定的影响和冲击，当低能级情感的能量值达到转换的临界值后，并不能立即实现能级的转化过渡，它需要经历一定续航时间的缓冲。在这期间，低能级情感也存在着转换失败的情形；同理，转化成为高能级情感后，在面对情绪低落或情感重创时，高能级情感不会立即下降到低能级的情感，它也会经历一定时期的情感缓冲，回落到低能级的情感。明确认同内容情感目标的能级结构，做到知其然更知其所以然，注重将认同主流意识形态，建设主流意识形态和培育主流意识形态三个能级有机结合起来，切实形成肯定的、稳定的、坚定的情感状态。

(三) 情感的效能性

情感的效能性是指情感转化为行为驱动力的动力特性。对于同一种情感，不同个体之间会产生不同强度大小的行为驱动力，这种情感反应和行为反应之间的效能差异性，通常可以采用单位情感强度刺激下，行为驱动力产生的大小进行区分。个体在进行行为驱动的过程中，在情感的维度上首先要进行一个基本的价值判断，然后根据价值判断的结果，决定行为驱动是否开启以及驱动进行的量级和程度。在行为驱动进行的过程中，要时刻关注情感和心理图式的动态变化，始终保持情感张力在一个相对稳定的区间内，从而让行为驱动在相对理性中进行，促进劳动生产率的提高和转化。情感效能性在某种程度上同群体的行动，有着一定的逻辑相关性。每一次生活场景的互动，每一次时空剖面的集聚，每一次思想动态的捕捉，每一次心理图式的感应，每一次情感效能的变化，都会对情感的认同度产生巨大的影响。

第二节　微空间对主流意识形态情感认同的影响

微空间场域在改变个体认知的同时，也在一定程度上瓦解了传统的情感认同模式，可以实现个体在身体不在场的情况下，跨越地理空间的障碍，通过信息沟通实现情感间的交流互动。传统的靠血脉、种族维系的情感纽带，在微空间逐渐被兴趣、爱好和业缘等群体取代，微空间个体之间情感关系呈现出弹性化的特征，时而牢固，可以吸引大量的粉丝；时而脆弱，可以瞬间被大量粉丝取消关注。微空间反向认同、自我呈现、从众心理等一系列新情况新问题，都会对主流意识形态的认同产生影响。

(一) 微空间从众心理对情感认同的影响

微空间群体从众心理逻辑结构，强烈冲击着传统社会个体经验逻辑结构，个体情感的认知和积累，并不随经验的增加而呈现出明显的提升。相反，这种传统意义上经验的失效，正逐步降低现实社会物理空间个体情感交流的频率，加剧了个体之间情感的冷漠程度。微博、微信等微空间自媒体的出现，为增进个体之间情感交流，弥补个体情感缺失，提供了一个更加便捷、更加广阔的媒介空间场域。在现实生活情境下，一些突破价值底线的事件毫不遮掩以近乎全裸的形式全方位展现在个体面前时，个体传统固有的情感认知体系几乎被完全瓦解，惊讶、孤立、颠覆、毁三观成了个体情感体验的真实情绪反应。微空间个体情感的变化，会通过信息的形式变换、拷贝与更新等多种方式进行加固与强化，并加剧微空间个体的从众行为，使之对群体产生更为强烈的归属感。微空间群体行为不会受到人群、时间、地点等传统因素的限制，同时实时性、匿名性、兴趣性等特点，又加剧了个体主观参与度，使其在无意识下产生从众心理，进而引发集群行为。在热点敏感突发事件中，微空间个体的评论、转发等行为，就带有明显的从众心理。在现实语境中，微空间大 V 在没有对事件真相进行充分调查前，为了博取访问流量和关注度，第一时间占领舆论制高点，肆意发布未经证实的信息，这种多对多的群体传播流言导致了微空间集群行为的发生。微空间自媒体信息匿名性的特点，致使网络管控难度逐渐增大，大部分个体缺少辨别信息真伪的来源渠道。

（二）微空间他者问题对情感认同的影响

传统个体身份认同大多是采用血缘、地域、种族或国家等符号，而微空间个体身份的认同更多的是采用以自我为中心的符号，比如，兴趣、爱好等。微空间构建的自媒体社交平台，在不远的将来会完全吞噬掉自我中心主义的思维领地空间。这种传统工业时代的思维理念在其根本价值属性上是排斥他者的，它更多强调的是一个封闭狭窄空间内的自我感受。在以自我为中心的个体世界中，他者仅仅被认为是一个单纯外部的存在，自我在同他者的对抗中，始终处于失眠、孤独、焦虑、挣扎的状态。在微空间中，即使他者心不在焉、漠不关心地被动应付，也会消耗掉大量的精力和时间。以自我为中心的个体，习惯在朋友圈发表观点、设置议题、提供链接，意图自身成为微空间话语的主导者。然而，对空间场域中的他者而言，其主动寻找群体并成为群体中一分子的核心动机是探寻新的交往互动模式的刺激点，感受新的群体在思想层面给予的心灵归属感。微空间自我将朋友圈视为个人展现自我的平台，随心所欲发表个人感受，要求群体中的他者第一时间进行呼应，他者在交流互动中感到明显的被边缘化，自我话语权上的过度强势让自我和他者之间无法进行平等的沟通和交流。

（三）微空间自我呈现对情感认同的影响

在微空间的自我呈现中，表演主要是个体在微空间场域内一系列的交往实践行为及其外在的表演形式；观众主要是个体的好友和粉丝。台前主要是个体在日常生活中刻意扮演的角色属性所产生的实践行为场域，其在台前尽可能地诠释自身完美的角色属性。个体主观上习惯把某一固定区域标定为台前和幕后，但实际上，台前和幕后的标定是动态变化的。在微空间的自我呈现中，台前和幕后所代表的内涵和寓意同现实生活情境中的内涵截然不同。在现实世界的空间维度内，个体潜在的思维意识里习惯把正常工作中产生的一系列交往实践行为视为台前；在虚拟世界的空间维度内，则习惯把通过用虚拟化、遮蔽化的个体身份属性进行的实践交往行为视为幕后。微空间个体日常生活从后台走向了前台，日渐成为群体关注和评论的焦点，这种中心舞台的光环效应会激起个体强烈的暴露欲望和表演欲望，在某种程度上超越了个体自身的伦理范围，在空间内对其他个体形成了过度的空间挤压和占有。微空间打破了个体作为生命体的客观局限性，拓展了个体实践活动的半径范围和表演舞台。当个体陷入"表演—关注—反馈—表演"这个需要博得粉丝和周围个体不断刺激的表演恶循环时，也间接地将个体极度碎片化的生活空间场景逐一暴露在大众面前，这种由个体狂欢化表演建构的碎片化空间和个体真实社会的现实空间实现了完美的无缝链接，共同拼接成一个完整的时空版图。微空间自我呈现介于虚拟与现实之间，线上与线下之间，其强烈的狂欢意识和表演意识，加大了掌控个体思想变化趋势和社会心理动态的难度，在某种意义上降低了主流意识形态的情感认同度。

（四）微空间反向认同对情感认同的影响

微空间个体行为，在文化传承维度上延续了现代自由主义提倡的叛逆精神，对生活的真实性产生怀疑与否定，对主流意识形态产生调侃与讥讽，在个体实践维度上完成了对现代自由主义的超越，更加注重瞬时性、快餐化、独立性、情绪化的非理智的盲目随意的情绪波动历程。微空间个体野性的一面得到最大程度的释放，不辨是非、不明觉厉、疯狂吐槽，单纯地追求自身感官刺激和心态狂欢，后现代文化在微空间获得了最丰富的土壤，这种后现代的感官审美方式和表层意义上的自我陶醉，极易引发个体的反向认同。在思维反向认同的助推下，微空间发表正能量言论的个体常常遭到群体恶语围攻，而发表负能量的个体则会更加容易获得支持和认同。线上的反向认同会影响线下的行动，它冲淡了人心情感的温度，压抑了正能量情感的释放空间，助推了实践行动的不作为。在逻辑思维和理性认知上，微空间个体更容易具有批判性、反抗性和片面性，常常在不经过深入思考和论证的情况下，对负面新闻或信息做出不理智的回应，在微空间评价、关注、转发各种社会负面新闻成为彰显个性的行为，成为一种乐趣和偏好，这种负面偏好在缺乏正确引导和教育的情况下，更容易放大负面情绪，引发反向认同，严重影响情感认同的正向输出。自媒体平台的显微镜放大效应，会在加速微空间负面信息快速传播的同时，导致负面消极信息无限放大。这些信息在经过别有用心的个体、组织或国家的生产加工和包装后，会形成带有浓厚意识形态色彩的爆款信息，以病毒式的传播分裂速度迅速泛滥，对微空间主流意识形态的公信力和凝聚力造成严重威胁和挑战。个体的逆反心理和猎奇心理被别有用心的个人、组织或国家充分利用，成了他们思想的传声筒，在微空间广泛地传递负面信息，编造各种谣言，企图迷惑大众，进而攻击主流价值导向，极大降低主流意识形态的情感认同度。

（五）微空间领域差异对情感认同的影响

20 世纪 60 年代末期，泰弗尔的认同理论，为微空间场域如何形成群体认同，开拓了新的理论视角和研究范式。在特定的场域内，个体的意识形态、情感、信仰或兴趣与某一群体的意识形态、情感、信仰或兴趣相适应或相一致时，这一个维度的领域差异就会被激活调动，从而引发群体积极的心理认同和后续的情感认同，个体在角色认同中就会更加清晰地了解在这一场域中"我是谁"。在多元价值观念并存的情况下，个体认同始终随着价值观念的变化进行动态调整。当某一个体价值体系与某个群体价值高度一致时，价值维度上的领域差异即被激活，从而个体相应的价值观念也会被"激活"和"调动起来"，就会在重新"产生我群体、他群体分类以及积极、消极的评价"中确立"我是谁"的新认同。微空间自由的氛围为多元化思想的生长提供了最合适的土壤，曾经隐藏在空间缝隙中的现实社会的黑暗面和丑陋面也因微空间碎片化的全景呈现，完全暴露在公众的视野中，这对情感认同提出了更高的要求。从信息内容的建构模式来分析领域差异机制，微空间信息呈现的图片、文字、视频三者自由排列组合的新模式，更容易吸引个体的注意，从而触发领域差异机制。从信息内容的效能属性来分析领域差异机制，微空间话题信息过度地偏向于娱乐属性和经济利益属性，会间接地影响信息传播的真实性和效能性，从而在个体启动领域差异机制、寻找认同群体的过程中，无法辨别内容的真伪性和信息的效能性，在价值取向上形成错误的共识。从信息数量的离散分布来分析领域差异机制，其海量数据信息分散在微空间的各个缝隙和角落，造成了信息链条的大量割裂，对个体的信息选择取舍和加工转化能力素质要求更高，在一定程度上影响了领域差异机制中的元认同。对生活在微空间的个体来说，由于对很多领域不熟悉，很容易被微空间的虚假信息蒙蔽甚至失去理智，从而产生错误的群体归属认知和情感。尤其是在西方国家或各种错误社会思潮的诱导刺激下，更容易对个体的情感动机和心理图式产生强烈的冲击，个体处于信息碎片化的汪洋之中无所适从，从而加剧个体思想情绪的波动，动摇情感认同的稳定度和忠诚度。

第三节 微空间主流意识形态情感认同的实现路径

作为价值认同最为正向的情感因素，幸福感、归属感、共鸣感的实现必然对价值认同产生积极作用，它们所体现的就近性、相似性、荣耀性、外表性、动力性是对微空间主流意识形态情感认同最本质的反映。在微空间主流意识形态的情感认同路径上，要积极适应微空间场域为情感认同带来的变化，加大正向情感因素的价值研究，注重关照现实群体问题，实现网上网下交流互动，切实提升情感认同。

（一）提升归属感

微空间场域的受众极其向往群体的归属，希望在各种群体中宣泄压力的同时汲取心灵的慰藉，这已经成为微空间受众精神世界中最基本的价值追求。认同在哲学层面上蕴含着归属的理念，认同的过程就是一个不断和他者比较、不断寻找群体归属、不断融入群体的过程。从一定程度上来说，归属就意味着价值认同。在认同建构的过程中，通过不断地同他者进行类比，寻找并发现自身和某一特定群体的相似特征，从而实现群体的划分，实现在心理层面上归属感的建构。

一是要突出微空间主流意识形态的人文关怀。提高情感认同的归属感，必须充分发挥线上与线下联动作用，深刻分析现实社会个体思想变化特点，切实了解个体的物质需求和精神需求，大力提升主流意识形态内容与客体自身需要的融合度和契合点。要坚持以人民为中心，提高微空间社会意识形态产品的有效精准供给，创新微空间文化思想宣传的方式方法，动态跟踪微空间各类群体的情绪波动周期，准确掌握情感认同的变化峰值和频率，真正关注社会成员心理起伏，了解群众思想实际需求，让主流意识形态宣传内容能够接地气，更加贴近群众的生活，注重吸收中华民族优秀传统文化，切实找准文化与认同之间准确的交叉点，真正让优秀传统文化渗透到微空间的每一个缝隙角落，真正实现微空间优秀传统文化的二次创新和转换，真正在人文关怀中凸显中国底蕴、中国精神和中国血脉，更容易凝聚微空间个体对主流意识形态情感认同的共识，提高个体自身在空间和时间，在线下和线上的归属感，增强个体在微空间场域的情感认同。同时，在现实生活中切实解决群众思想上的困惑和实际困难，用真情的服务实现主流意识形态传播与认同客体实际需求情感零距离。主流意识形态的人文关怀是一种内在的隐性的魅力，它应该是成体系全方位地给个体提供人性的温暖和依靠，利用其价值体系的包容性、政策制度的科学性、理论话语的温暖性、逻辑演绎的完备性、解惑答疑的及时性、言传身教的模范性，引导个体相信并认同主流意识形态。

二是要构建微空间主流意识形态情感认同的信任接受机制。微空间主体信任主流意识形态的前提是清楚热点敏感事件的来龙去脉，了解事情发展的真相。

对待微空间的负面新闻事件或评论，不能一味地采取删帖、屏蔽等方式手段，要牢固树立尊重差异的思想，敢于直面问题，对于热点敏感问题，在第一时间让微空间个体了解事件发生的完整链条，在政策法规授权的范围内，最大限度地还原事情的真相，让网络受众及时了解事情的前因后果，让网络受众真正听得到、看得见、信得过。只有这样，才能获得微空间网络受众的信任，才能敢于在第一时间相信官方的声音。需要说明的是，我国政府为了适应信息时代变化，提高治理能力和治理水平，建立了政务信息公开微博、微信平台，对于提高政府公信力、改善官民关系发挥了极其重要的积极作用。但仍存在着信息推送周期长、更新速度慢、主题内容陈旧、回应问题牵强附会、含糊其词等问题。因此，必须建立信息反馈机制和信息跟踪机制，在热点敏感问题上，第一时间发声亮剑，及时澄清事实，利用最快速的方式消除网络受众的疑惑，同时注意整个信息链条的公开透明，切实让受众了解事件的全过程，提高对主流意识形态的信任度。

三是要突出微空间主流意识形态的情感交往互动。在微空间这个特殊的"湿世界"，群体之间凝聚在一起更多的是靠兴趣和情感。微博、微信等微空间自媒体场域完美契合了社会黏性理论和个性化的发展趋势。在微空间交往互动中，个体习惯以我为主，始终将焦点聚集在自身建构的关系链条中，在交流互动沟通中始终发挥主导作用，而对于他者则采取漠不关心的态度。这在一定程度上形成了一个交往怪圈，即微空间中的个体只关注积极回应者，并不断地跟进、制造各种话题吸引或强迫对方继续回应，在某种意义上形成了交往暴力。这会直接降低受众的互动频率，影响情感认同。在当前价值多元、文化多元、信息多元的时代，无论是在国家的场域谈个体认同或者是在世界的维度谈国家认同，都采取存异求同的方式。在线上要主动关注民意，实时了解舆情动态，及时对困惑网络民众的热点敏感问题进行答疑解惑；在线下要实地走访群众，真正融入百姓中，真正摸清主流意识形态同百姓思想的共鸣点，同生活息息相关的交汇点，真正踏踏实实地接地气。因此，在微空间要积极引导个体营造良性的、健康的、科学的交往互动模式，不断扩展自身的人际关系，累计交往的社会资本，按照"六度分割理论"，以自我为中心的良性社交圈重新进行扩散、裂变和链接，让鲜活的个体，在微空间突破时空的交往限制，以更加融合多元的社交手段进行交往互动，在满足个体社交互动愿望的同时，提升个体的情感认同。

（二）增强幸福感

党的十九大报告强调，要使"人民获得感、幸福感、安全感更加充实、更有保障、更可持续"。① 增强幸福感，必须让群众在精神和物质两方面，全方位多角度地分享社会发展的劳动成果，全面提高生活质量。

一是供需对接，认知幸福。十九大报告中指出：我国社会主要矛盾已经转化为人民日益增长的美好生活需要和不平衡不充分的发展之间的矛盾。微空间思想异常活跃、观点持续碰撞、文化深入交融，传统被动接受信息的受众形象逐渐消解，主动传播的新型受众形象逐渐形成。提高个体的幸福感，必须实时动态了解受众需求，不断优化微空间传播效果，持续强化受众思维。一方面要优化供给内容。必须直面供给上的深度缺位，进行深层次的供给制改革。要积极开展主流意识形态内容供给与个体受众需求良性的互动交流。在供给端，要针对不同年龄、不同性别、不同职业群体的利益需求，细致周密地了解掌握各自的幸福指数和区间，及时调整主流意识形态理论研究的科学性、创新性和理论宣传内容的针对性、趣味性；在需求端，要充分激发个体寻找幸福的积极性和主动性，充分尊重受众权力，面向社会生产。只有让受众参与到微空间意识形态内容的生产和制作过程中去，才有可能最大限度地生产出符合受众需求的产品。另一方面要优化供给链条。微空间要注重在主流意识传播上的独到阐释，更加关注受众的需求。克拉伯（Crabber）指出，微空间个体对信息的处理流程具有鲜明的选择性，会根据自己的实际需求在信息的选择上经历一个"注意—理解—认同"的过程。以怎样的传播形式表现和丰富同一主题，对传播效能的实现显得尤为重要。比如，针对微空间粉丝群体，可以利用粉丝对明星的崇拜心理，选用明星或偶像拍摄主流意识形态的宣传微视频，强化粉丝群体对主流意识形态的认同感、延续粉丝热度、发酵情感认同。造型新颖、追新求异、休闲娱乐作为微空间受众的心理结构特征，创新叙事手段、改变叙事手法、营造叙事话题、软化表现手法有利于提高受众的情感认同。

二是情感体验，感受幸福。微空间理性与非理性相互交织相互影响，不同情境场景产生了复杂多变、丰富多彩的情感体验。强烈的自我意识容易激发个体的情绪，使其产生激烈的行为反应。微空间个体的心理承受力比较差，对社会进步发展过程中出现的新情况新问题缺少心理准备，在挫折困难面前，容易滋生烦躁、焦虑、孤独的情绪，这对提高个体的幸福感造成了很大的阻碍。认同主体通过微空间设置相应的情境体验，促进个体积极健康情感的形成。在具体空间交往体验情境的设置中，应结合微空间不同兴趣群体的爱好、学历层次和思想道德基础，科学设置情境，充分调动个体积极性，积极融入情感体验之

---

① 习近平. 习近平谈治国理政：第3卷. [M]. 北京：外文出版社，2020：34.

中。在微空间开通微信公众号，利用政务微博、微信等多渠道，有意识地培养个体的积极情绪，加深对主流意识形态的感知。同时，要注意关注特殊情境下的情感体验。微空间的反腐行为，从信息传播的视角来进行审视，实质上是公共空间领域多元信息的一种表达方式。公共空间领域的开放，让社会关注的热点焦点敏感问题有了讨论的空间。热点焦点敏感问题主要集中在民生领域，其讨论的走向直接决定着个体幸福感的程度。微空间对于教育、医疗、腐败等问题的持续关注，在一定程度上反映了民众在主流意识形态领域的关注点。提高主流意识形态的情感认同，增强人民的幸福感，要重点关注解决民生领域的焦点问题和社会敏感问题，充分开启群众参政议政模式，全方位利用微博、微信等平台，从这些既定场景中收获内心认同，真正让个体在微空间感受到主流意识形态的亲和力。

三是洞中肯綮，提升幸福。幸福感的提升，最终的实质的落脚点是利益的满足。幸福感的提升，必须坚持洞中肯綮，切实找出问题的核心和关键，真正从人的实际需求出发去进行理论研究和对策思考。一方面要注重运用马克思主义利益观，在微空间引导个体科学区分各种利益关系，抵制各种错误思潮，正确处理根本利益和长远利益之间的辩证关系；另一方面要实时掌握群众的思想动态，坚持在微空间走群众路线，提高意识形态的说服力和感染力。必须把提升幸福感的落脚点放在为群众谋利益、为人民服务的根本宗旨上，真正把群众的幸福放在自己的心上，方能永葆理论的生机和活力。

（三）引发共鸣感

作为影响情感认同显著的因子，共鸣感在整个演化过程中扮演着关键角色。因此，必须加强主流意识形态的宣传表达形式，特别注重对主流意识形态内容的创新。

一是形成重叠共识。微空间个体对主流意识形态产生共鸣的一个重要前提是形成重叠共识，在价值多元的当今社会，如何让各种价值理念、利益诉求、理论学说最大限度地消除分歧，在一种理论制度范式引领下和谐共生，从而达成价值共识，已经成为学界迫切需要解决的问题。约翰·罗尔斯（John Bordley Rawls）的重叠共识对于主流意识形态在微空间的架构具有重大的理论借鉴意义，这一理论认为，程序公平正义的实现，在一定程度上是利用求同存异的方法，避免价值争论矛盾的持续激化，从而维护价值多元化格局的制度性规范，平衡公共领域空间话语支配权，避免信仰之间的互相压制和世界的单一化趋势。微空间各种意识形态、各种社会思潮相互交织、相互碰撞，主流意识形态要积极寻找价值体系中的共同点，求同存异，力争达到最大限度的认同。

　　二是注重柔性引导。微空间传播伦理的主体缺位，导致主流意识形态认同的主客体相互之间无法建立充分的信任感和依赖感，具体表现在焦点敏感问题的处理方面，其处理方式不但没有成为主客体之间修复裂缝、创造共识的有利转折点，反而因主客体二者信任的缺失引发分歧和矛盾激化，共识撕裂和消解。意识形态认同的实质是政府和民间两个舆论场的民心之争。"我们"和"他们"作为价值指向的象征符号，已经成为微空间丰富内涵底蕴和隐喻话语特征的意识形态代名词。从空间转向的"关系—实践"视角出发，全面审视分析微空间，微空间主流意识形态的内容传播主体从权威媒体机构扩展到非权威媒体机构和个人；内容传播渠道从彼此互相隔离发展到跨界交叉融合；内容传播对象从沉默的受众发展为信息生产和消费的高度集合；内容的传播范围从物理坐标相近的受众发展到心理距离相近的受众；内容的传播效果从传播主体可控的单一反应发展到传播主体和客体共同作用的复合反应。

　　采用柔性引导，就是实现从传统的刚性的灌输方式向柔性的引导的互动方式转化。传统的信息传送方式，单纯地注重信息自上而下的命令式权威式的传递，忽视了民众个体的感受，造成民众在传递内容和传递方式上的全面疏离。空间转向在每个信息时代个体的思想深处都留下了深深的空间烙印，微空间充斥着各种多元思想意识，观念和思维在进行相互交锋碰撞的同时，主流意识形态认同也在经历从建构到解构的研究范式转化，它为个体带来空间位置变化的同时，也加速了个体在信息传播过程中从接收到传递位移的转变。因此，在微空间主流意识形态建构过程中，要实时了解个体的情感需求，动态掌握情绪的波动曲线，注重开展舆论场之间的深度融合，注重在引导的过程中更加关注个体的感受和体验，注重采取更加丰富的引导方式，比如，信息的可视化表达，可以用最接地气、最汇聚情感的表达方式或图文方式，为个体传递背后蕴含的情感和温暖，切实提高话语内容和话语方式的可接受性，注重提供以人民为中心的科学话语引导体系的建构，在情境中引导个体在精神维度上实现理性的生产消费，主动创造自己美好生活世界的愿景，在赋予个体同愿景一种崭新的空间关系的同时，提高柔性引导的质量和效益，真正让个体在无声无息中感受到主流价值体系的正能量，从而在情感的升华上得到最大的满足。

　　三是建立沟通机制。微空间作为多元思想和多元主体共同建构的空间场域，为微空间不同利益群体展开对话、沟通、交流提供了一个自由的平台，各种群体可以在微空间场域进行观点交锋和思想碰撞，以达到用自身逻辑思维和感性方式说服对方，赢得信任的目的。理想状态下政府所代表的主流舆论场和民间舆论场之间的互动建构逻辑是：敏感焦点问题发生→微空间民间舆论场代表的各种个体或群体相继发表观点→对事件发生的某一环节或某一问题集中产生怀疑→政府的主流舆论场针对质疑迅速做出回应→民众对回应中出现的后续疑问问题再次形成质疑→政府再一次对质疑进行解答回应→最后实现两个舆论场最大程度降低分歧点，初步形成共识。

协商和对话是解决微空间舆论场之间冲突的最佳途径，也是引发主流意识形态情感共鸣的前提。公权力和私权力之间必然要经历从对抗向对话的过渡，要强化树立"在场"理念，在热点敏感事件讨论中，政府要主动在场进行对话；在新闻议题的设置上，主流媒体要主动邀请草根媒体在场一起进行相互探讨，只有主动了解群众的需求，只有主动展开对话和协商，才能在更大程度上增加主流意识形态的情感认同度。要积极主动适应信息时代的特点和要求，创新沟通交流机制，积极修改并完善信息披露公开的制度规定，培养处理信息危机的专业人才，平时定期与民众进行沟通交流，及时回应民众关切的敏感问题；紧急状况下第一时间迅速实时公开和披露信息，力争在最短的时间内用最真实的回应，消除民众的困惑和焦虑，防止事件演化成舆情热点，以此赢得群众对政府的充分信任，间接促进主流意识形态的认同；积极增强各级领导干部学网懂网用网能力，与时俱进地创新新时代的网络对话沟通思维方式，树立舆情管控从线上被动地删帖、屏蔽向主动地回应、对话沟通转变。同时，注重提高各级领导干部和党员自身能力素质和形象，使其在线上积极与微空间个体进行有效互动沟通，通过个人的微博和微信平台，主动答疑解惑，在充分展现领导干部个人形象的同时，也能更容易赢得群众的情感认同；在线下经常深入基层民众之中，关心民众疾苦，对焦点敏感问题主动进行面对面的理性沟通和良性互动。通过线上与线下的双轮驱动，疏导缓解微空间的逆反心理，化解消除民众的对抗情绪，真正实现全方位无死角多维度的互动沟通，有效实现主流意识形态的情感认同。

第十章

微空间大学生主流意识形态的实践认同[①]

实践认同作为价值认同的最高阶段和最终指向,其产生的过程不仅需要理论的灌输,更需要实践活动的参与。作为结构性力量和建构性力量相互博弈的产物,微空间在空间转向的理论维度,透过"生产—实践"的视角,认真分析认同主体在实践空间中的主体行为逻辑、交往互动逻辑和权力支配逻辑,真正实现了主流意识形态在实践行动和意识反思中内化于心、外化于行。因此,微空间实践认同必须遵循自媒体传播互动规律,整合线上线下资源,开展多渠道、多层面、多维度的实践交往活动,增进微空间个体的实践认同。

第一节　微空间生产实践的理论支配逻辑

马克思指出:"全部社会生活在本质上是实践的。"[②] 实践认同以实践活动为基础,其实践动力来源于思维理念和情感表征的协调一致,作为认同的最高阶段,它是思想意识的终极价值旨归和行动实践的科学指南。当代"空间转向"的核心思想是主张从空间变化和社会实践互为建构的关系视角来探讨空间问题。因此,空间思想发展经历了从物质到精神、从静态到动态的实践变革过程。曼纽尔·卡斯特(Manuel Castells)认为,空间把在同一时间里并存的实践聚焦在同时性的物质结合中,使得空间相对社会有其特殊的意义[③]。随着传播技术的日益发达,卡斯特强调的"同时性的物质结合"也处于不断升级的状态,在这种情形之下,探讨空间生产和实践的支配性逻辑,对于研究微空间主流意识形态的实践认同具有重大的现实意义和实践意义。

---

① 本文发表在《理论学刊》2019 年第 4 期,作者王军旗、徐亮。
② 中共中央马克思恩格斯列宁斯大林著作编译局.马克思恩格斯文集:第 1 卷 [M].北京:人民出版社,2011:501.
③ 曼纽尔·卡斯特.流动空间 [M].南京:译林出版社,2006:15.

（一）实践与价值认同的二元逻辑

马克思唯物辩证法指出，实践作为认识发展的最高阶段和价值的最终旨归，是检验认识正确与否的唯一标准。虽然价值认同在一定程度上是价值的实践，但在本质上它依赖于实践。作为个体在日常生活场域不断追问和反思的一个基础性哲学问题，价值这颗种子来源于实践的土壤，其在生长过程中面临的困惑和问题也必须依靠实践来解决。因此，实践既是价值产生的根本思想动力源，也是解决思想意识困惑的最终途径和最佳方式。当个体在宏观层面上对价值体系建立起基础的认知后，会在实践互动中加深对其内涵的理解，然后在内心的思想意识维度上对价值体系的正确或错误、认同或排斥产生主观上的个人判断。在形成判断的周期里，个体的价值观并没有以一种特定的思维模式固化下来，它仍处在左右摇摆的阶段，只有当个体在具体的实践活动中运用价值去感知和认识周围的世界，并自觉将其融入个体的日常生活中，价值观才能作为一种模式相对固定下来。一种价值观要真正发挥作用，必须融入社会生活，让人们在实践中感知它、领悟它。实践是人类社会生活的基础，也是衡量认同的根本标准，只有在社会实践活动中，个体才能凭借"外源性"和"内生性"的交互作用，获得终极意义上的价值认同。同时，价值认同对实践也有积极的意义。正向的价值认同，在推动实践活动向纵深演进，保持内部思想平稳安全以及保障人民的生产生活的体系过程中发挥着显著的作用。同时它也可以对个体在思想意识层面进行干涉，从而提高生产实践的能力和水平。主流意识形态的建构过程不是利用权威的行政教育手段向受众强行灌输传导自身的思想价值理念，而是在不断的交往实践中向受众提供和传递一套科学严谨的价值理念，让受众在日常生活场域中找到一个实现自身价值需求和主流意识形态内容供给二者之间的平衡点，在实践的过程中解决"知"与"行"的断裂问题，从而实现价值观对于实践的指导。

（二）微空间交往互动的实践支配逻辑

哈贝马斯（Habermas）把个体行为分为交往行为和工具行为。交往行为是指不同个体借助语言等媒介传播符号，遵循特定的规则产生的交往互动行为。工具行为是指个体按照一定的规范程序化进行的行为。交往互动主要是不同个体之间在思想和行为的认识上，达成一定共识，并将其转化为实际行动的过程①。帕森斯（Parsons）认为，行动者通过全面评估自身在社会的身份定位和角色属性同社会产生交往互动联系。社会角色结构的形成依靠角色彼此间的行

---

① 李晓晴.哈贝马斯交往行为理论述评［J］.边疆经济与文化，2017，44（08）：65-66.

为交往互动。因此，个体人际互动并非单纯个体间的互动，而是个体所属角色属性间的互动①。林顿认为，角色作为文化属性是在任何场景提供给行为者的一组规范，并指出当角色的文化属性与所处场景进行融合时，角色扮演就会启动②。微空间的互动交流，模糊了前台和后台的界限，促进了角色私人情境与公共情境的融合，也使角色自身在互动过程中失去自我，从而陷入互动越多、焦虑越多、寂寞越多的逻辑困境。微空间中每一个主体作为一个节点，共同编织了一张规模巨大的互动之网。每个节点上的个体可以通过微博、微信等自媒体平台将节点的信息反射到微空间，这些信息以图片、视频、文字等形式出现，既生动又形象。微空间主体间的互动网络具有分布不平衡和变化不规律的特点。从静态层面看，不同主体均可以通过微博的添加关注模式和微信的添加好友模式与整个互动网络相连，因此，任何主体都是微空间互动网络中的一个节点分支。由于微空间个体拥有的资源配置不同，主体在自身所在节点互动的频率和密度同其资源配置的高低成正比。从动态层面看，微空间主体互动呈现出多样态的属性，因微空间各个节点的链接方式多种多样，互动结构千差万别，导致微空间各节点在信息扩散和信息传递上呈现出明显的差异性。这种差异性更加突出了微空间中网络链接的"中心—节点"结构。中心节点和非中心节点共同建构了实践互动交往的微空间。中心节点的区分原则主要是依靠节点在微空间链接的密度、互动的频率和交往的强度。中心节点并不是固定的，它时刻处于动态调整中，某一个焦点事件或某一个名人就可以彻底实现个体从非中心向中心的跨越，学界一般将这个跨越历程定义为焦点连锁反应或名人连锁反应。因此，微空间互动交往的中心性节点在文化社会背景和实践行动策略的影响下，可以进行相互自由的转换，主体在实践行动中一旦获得中心性节点地位，就会产生一呼百应的潜在能量，这就是主导微空间交往互动的实践支配性逻辑。

（三）微空间行为模式的实践支配逻辑

行为，只有归为模式化以后，才具有实践认同的特性。模式化的行为必然有其内在逻辑，有稳定的、认同的价值观在支撑。而突发的、零碎的、无规律的行为，常不具备价值认同的意义。因而，要实现价值认同，一个有效的办法就是促使行为模式化、生活化、常态化。涂尔干（Durkheim）认为人的思想起源于集体行动，而不是个体独立的行动③。韦伯则把"行动"引入社会学领域，

① 佟庆才．帕森斯及其社会行动理论［J］．国外社会科学，1980（10）：3.
② 这一观点转引自《社会角色》，百度百科 2018 年 8 月 5 日。
③ 涂尔干．宗教生活的基本形式［M］．北京：商务印书馆，2011：43.

在 1905 年出版的专著中提出，行动理论就是：刺激—主观理解—反应（S-A-R）。价值认同是个体经过反复刺激，在思想上形成独立意识，并转变为实践的相对固定化表现模式。它需要经历价值意识、判断、抉择与实践等一系列动态的周期循环，不断巩固温习角色扮演特征。通过儿童的同行为现象，可以发现价值行为具有重复性特征。正是在行为上的反复和重复，才固化了实践认同。在班杜拉（Bandura）看来，自我强化和替代强化实质上都是行为不断重复最终形成模式化的过程。微空间信息的实时动态更新和发布，在无限拉近主体距离的同时，也在建构一个高频互动、反复强化、开放共享的互动空间。微空间的信息属性为巩固行为模式提供了强大的技术保障，同时也为个体互动模式的开启打开了一个广阔的天地。微空间的行为强化模式，在很大程度上并不是自我生成的，而是在充分借鉴现实社会空间模板的基础上，认真分析主体行为、信息周期、管理模式和行动规律，根据利益最大化原则，科学设计的行为模式。主体的参与互动是决定微空间行为模式的实践支配性逻辑。

（四）微空间权力分配的实践支配逻辑

微空间互动网络的中心性节点会因情境、主体行动的动态调整而随时变化转移，但这种转移并不是随意的，而是具有某种稳定性特征，这与微空间的权力分布状况有着密切的联系。虽然微空间赋予不同主体相对更自由、平等的自我表现和表达权利，但是，机会的平等并不意味着结果的平等。同现实社会空间一样，微空间主体地位和身份的实际不平等仍然存在，主体间权力竞争与角逐的现象仍然比较普遍。只不过，与现实社会相比较，微空间的权力分布状况已经悄然开始发生变化。现实社会权力结构中处于相对优势地位的政府机构、大众传播媒体以及公职人员等，在微空间中的优势地位并不明显。微空间粉丝量的规模是决定权力分布的关键变量。微空间网络大 V 的整体活跃度、粉丝数规模、实践行动所取得的传播效果或互动效果等都占有明显的优势。微空间的权力支配形式已经开始逐渐与主体的实践行动能力相挂钩，即那些具有一定组织能力、并善于利用微空间各种资源的主体，开始成为微空间的权力中心。

第二节 微空间对主流意识形态实践认同的影响

由主体外部微行动和主体内部微互动合力所产生的建构性力量，推动着微空间始终处于充满变数的动态性和建构性的生产过程中。微空间主体虽然异质性极强，但如果从多个视角加以深入研究，不难发现隐藏于其中的规律性特征，这显然为人们更加理性地认识微空间的动态运作过程提供了重要的观察视角。基于实践认同视角对建构性力量可能产生的作用和功能问题展开探究，有助于人们在纷繁复杂、瞬息万变的微现象中更加理性地看待微空间生产的本质，更为重要的是，这也将有助于特定主体形成一种反思性的实践方式，在调整或修正自身实践认同的过程中提升行动的效果。

（一）主体相关变量与微空间实践认同效果

作为微空间实践认同的主体，其能力水平高低的直观衡量标准就是目标受众的拥有量。为此，我们以微博、微信作为具体研究对象，从主体社会属性、实践行动心理动机等视角切入，全面分析微空间主流意识形态实践认同的影响因素。微空间主体可以采取订阅公众号、微博加关注和朋友圈添加好友等行动方式，将潜在目标主体发展成为自身的关注对象。主体在微空间发布的信息会同步呈现在个体的自媒体软件上。粉丝拥有量大，意味着主体发布的消息覆盖范围相应就大，被转发或被评论的概率就高；粉丝拥有量小，意味着主体发布的消息覆盖范围相应就小，被转发或被评论的概率就低。因此，粉丝拥有量在某种程度上能够体现微空间实践认同的效果。主体相关变量对微空间实践认同的影响主要体现在三个维度。

1. 主体粉丝拥有量

由于网络大V或网络名人的粉丝拥有量相当惊人，其在微空间自媒体的一举一动、一言一行都会有无数粉丝点赞、评论或转发，这其中如果网络大V或网络名人在其发帖或转发的消息内容中掺杂着西方意识形态的内容，就会在潜移默化中对粉丝产生不可估量的影响。这种信息的关注度、转载度远远超过了个体的想象，这种数据放在现实社会、放在传统媒体中都会产生核聚变的反应。这也在一定程度上间接说明了微空间的认同和传统空间的认同有着较大差异，在微空间实践认同的关键环节要加大对微空间网络大V或网络名人言论的动态监管，切实提高他们的思想道德素养和政治自律意识，加强对他们的监督管理，必要时运用法律手段。

表10.1 样本微博粉丝拥有数量分布

样本类型	样本名称	粉丝数	样本名称	粉丝数	粉丝均值数
政务微博	@平安北京	12470039	@上海发布	6387624	2376892.16
	@欢乐长安	1139853	@深圳交警	2083407	
草根微博	@行走悟人生	65432	@天之骄子	2300	10683.72
	@穷游旅行家	35671	@流浪人	1868	

续表

样本类型	样本名称	粉丝数	样本名称	粉丝数	粉丝均值数
企业微博	@小米	17860100	@杜蕾斯	2594741	2357428.94
	@华为	20216971	@美丽说	5101784	
公益微博	@宝贝回家	981473	@环境保护网	7530	9862.37
	@中国扶贫基金会	365473	@凤凰公益	4580	
媒体微博	@中国新闻网	33709458	@湖南卫视	7943962	7349024.05
	@凤凰卫视	11384329	@南方周末	10323110	
公职人员微博	@浦江天平	82310	@村干部于康宁	3365	35682.97
	@陈士渠	7171958	@医生赵凤镇	2709	

注：数据统计时间截至2018年2月1日。

主体的粉丝拥有量情况如表10.1所示。其中，媒体微博（7349024.05）和政务微博（2376892.16）排名前二，其余依次为企业微博（2357428.94）、公职人员微博（35682.97）、草根微博（10683.72）、公益微博（9862.37）。同时主体的粉丝拥有量并不是均质化分布的。纵使是在同一类型的主体内部，主体间粉丝拥有量也差异悬殊。比如，同为政务微博，@平安北京的粉丝拥有量达到了千万级别，而其余大部分政务微博的主体粉丝拥有量只有数万级别。主体粉丝拥有量与实践认同效果之间的关系如何，实证研究对主体粉丝拥有量与主体发布消息所获取的转发数和评论数情况进行了相关分析。

2. 主体粉丝活跃度

微空间粉丝拥有量并不能代表全部，在实践认同的过程中，更要重点关注活跃粉丝和主体粉丝活跃度。活跃粉丝就是在所有粉丝中行动积极、踊跃参加主体微空间信息转发、评论和点赞的那一部分粉丝。主体粉丝活跃度是指经常参与主体信息转发、评论和点赞的粉丝占全部粉丝总量的比重，这一比重越高，说明主体和其粉丝在微空间的互动越活跃，个体参与微空间转发、评论、点赞等实践活动越积极。评价和衡量主流意识形态实践认同效果，粉丝活跃度是一个非常重要的信息传播指标。在数据分析中，政务微博尽管在粉丝拥有量上比较高，但在信息传播指数上还在低位徘徊，这不利于微空间实践认同度的提高和政府信任度的增强。

表 10.2　主体粉丝数与消息转发数、评论数均值相关分析

		粉丝数	转发数均值	评论数均值
粉丝数	Pearson 相关性	1	0.316**	0.232**
	显著性（双侧）		0.000	0.000
转发数均值	Pearson 相关性	0.316**	1	0.653**
	显著性（双侧）	0.000		0.000
评论数均值	Pearson 相关性	0.232**	0.653**	1
	显著性（双侧）	0.000	0.000	

注：**—在 0.01 水平（双侧）上显著相关。

分析结果表明，主体粉丝拥有量与空间生产效果呈正相关关系。如表 10.2 所示，主体粉丝拥有量与主体发布消息获取的转发量、评论量之间有显著的相关性。在 0.01 水平上，粉丝规模数量与消息转发数量的相关系数为 0.316，而与消息评论数量的相关系数为 0.232。通过数据可以看出，主体粉丝拥有数量同消息转发量和评论量成正相关关系。

3. 主体粉丝黏性度

在实践认同的过程中，主体粉丝黏性度也是影响微空间实践认同效果的一个重要变量。所谓主体粉丝黏性度，就是忠诚粉丝或者说铁杆粉丝占全部粉丝总量的比重，这一比重越高，说明主体和其粉丝在微空间的互动关系越牢固，个体参与主体相关信息转发、评论、点赞等网络活动越频繁、越主动、越稳定。不同的网络主体，其粉丝黏性度差异很大。但不可忽视的是，作为微空间的绝对主体力量，一旦他们的力量形成"汇流"之势，其所爆发出来的能量同样也是十分巨大的。

表 10.3　微博影响力指数排行

排名	微博类型	转发均值	评论均值	原创微博数量均值	点赞数均值	传播指数
1	媒体微博	4879.38	2764.28	310.42	13429.71	5267.25
2	企业微博	3975.23	2879.62	238.90	11361.79	4689.52
3	公益微博	3452.84	2164.59	326.79	15729.46	4996.08
4	公职人员微博	864.92	257.79	32.61	1265.82	375.08

排名	微博类型	转发均值	评论均值	原创微博数量均值	点赞数均值	传播指数
5	政务微博	145.63	38.72	16.38	381.07	279.53
6	草根微博	107.38	29.64	14.87	248.76	215.39

注：数据选取周期为 2018.2.1~2018.3.1；原始数据来源微博指数平台。

根据表 10.3 所示，主体发布信息获得的转发均值、评论均值和点赞数均值，在微空间生产实践的过程中，效果上呈现出显著的差异属性。媒体微博的指数为 5627.25，在所有类型中名列第一，其次为企业微博（4689.52）、公益微博（4996.08）、公职人员微博（375.08）、政务微博（279.53）、草根微博（215.39）。通过数据排名可以发现，媒体微博在微博空间生产效果生产的过程中拥有巨大的潜能，一旦得以激发，将有可能改变微空间的整体格局和运作方式。政务微博虽然拥有的粉丝数均值排在第二，其所发布消息的转发数和评论数均值却排在末尾。政务微博在微空间生产效果生产的过程中，与其粉丝拥有量水平不相匹配，所发挥的作用相对较小；政务微博发布消息的传播力和影响力总体都比较弱，与其在现实社会中的地位并不相称。

（二）技术相关变量与微空间实践认同效果

"技术茧"效应认为：技术的革新，在为社会带来快速发展和变革的同时，也会带来一种束缚。微空间实践认同的困境，受到了"技术茧"效应的影响。微空间影响实践认同的主体、技术和情境三个因素中，技术的直观性和物质性特征相对明显，在研究中容易把握，因此被学界视为分析与观察同该技术相关的社会问题或主体现象的突破点。通过对微空间技术平台进行全景式扫描，认真分析技术革新为信息执行力、信息公信力和信息整合力带来的变化和影响，可以折射出微空间实践认同的价值意蕴。

1. 信息执行力的影响

随着国家日益重视政务微博、微信的推广，微空间自媒体平台的技术和水平有了一定的提高，但由于一些政府机构在对待自媒体的态度上不是主动积极的，而是被动应激的，直接导致了其在内容建设、信息互动和功能引用等方面，存在明显的行动滞后性，严重影响了实践认同的信息执行力。一是信息执行力在信息公开上面临困境。信息公开作为实践认同的基础，在意识形态的技术传播环节扮演着非常重要的角色。当前我国在自媒体政府平台的建设上，存在着信息披露不及时、信息反馈滞后等问题。韦伯认为，应该注重规则对于治理实践的重要性。一些政务主体忽视信息规则，致使个体无法通过正规渠道获得信息源，只能借助其他渠道，严重降低了政府的执政能力。二是信息执行力在信息管控上面临困境。信息技术通过编程转换成图文信息，最后通过终端呈现在个体面前。看似信息编码的过程是一种技术的输出方式，实则可以在编码的过程附加意识形态信息，进行意识形态的管控，技术本身也具备意识形态属性。当前，作为微空间自媒体用户的第一大国，还不是信息核心技术的强国。在信息管控上，出现的信息不平衡不对称等问题，威胁着我国在意识形态方面的安全。美国一直操控并主导着世界网络运行的中枢根服务器，其通过信息技术可以控制信息资源比例大小，任意切断信息通联，盗取其他国家核心信息并实行长期监控。从"阿拉伯之春"到"颜色革命"的政治运动中，美国利用网络霸权和信息技术不对称，在微空间散布各种攻击他国政权统治和国家认同的信息，严重威胁该国意识形态安全。三是信息执行力在信息服务上面临困境。政府在信息反馈、信息跟踪等信息服务上存在着明显的短板，信息更新速度慢、发布时效差、思想落后、新媒体素养差，政务微博、微信名称随意性大，认证和定位模糊；自媒体运营方面，缺乏互动性，对个体诉求敷衍，对负面言论采取封堵、拉黑甚至威胁恐吓的手段，严重影响政策的执行力（表 10.4）。

表 10.4　政务微博、微信运营过程中常见问题

存在问题	类型划分				
	思想观念	认证方式	运营维护	语言文风	机制建设
1	思想落后	命名混乱	互动不足	官话套话	制度缺失
2	知识陈旧	标识模糊	迟报欺瞒	雷语悍语	党政忽视
3	服务性差	认证错误	平台隔离	口角谩骂	推卸责任
4	技术落后	假冒纠察	资源分散	油腔滑调	协调不畅
5	麻木傲慢	层次单一	营销疲软	偏听偏信	赏罚不明
6	官僚作风	定位模糊	敷衍推脱	形式单调	人才匮乏
7	忽视群众	过度炒作	单方删帖	内容单薄	口径不一
8	沽名钓誉	功能不全	拉黑网民	碎片误解	各自为政
9	三分热度	人气低落	关闭私评	政务度低	投入不足
10	掩耳盗铃	身份紊乱	应急失误	速报原因	屡蹈覆辙
11	敌视舆情	盲目跟风	打击报复	过度承诺	培训滞后

2. 信息公信力的影响

微空间陈旧的叙事方式，舆论场的相互撕裂以及政府部门自身的本领恐慌，严重影响了微空间主流意识形态认同的公信力。一是信息公信力在舆论场上面临困境。微空间调动了个体参与政治协商的积极性，前所未有地激发了民间舆论场的活力。面对社会上发生的热点敏感问题，主流舆论场不敢发声、不会发声，不仅给一些社会思潮和西方势力借机制造谣言、大肆炒作留出了滋生的空间，还会诱发受众对主流媒体"老不信""偏不信"的负面情绪，从而极大地削弱了个体对主流意识形态的实践认同。二是信息公信力在叙事方式上面临困境。卢曼指出："信任有着化繁为简的魔力，能够最大限度地减少社会交往的复杂性。"① 微空间的去中心化属性，致使个体陷入了全面叙事的狂欢喜悦中，这种短暂狂欢喜悦的背后更多的是对信任的焦虑。信任在内容、人际和效果三个维度上面临着被遮蔽的风险。微空间个体通过不断地解构官方话语，重新进行话语编码，反映对主流舆论场的对抗和质疑。"我爸是李刚""表哥"，这些网络流行语的叙事方式，充满了对某些官员执政方式和执政能力的嘲讽和质疑，从而加剧了主流意识形态建构政府公信力的困境。

3. 信息整合力的影响

信息整合能力的强弱，关系着意识形态内容的传播深度和广度。在全球话语权的交锋中，我国主流媒体存在着报道内容单调、报道形式单一、报道技巧不足等问题，这种有话说不出、说了传播不出去、传出去了民众不认可现象，在一定程度上影响了主流意识形态的传播力，再加上不同主体发布信息的结构性差异，使主流媒体信息整合力大打折扣。

表 10.5 主体类型与信息发布类型交互分析

主体类型	信息发布类型			
	阅读	点赞	转发	评论
政务公众号	32.3%	13.6%	9.40%	3.80%
新闻公众号	58.4%	37.6%	21.3%	14.5%
民生公众号	42.1%	25.4%	18.6%	10.3%
文化公众号	28.6%	14.9v	10.7%	6.20%
教育公众号	19.8%	12.7%	8.20%	6.30%
学术公众号	16.2%	10.4%	7.80%	4.90%

---

① 卢曼.法社会学［M］.上海：上海人民出版社，2013：56.

主体类型	信息发布类型			
	阅读	点赞	转发	评论
个人公众号	10.4%	5.10%	3.20%	2.70%
明星公众号	47.9%	31.9%	24.8%	19.3%
N=2020 Likelihood Ratio=4807.392 df=23 p=0.000				

实证数据显示，微信公众号主体类型与样本的交互行为存在显著差异（p=0.000）。其中新闻、民生、明星和政务公众号阅读数比较高，分别占到58.4%、42.1%、47.9%和32.3%，但从技术的角度进一步分析，可以发现政务公众号的点赞、转发和评论分别只有13.6%、9.40%和3.80%，信息的整合能力比较差，而个人公众号、明星公众号和新闻公众号的点赞、转发和评论的百分比比较高，信息整合的水平和能力相对较强，这必须引起学界的重视（表10.5）。

（三）情境相关变量与微空间实践认同效果

由于社会各领域始终保持动态变化的态势，新的情境要素总是在社会系统不断运转中持续生产出来，这给微空间个体行动创造了不同机遇，他们可以有选择性地利用这些情境要素来展开行动。在微空间信息的各种属性特征中，微空间传播场域、传播语境和传播效度是影响微空间实践认同效果的三个重要因素。

1. 传播场域的变革

主流意识形态的传播只有借助合适的传播场域，才能将自身价值理念融入个体思想意识和社会生活的方方面面，这是主流意识形态实践认同的基本前提。传统意识形态传播场域的构建主要依托电视、报纸等媒介，以集体学习、辅导授课等大规模思想教育为辅助，进行自上而下单向度的传播；执政党必须始终拥有意识形态传播场域的主导权。微空间意识形态传播场域打破了传统的传播模式，构建了新型的信息传播场域。微空间传播场域传播主体可以实现传播者和接收者身份的自由切换，信息传播的渠道更加自由和多元，个体可以在不同自媒体平台实现信息任意转换，信息在生产和消费的整个过程中可以做到无成本。传播场域的主导权更加分散，信息封闭的传播系统被打破，微空间为个体提供了更加广阔的想象空间和表达空间，传播场域也经历了自下而上的变革。在传播场域的变革中，要注重保持微空间的整体情境氛围。韦伯说过："任何统治都企图唤起并维持对它合法性的信仰。"① 为此，最好的方法就是为认同过程营造有利的情境氛围。微空间作为主流意识形态思想交锋的主要场域，其情境氛围的好与坏，直接影响认同的效果。乐观向上的舆论氛围在提高主体认同度的同时，也能促进其知行的统一；相反在舆论中如果过多地掺杂虚假、荒谬的谎言，就会掩盖客观事物或事件的真相，致使产生过多的负面消极舆论，阻碍主体对客观事物或事件的正确认知，从而对主流价值体系形成误解或质疑。

表 10.6　微空间新闻报道负面信息的主题数

时间周期	自媒体平台	头条数	涉及违法、违纪、违规、违德的主题数	所占比例
3 天	微博	1642	358	21.8%
	微信	1274	242	18.9%
	今日头条 APP	968	196	20.2%
5 天	微博	3745	679	19.7%
	微信	2978	527	17.7%
	今日头条 APP	1569	431	27.5%

在进行数据分析前，首先需要澄清两点误区：第一，并不是想通过数据说明微空间不能报道这些违法、违纪、违规、违德的事件；第二，两个周期的数据统计并不能完全代表微空间的整体信息报道氛围。主流传统媒介影响力日益锐减，改革过程中社会深层次的矛盾更加突出，使主流意识形态认同正成为关系国家政治安全、提高治理能力、凝聚集体共识和加强软实力建设的重大现实课题。对微空间信息进行统计，主要是对微空间消极情境氛围的弥漫引起高度的关注。个体长时间吸收思想的雾霾，会严重阻碍主流意识形态实践认同的推进效率。在利益与诉求多元化的当下，政府如果不能动态改变微空间情境氛围，对事件信息做到全程公开透明，不及时调整执政方式来回应主体的需求，畅通民主沟通交流渠道，微空间主体就会通过非正常的渠道和形式去表达，甚至出现非理性表达。这种表达情绪弥漫在微空间，会破坏微空间和谐的情境氛围，激发群体的反抗情绪，从而淡化意识形态的认同。

2. 传播语境的变革

传播语境的变化会影响思想的变化，思想的变化会影响意识形态的内容。

---

① 马克斯·韦伯. 经济与社会：上卷 [M]. 北京：商务印书馆，1997：304.

传统的意识形态传播语境含有丰富的行政主义色彩，在语境氛围中考虑受众的感受比较少，缺乏从人性的视角去考量，报道中存在着废话、空话和套话，容易引起大众的反感。微空间意识形态的传播语境更加立体多元，更加注重和突出影像化、符号化的传播语境，小众话语、个性话语进一步消解了传统的话语架构，并加速了观点传播。微空间意识形态的构建，主要是借助话题内容的报道和信息的传递，把意识形态或显性或隐性地附着在话题的内容中，从而使话题具有很强的意识形态属性。当下更多的社会思潮借助微空间，对一些热点敏感的话题进行讨论发酵。微空间话语主体采用图片、视频等方式，运用极少的语句，对社会焦点事件或不正常的社会问题进行浓缩性瘦身式概括，以引起网络受众的注意。微空间对每一个主题的评论和转发的背后，都蕴含着大众的思想、观念和意识，所以每一个情境话题都是一个社会思想的棱镜，折射出当下主流意识形态的真实图景和面貌。

表 10.7　微信公众号不同话题类型推文 WCI 比较

话题类型	频率	百分比	总阅读量	传播指数
历史事件或历史人物	678	4.9	96580	16.4
经管类或科技类信息	1523	10.9	178527	15.2
社会热点敏感事件	1874	13.4	823421	87.6
生活感悟或心灵鸡汤	2136	15.3	765432	78.4
国内外或地方性重大新闻	329	2.4	328671	53.2
文化娱乐	3124	22.4	912346	84.9
民生公益	1526	10.9	278674	62.1
商品广告信息	2064	14.8	348902	23.8
其他	687	5.0	85429	9.7

注：1. 样本初始数据来源清博指数。

2. 样本的数据采集时间 2017.10-2017.12。

我们通过对微信公众号的推文进行主题分析，来管窥微空间情境话题偏向对主流意识形态实践认同的影响。从表 10.7 中可以看出，微空间的话题主要聚焦在以下几种情境，排名前三位的分别是：文化娱乐出现频率为 3124，占总样本话题的 22.4%；生活感悟或心灵鸡汤出现频率为 2136，占总样本话题的 15.3%；社会热点敏感事件出现频率为 1874，占总样本话题的 13.4%。在总阅读量和传播指数上，社会热点敏感事件分别为 823421 和 87.6，高居首位，可以看出在微空间的话题情境中，社会热点敏感事件始终处在话题风暴的中心。为了进一步探析话题情境和实践行动二者之间的关联性，我们将信息的情境话题与主体行为表现进行交互分析。微空间主体开展实践的主要情境集中在文化娱乐、生活感悟或心灵鸡汤和社会热点敏感事件上，其中社会热点敏感事件的交互性最强。在微空间实践活动的进程中，各个参与主体不仅是社会热点敏感事件相关信息的获得者、传播者，而且还力求扮演评论者、发声者的角色。合二为一的双重身份，就使社会热点事件或话题的广度和深度得到快速无限的拓展和延伸，这无疑是微空间一跃成为热点事件舆论中心的根本原因。因此，微空间主流意识形态在实践认同的过程中，要注重对主题设置的引导，注重将行动的焦点放在社会热点敏感事件的处理上。

表 10.8 话题性质与话题情境交互分析

	一	二	三	四	五	六	七	八	九	合计
Ⅰ	76.7	82.5	53.0	72.2	81.2	80.6	68.2	2.6	1.2	51.3
Ⅱ	21.9	14.1	39.3	15.0	15.3	15.3	18.9	0.6	0.4	15.4
Ⅲ	/	/	/	/	/	/	/	/	95.4	10.6
Ⅳ	/	/	/	/	/	/	/	95.4		16.2
Ⅴ	0.9	2.6	4.4	2.6	1.9	2.3	4.5	0.2	0.1	2.5
Ⅵ	0.4	0.5	1.5	9.5	1.0	1.2	8.2	0.7	2.8	3.4
Ⅶ	0.1	0.2	1.7	0.7	0.6	0.6	0.2	0.4	0.2	0.6
合计	100.0	100.0	100.0	100.0	100.0	100.0	100.0	100.0	100.0	100.0

3. 传播效度的变革

微空间传播场域和语境的变革，带来了主流意识形态实践认同的传播效度变革。传统意识形态在传播效度上，呈现出明显的信息不平衡与不匹配。帕金斯认为："能量传输流动过程和信息传输流动过程共同助推社会结构的变革，为意识形态的整合提供源源不竭的动力源泉。"① 微空间意识形态传播效度的强弱程度，是通过阶层变化和现实社会的对比来体现，在某种程度上决定着社会个体对意识形态的实践认同程度。亨廷顿认为："民主政治涉及两个维度，竞争和

---

① 帕金斯. 社会动力学 [M]. 北京：华夏出版社，2013：151.

参与。"① 个体在微空间的核心目的是通过信息实现情感聚合和互动沟通，从而在情感和实践上获得更多的支持和认同，寻找个体的精神归属。微空间无门槛的全员参与，人人都拥有诉诸自身利益的话语权，加之自身强大的动员特性，能够第一时间将拥有共同利益诉求的人集聚在一起，从而助推群体行动力量爆发式的增长。在现实生活中，微空间"话题—粉丝—关注—互动"的链接方式，能在最短的时间内将毫不相关的网络个体迅速建立连接，并迅速形成强大的舆论风暴。如果各级政府网络互动能力不强，治理能力未能同信息社会的发展要求同步，甚至处理突发事件舆情危机不及时不到位，而是采取"挤牙膏式"的被动信息披露方式，就会导致微空间各种流言蜚语肆行，谴责质疑之声四起，从而容易掉进"塔西佗陷阱"。

第三节　微空间主流意识形态实践认同的实现路径

微空间场域实现主流意识形态的实践认同，必须熟悉微空间互动传播规律，了解微空间认同特点，整合和推动微空间资源，充分发挥微空间优势和育人功能，通过多形式、多渠道、多角度、多层级的空间交往实践活动，真正让主流意识形态内化为网络受众的价值标准和实践动力。

（一）理念更新，提升微空间主流意识形态认同的思想引领

1. 主动出击，全面推进微空间主流意识形态的思维创新

微空间主流意识形态在建构过程中，要严格遵守网络生存规律，不能靠排斥和剥夺其他非主流意识形态和亚文化发言权的形式，来提高自身意识形态的认同，因为这种方式很容易引起网络民众的逆反和抵触心理，造成反向认同。新时代的主流意识形态要注重加强媒介资源的整合和引领作用，将提高主流价值理念认同建立在全媒介综合集群之上，在实践中真正掌握话语的领导权，真正实现用真理说服人、用真情打动人。目前中央电视台、新华社、人民日报等官方主流媒体，已经全面进入微空间战场，先后推出了学习小组、人民日报等优秀的微信公众号。同时也要注意通过隐性的渠道培养微空间领域的"主流大V"，注重发挥意见领袖的作用，在热点敏感问题上，实时了解微空间个体的思想动态，积极引导个体的情绪，敢于同各种错误思潮做斗争，敢于发出正面的

---

① 王一岚. 新媒介情境下的意识形态构建 [M]. 北京：社会科学文献出版社，2016：138.

声音。"伟大的斗争"是习近平总书记在多次会议讲话中提到的高频词汇，要深刻领悟其内涵实质，真正把理性的斗争融入微空间意识形态认同的全过程。要善于运用矛盾分析法，主动将微空间各种矛盾在原则上进行划分，属于微空间普通受众思想认识上错误的，要认真加以引导，积极做好微空间群众路线工作；属于西方敌对势力或社会思潮刻意为之的，要积极主动采取法律措施和行政手段，坚决予以遏制。目前相关数据显示，政府组织和官员个体开设的微博和微信公众号的数量呈现出逐年递增的趋势。政务微博和微信公众号的阵容厚度和规模体系更加强大，结构和地区分布更趋于合理。通过在微空间建立大量具有传播力、影响力、公信力的"政务自媒体"，可以有效提升政府形象和执政能力，积极宣传主流意识形态，进一步扩大主流媒体的舆论话语场，从而在与其他自媒体平等互动的交流中，最大限度地吸引微空间个体的关注度，不断增强主流意识形态的凝聚力和引领力。

2. 衍生转化，主动引导微空间意识形态的议程设置

议程设置主要是指"媒介通过反复播出某类新闻报道，强化该话题在公众心目中的重要程度"①，其主要在认知、态度和行动三个维度上影响个体的认同效果。微空间主流意识形态认同，需要围绕社会发生的热点敏感问题，主动设置能够激起网络个体兴趣点的议程和议题，让个体自愿参与议题、认同议题、接受议题，并在潜移默化中接受和认同议题中嵌入的主流意识形态理念。网络受众在感觉自身主体性得到最大程度尊重的同时，也满足了自身的物质和精神需求。在议程设置过程中，要积极树立主流价值、先入为主、核心环节和全程互动四种理念，坚持用主流价值引领议程设置，第一时间抢占重点议题的信息高地，运用大数据关注议题的转发数、粉丝评论数等核心环节，真正实现焦点敏感问题关口前移，促进政府和民众在微空间场域的充分互动。同时还要注重遵循内容—效果理论。微空间议题设置的原则是在对某一议题进行设置和报道时，要以吸引个体注意为第一要点，然后开始逐步影响个体的认知和情感，最后实现主流意识形态的成功转移，有效化解个体的抵触和逆反情绪。议程设置在内容上要注意避免空洞的理论话题，要善于从现实世界中挖掘极具特色和吸引力的话题，切实增强议程设置的针对性和有效性，进一步创新议题设置方式和方法。认同主体要充分利用微空间自媒体平台特点，使其规律属性和认同客体的情感属性完美结合，从宏观的战略布局上，形成环环相扣、步步诱导的议

---

① 沃纳·赛佛林，小詹姆斯·坦卡. 传播理论：起源、方法及应用［M］. 北京：华夏出版社，1999：246.

程设置体系，让认同客体对主流意识形态认同产生从心灵到情感，从认知到实践的连锁反应，真正实现议程设置契合主流意识形态的价值导向和时代趋势。议程设置方法上，要注意吸引微空间个体的注意力，让个体在不知不觉中加入议题讨论，在议题的深入讨论中，唤起记忆深处的价值符号和情感体验，充分发挥微空间线上线下议题互动的属性。要做到线上的议题讨论敢于在线下的实践过程中接受检验，线下发生的热点敏感问题敢于在线上进行公开的理性探讨，从而使虚拟与现实，线上与线下形成双向互动的闭合回路，最大程度激发线上线下个体的主动性和积极性，形成一股强大的正向合力，汇聚成一股强大的社会正能量，进一步凝聚人心，巩固和促进主流意识形态认同。

3. 话语博弈，合理配置主流意识形态的话语资源

微空间话语重构过程的一个关键点就是如何实现话语权力资源的优化配置。微空间认同主体和客体在话语资源权力分配的归属实质是一个相互博弈的过程。这种博弈过程展开的场域是建立在微空间开放、共享、自由的交流对话沟通环境中的。话语权力的博弈过程有三种可能，分别是认同主体全部占有话语权力、认同客体全部占有话语权力和认同主体和客体按照一定的资源配置占有一定的话语权力。认同主体全部占有话语权力，就意味着认同客体完全失去话语权力，将会导致认同客体完全丧失互动的积极性，致使互动交流中断，认同关系断裂；认同客体全部占有话语权力，会直接造成认同主体话语权力的完全消解，在认同客体缺乏主体引导规范监督的情况下，各种错误思潮和不理智的话语会在微空间泛滥成灾，容易导致反向认同的盛行；认同主体和客体按照一定的资源配置占有一定的话语权力，在资源配置的相互博弈中，认同主体拥有更多的话语权力，他可以占据一个有利的战略位置，根据微空间的思想动态，实时调整话语权力和话语体系，认同客体也拥有适度的话语权，在充分激发调动积极性的同时，也能推进微空间互动的民主化进程走向，这与现代性个体的发展趋势相吻合。通过对博弈进行分析，可以清楚地意识到话语权掌握在谁的手中，这成了微空间整个认同交往互动得以顺利进行的关键。同时在微空间主流意识形态的传播过程中，要注重提高话语表达的通俗性和直观性，切实改变传统的灌输式话语表达。微空间主流意识形态的实践认同绝不是靠强制的措施和空洞的口号，而是用真正有思想理论深度和文化影响力的新时代马克思主义研究成果来凝聚人、鼓舞人。以推动国家治理现代化为契机，重构话语体系，真正让话语进入大脑直击人心。如果要在微空间赢得更多网民的认同，必须进行话语重构，主动从网民的角度、从草根的角度，去进行情感思考和话语沟通。真正用充满感情的话语赢得民众的认同，真正用生动朴实、通俗易懂、喜闻乐见的语言赢

得民众的共鸣。从《马克思靠谱》《说说身边的十九大》等著作的畅销，从人民日报、中国之声等微信公众号的日渐崛起可以看出，中国共产党正在与时俱进，根据受众的兴趣需求和理解能力，在话语表达中选取合适的角度，精心设计语言，力争在国内和国际输出更多有影响力、渗透力和号召力的文化产品。

（二）精准识别，凸显微空间主流意识形态认同的安全支撑

大数据为微空间主流意识形态认同提供了技术和安全支撑，微空间认同趋势的预测需要超大数据样本的分析和挖掘，认同对策的提出需要多样性大数据为其提供科学系统的解决方案，意识形态热点敏感问题信息的捕捉需要大数据迅捷的数据处理能力。运用大数据思维，对微空间意识形态提取的样本值进行信息汇总、数据挖掘、实时监测、动态分析，可以完成微空间意识形态认同曲线的科学预测、认同进程的动态跟踪、信息数据的及时更新、议程设置的务实高效，实时掌握微空间场域的舆情动态，提升微空间意识形态的认同度。

1. 动态观测微空间舆情，建立实时预警机制

意识形态在潜意识中已经融入个体的生活世界，体现在日常思维、生活行为、共同价值和大众心理的方方面面，微信评论、微信转载、朋友圈的信息发布等个体行为，会在微空间留下大量的行为和情绪数据，从而为大数据进行精准的分析和挖掘提供前提。特别是对微空间传播的一些热点敏感焦点问题，大数据可以利用其强大的数据处理技术精准解构微空间意识形态的影响因素和影响认同的整个过程，绘制意识形态传播的可视化图谱。并在第一时间迅速捕捉微空间意识形态的热点，提前对影响意识形态认同走向的事件进行预警，进而增进微空间意识形态的认同度。发挥大数据的精准定向导航作用，建立一套基于大数据动态分析意识形态的反馈机制。首先，动态更新云平台和大数据技术，充分利用大数据对官方、民间、媒体、企业进行整合，建立政府、企业、个人和媒体四方共同参与的大数据平台，构建由官方主导，全方位、多层次、多主体共同参与的舆论治理体系，创新启动联合协同治理机制，实现全方位多角度的大数据覆盖。其次，全面搜集政府、企业、个人和媒体四方形成的"大数据利益共同体"的数据，高度关注重点人、重点区域和重点行业，真正实现风险点的全监测，通过建立科学合理的数据分析模型，对微空间个体的情感动态、需求情况和事件传播过程中可能存在的风险点，提供科学合理的分析报告。再次，针对顶层设计和主流意识形态认同建构整个过程中暴露出的问题，实时动态调整规划设计，尽可能地获取意识形态的最大认同度，并降低风险发生的概率，实现整个大数据动态分析意识形态反馈的闭合回路。

2. 实时捕捉微空间舆情, 观测个体情绪波动

微空间群体的心态直接影响着个体的政治、情感和实践的认同指数和程度。通过大数据对微空间海量信息进行数据分析, 量化微空间意识形态检测指标、建立舆情指数分析模型、研判个体言论和情绪的动向, 动态反馈意识形态认同度, 构建基于微空间意识形态的全方位、全过程的动态监测体系, 精确感知微空间个体对热点事件、热点敏感问题的情绪变化, 系统了解掌握预测微空间意识形态的认同走向和趋势, 多维度、多层次、全时域、全方位地感知不同群体、不同阶层的情绪变化和认同变化。对于微空间中的普通个体, 要充分尊重他们的价值诉求, 让个体真正参与到微空间主流意识形态治理中来, 在微空间互动中凸显个体存在的价值属性, 依托大数据和云平台, 建立一个相对独立的情绪宣泄空间和话语沟通交流空间, 真正搭建一个官方和个体情感交流的无障碍通道, 实现情感诉求的实时对接, 提高微空间个体对主流意识形态的认同度。同时注重运用大数据提取微空间话语特征、个体话语表达习惯和情感诉求, 采取微空间个体喜欢的话语呈现方式、表达方式和接受方式, 找到两个话语场域表达的最佳契合点, 真正让主流意识形态全方位地融入个体的日常生活, 自觉转化为个体的价值观念。

3. 精准挖掘微空间矛盾, 消解个体对抗情绪

微空间社会思潮传播隐性化的特点决定了其善于利用转型期社会出现的一些矛盾问题进行相互影响相互叠加, 形成同频共振来左右和引导微空间个体对社会思潮的价值判断, 从而对主流意识形态的科学性和合理性产生怀疑。利用大数据, 对微空间各种社会思潮进行实时动态监测, 坚持把握时间、力度、效果三原则, 深层次、全方位、立体化地分析微空间各种意识形态的斗争情况, 形成科学的微空间意识形态数据镜像, 系统分析社会思潮的传播方式、传播手段、传播载体和传播技术, 有利于更加科学掌握微空间各种思潮的动向, 全面揭示社会思潮的真相, 调动各方的积极性, 使个人、企业和媒体在矛盾的处理过程中, 实现从局外人向局中人的转变, 从而真正参与到整个监控体系中来。同时利用大数据对微空间主流意识形态的议程进行引导, 对个体行为进行文本处理、行为分析、数据挖掘、关联计算、情绪检测, 第一时间捕捉微空间群体关注的兴趣点和矛盾点, 对转发量超高的帖子和议题进行动态关注和数据分析, 及时修正改进数据算法模型, 精确掌握议题趋势走向和群体情绪意识波动情况, 达到在无声无息、潜移默化中引导微空间的意识形态走向, 化解个体的逆反和抵抗情绪, 进一步提升微空间主流意识形态的认同度。

（三）制度创新，贯穿微空间主流意识形态认同的核心精要

1. 创新仪式教育机制

仪式教育，主要是指利用充满情境想象力、团队凝聚力和仪式神圣感的方法和手段，让实践主体从内心深处被某种仪式场合吸引、感动，并在实践行动中主动完成情感体验活动，从而在潜移默化中自觉认同意识形态。重点强调的是实践主体在集体仪式教育中不知不觉地完成价值观的升华和转化。微空间的仪式教育整体上有三种主要表现形式：纪念仪式教育、节日仪式教育和媒体仪式教育。纪念仪式教育通过唤醒某一类个体共同拥有的象征仪式符号，来实现对某种意识的集体式追溯，例如，5·12 汶川地震、12·13 国家公祭日、宪法宣誓等仪式。同时还要在纪念仪式教育中加入一些生活化的仪式，特别是在个体成长中的仪式教育，比如，入党或者大学毕业，从而提高个体的国家认同感和使命感。节日仪式教育主要是利用特定节日以某种特定的主题开展的一系列兼具传统风俗和历史传承的社会集体活动，目的在于传递一个社会的价值观念和民俗习惯，例如，建军节、国庆节、清明节、端午节等仪式。媒体仪式教育通过不断创新信息媒介，建构基于虚拟现实技术的微空间仪式教育平台，例如，网络植树节、双 11 购物节等仪式。微空间仪式教育作为主流意识形态认同教育的重要载体，主要体现神圣性与体验感、集体性与归属感、主体性与触摸感的统一。（1）神圣性与体验感的统一。通过在思想教育中渗透主流价值取向，突出教育内容的精准性和生动性，让个体在亲身参与仪式中获得认同，同时由于仪式教育自身的神圣性，又极大降低了微空间教育的娱乐性，使网络个体更加关注教育氛围的庄重性，从而让个体在思想意识深处形成更强的行为自觉。（2）集体性与归属感的统一。微空间仪式教育网民参与的数量多、基数大、范围广，呈现出典型的集群行为特点，个体可以在群体中进一步形成归属感，更容易提高对意识形态的理解力和执行力。（3）主体性与触摸感的统一。微空间的仪式教育具有方便、快捷、易操作等特性，网络个体可以借助微信、微博随时随地参与仪式教育，极大地解决了因为时间、场地等问题无法参加仪式教育的弊端。同时个体通过网上献花、网络发言等实际操作，更容易充分调动个体参与空间仪式教育的积极性，更容易实现微空间教育内容向现实空间个体的传导，更容易实现个体实践认同的转化。微空间仪式教育一方面可以利用声音、图片、视频等多种技术手段，构建虚拟与现实完美结合的意境空间，营造与主流意识形态传导高度一致的教育氛围，形成一个集教育主体、客体和环体高度融合、互相作用的复合价值磁场。网络个体在微空间仪式教育参与过程中，对历史心生敬意，对心灵产生触动，对集体增加归属，对个体内在情感产生共鸣，

对主流舆论宣传教育的内容和观点提高了理解度和接受度。另一方面，微空间可以利用符号的象征性和直观性，重塑特殊仪式的年代感，增强网络个体的代入感，让原本年代久远的历史瞬间与网络个体实现空间和时间上的零距离，让原本抽象的价值理念变得形象化、生动化和生活化，极大地促进了主流意识形态在网络个体心中的涵化，最大限度地实现了仪式教育背后意识形态蕴含的情感内容和归属，为个体线上和线下的实践认同注入强劲的动力。

2. 创新榜样示范机制

提高微空间榜样产生的科学性。微空间信息传播日趋开放，个体思想观念日趋多元，传统"你说我听"的单向通道强制灌输的教育传播方法逐渐瓦解，新时代新媒体新受众坚持秉承现代性的个性、时尚、自由等特征，有着更加独立的思想与个性自由，勇于创新，敢于说不，主动求变。在典型报道中，大部分官方主流媒体在榜样示范传播中，仍然沿用传统的"宣传—模仿—学习—提高"的固有模式，在微空间收到和反馈的效果甚微。借助微空间创新榜样选拔方式，利用微视频、微访谈、微图片等宣传方法，借助微博、微信等自媒体平台，充分调动微空间个体参与的积极性，提升受众对榜样选择的参与度，主动参与网络投票和调研，提高榜样的说服力和感召力。同时也能够将榜样作为一个完整的个体全方位地放进微空间这个场域中来，让其一言一行、一举一动都接受微空间个体的监督和约束，这本身就能大幅提高受众的效仿力度。可以区分群体层次，从国家、社会、个人；从政治、经济、社会、生活等多个方面选择榜样，这样的榜样不仅更具有群众性、时代感、真实性和多样化，而且更容易获得对主流意识形态的实践认同。

提高微空间榜样宣传的真实性。传统媒体榜样宣传中存在着一些问题，具体表现为内容上人物形象宣传过于完美，致使普通个体学习难度大；方法上依靠报纸、电视等单一媒体宣传，致使宣传效果不佳；报道上人物模式化、脸谱化气息过重，导致缺乏亲和力。在微空间信息如此发达的当下，个体对这种传统媒体宣传的榜样的质疑从未间断，特别是个别典型人物在经过全民人肉搜索后，暴露出的一些问题，对在网络时代崛起的新受众来说，无疑会对事件形成放大效应，导致宣传的榜样典型出现倒转，即微空间个体的关注点更多地会集中在其暴露出的问题上，而完全遮蔽了其自身的正能量。这在引起个体反向认同的同时，也会为以后的榜样宣传工作增加难度。在微空间典型人物的宣传报道中，要更加注重全面性和真实性，要让宣传报道真正地接地气，要让典型人物真正有血有肉，真正立体生动起来。

提高微空间榜样践行的互动性。随着个体参与意识的不断增强，实时互动沟通交流已经成为微空间个体交往的一种常态化形式。在榜样践行的过程中，要注重在两个方面加强互动，一是加强网络个体与媒体的互动交流，让网络个体成为榜样人物宣传报道中的一员，真正参与到报道的互动中来；二是加强典型人物与网络个体二者之间的互动，邀请榜样人物主动在微空间同网络民众进行沟通交流，树立粉丝规模效应的思维理念，注重运用微空间自媒体，广泛同网络粉丝进行互动交流，在圈粉的同时，也能在无形中传递积极的正能量，这是意识形态认同追求的一种发展方向和趋势。通过利用微博、微信等微空间载体，随时随地转发自己或身边的好人好事，不仅更接地气，更容易被个体认可，也让个体感到，榜样的行为其实并不难实现，践行榜样就在身边，这种践行更容易感染和激励更多身边的人。微空间由于其惊人的信息扩散速度和广度，更容易号召有相同经历的或相同兴趣爱好的群体共同实践。比如，微公益、微志愿等活动，通过"晒晒身边的榜样""践行榜样我们一起来行动"等通俗易懂的微信息，真正加速助推实现践行模式从"要我认同"向"我要认同""我要践行"的积极转化。

3. 创新交往实践机制

现实社会中，个体认同过程的发生总是伴随着某种特定的情境和场域。微空间互动场域不是传统网络空间简单的映射投影，它凭借信息瞬时性、载体移动性和传播裂变性颠覆了传统的交往生态，为个体的交往互动创造了一个全新的场域，个体的自主性和自由性可以获得尽情的释放。

一要建立新型互动关系。微空间解构了传统的互动模式，创造性地营造了一种"兴趣关注—行为交互—解惑答疑—交流引导"模式。在线上和线下开展主题鲜明、内涵丰富、生动活泼的教育实践活动，极力通过交流互动、双向回馈等方法解构传统互动关系中的刻板保守、信息闭塞、无声失语等互动逻辑，并注重将生活化场景与微空间虚拟场景进行完美融合，从而形成并拓宽认同全过程的交往路径并将其实践品格融入日常行为的生活情境中。建成多主体、全时空、多途径、全角度的主流意识形态认同体系，让网络受众在双向互动中达成共识。

二要推动交往互动向纵深发展。注重以新闻、电视为主的传统媒介介质，以网页、信息为主的网络媒介介质和以微博、微信为主的移动媒介介质的内在融合，进一步优化整个媒介业态空间的生存环境和舆论氛围，切实加强媒介从业人员的新闻素养、信息能力和品德修为，充分发挥微空间移动介质信息传播覆盖区域广、信息病毒式扩散传播、内容体系精准定位的特点，最大化地利用微空间微博、微信等自媒体的点赞、留言、转发、关注、@个体等互动方式，推动教育主客体间的互动向纵深发展。微空间为地缘群体提供了更为精确的定位技术，个体可以根据地理位置在微空间进行实时搜索，找到目标人群从而实现互动。趣缘群体的特点是不同个体基于相似的喜好和志趣组成的群体，具有强大的黏合力。业缘群体是根据不同个体从事不同职业进行的划分，其习惯就学术或专业问题进行相互探讨，促进彼此学术的提高。个体在这种互动情况下，认同度是非常高的。

三要注重维护微空间网络环境。微空间网络环境的安全形势，已经成为意识形态斗争领域的一个非常重大的安全变量。因此，在战略层面上，要把微空间网络环境治理纳入国家治理体系的高度来思考。要加大对各大网站的监管力度，严格审查备案相关媒体管理机制，通过主媒体引导自媒体让主流意识形态"亮相"，并敢于直面社会热点敏感问题，主动解答网民思想困惑，积极同各种错误思潮展开正面交锋，真正发挥微空间"唱响主旋律"的正能量作用。要强化进取意识，及时利用议题设置，时刻关注"沉默的螺旋"，净化网络空气，着力打造风清气正的微空间环境，重构网络话语权，善于转换角度，准确把握舆情走向，争取在微空间找到最大的认同公约数，绘成最大的价值同心圆。要建立健全网络约束机制，通过网站、网民自律与法治他律的有机融合，引导网民自觉遵守网络秩序，共创安全快捷、健康有序、文明和谐的网络环境。

结束语

本书以解决思想政治教育供求矛盾，实现思想政治教育供求精准对接为主要课题，探索了人工智能在实现思想政治教育供求精准对接中的运用，希望为改进和加强大学生思想政治教育做出一定学术探索。运用人工智能推进大学生思想政治教育供求精准对接是推进思想政治教育创新发展的一次积极探索和大胆尝试，主要有三点启示。

一、利用人工智能引领激发思想政治教育社会需求和个人需求的双重需求

推进思想政治教育创新发展的一个重要方面就是要从社会需求和个人需求的双重需求中牢牢把握思想政治教育的本质是"改造人的主观世界，促进人在精神领域的自由全面发展"，从思想政治教育本质的层面深刻认识思想政治教育推动社会发展进步和人的自由发展的重大现实意义，始终确保思想政治教育创新发展坚定正确的政治方向。

传统思想政治教育发展的主要动力是社会需求，认为思想政治教育的本质是意识形态的灌输和教化。社会需求是思想政治教育最根本的发展动力，这一点在任何时候都不能动摇。但是，我们要清醒地认识到传统思想政治教育观念容易忽视、轻视受教育者的个人需求，这就弱化了思想政治教育发展的动力，没有把思想政治教育发展的全部动力充分挖掘出来。

推进思想政治教育创新发展要在坚持并强化社会需求的前提下，更加关注和重视受教育者的个人需求。引领和满足受教育者的个人需求可以充分调动受教育者的主体性，从情感、理念、行动上高度认同思想政治教育的目标和要求，努力提升自身思想道德素质，主动适应社会发展要求。正是由于个人需求的地位和作用日益凸显，2016 年 6 月高等教育出版社出版的马克思主义理论研究和建设工程重点教材《思想政治教育学原理》中对思想政治教育进行了新的定义：思想政治教育是教育者与受教育者根据社会和自身发展的需要，以正确的思想、政治、道德理论为指导，在适应与促进社会发展的过程中，不断提高思想、政

治、道德素质和促进全面发展的过程①。概念中特别强调了受教育者自身发展的需要，这标志着学界已经认识到思想政治教育是基于社会发展和人的发展的双重需要而产生的，这是一个里程碑式的理论飞跃，有力地印证了思想政治教育个人需求的重要价值和意义。

实现思想政治教育供求精准对接强调一定要摆脱传统教育观念的束缚，再也不能片面地把思想政治教育需求理解为社会需求或个人需求，甚至把二者对立起来。传统思想政治教育的目标和使命是服从和服务于党的中心工作，但现代思想政治教育在服从和服务于党的中心工作的前提下，更加重视人的全面发展。②"社会主导意识形态的灌输和教化"用来概括政治教育的本质是比较准确恰当的，但用来概括思想政治教育的本质则存在以偏概全的理论缺陷，窄化了思想政治教育的本质。思想政治教育已经明显超出了"社会主导意识形态的灌输和教化"所能概括的范围，用"改造人的主观世界，促进人在精神领域的自由全面发展"来重新认识思想政治教育的本质更加全面、更加深刻、更加符合实际，增强了思想政治教育理论的解释力和说服力，而且为思想政治教育进一步创新发展拓展了广阔空间。我们一定要更新对于思想政治教育本质的认识，真正实现从依靠外在力量推动向依靠教育需求内在驱动的根本性转变。

如第四章所述，加强需求管理是解决思想政治教育供求矛盾不可忽视的重要方面，是实现思想政治教育供求精准对接的前提和基础。人工智能在加强大学生思想政治教育需求管理中能够发挥出重要作用，既可以精准研判多样化、个性化的思想政治教育需求，弥补以往对思想政治教育需求把握不准不细的短板弱项，又可以充分挖掘思想政治教育潜在需求，把潜在需求和现实需求紧密结合起来，还可以实时掌握思想政治教育需求的动态和变化，避免静态僵化地理解思想政治教育需求。

二、利用人工智能提升促进思想政治教育要素供给和产品供给的质量效率

推进思想政治教育创新发展就是要从思想政治教育基本矛盾的现实转化中牢牢把握思想政治教育供求矛盾的地位和作用，紧紧扭住改进和加强思想政治教育的"牛鼻子"，坚持以思想政治教育供求矛盾的分析和解决为主线推进实现思想政治教育供求精准对接。

学界一般认为：思想政治教育基本矛盾是一定社会、一定阶级对人们的思

---

① 思想政治教育学原理［M］. 北京：高等教育出版社，2016：5.
② 李红，张喜阳. 思想政治教育实务［M］. 天津：天津人民出版社，2016：248.

想品德要求与人们实际的思想品德水准的矛盾①。对于思想政治教育基本矛盾的理论概括在实践操作层面上具有一定局限性，需要对此进行详细具体的深入分析，才能更好地指导实践。一方面，一定社会、一定阶级对人们的思想品德要求实际上就是本书所提出的国家、政党、政府对思想政治教育的社会需求，这是思想政治教育产生的逻辑起点和根本依据，除了社会需求之外，还有个人需求，这是思想政治教育产生的重要依据，只有把两者结合起来才能全面认识和把握所有需求，只重视社会需求，忽视个人需求在理论上是狭隘的，在实践中是有害的。所以，把思想政治教育基本矛盾的一方概括为一定社会、一定阶级对人们的思想品德要求比较片面，缺失忽略了受教育者的个人需求，不符合思想政治教育实际状况。

另一方面，人们实际的思想品德水准并不仅仅是由思想政治教育决定的，而是由多方面因素共同决定的，思想政治教育和受教育者所处的社会环境只是影响受教育者实际思想品德水准的两个外在条件，只能在有限的程度和范围上对人们的思想认识和行为产生影响，而受教育者自身的思维方式、知识结构、精神状态、理解判断能力、认同接受能力等主体因素才是决定受教育者思想品德水平的内在根据。"外因通过内因起作用"，思想政治教育和社会环境等外在因素在影响受教育者时，能否产生教育效果，产生什么样的教育效果，最终取决于受教育者对外在因素认识、理解、认同的程度，在于受教育者内在因素与外在因素的结合程度，在于受教育者能否实现认知认同、情感认同、实践认同。受教育者个体内在的思想矛盾运动，是受教育者个体思想政治素质形成发展的根据，由受教育者个体实践活动和心理活动共同推进。把思想政治教育外在的社会环境和受教育者自身的内在因素纳入思想政治教育基本矛盾的一方明显超出了思想政治教育范畴，容易掩盖和误导人们对思想政治教育现有能力和水平的认识和把握。所以，应当把思想政治教育基本矛盾中人们实际的思想品德水准一方限定在思想政治教育范畴之内，更加聚焦于思想政治教育现有的能力和水平。

因此，把一定社会、一定阶级对人们的思想品德要求拓展深化为由思想政治教育社会需求和个人需求构成的总需求更加全面，把人们实际的思想品德水准修正为思想政治教育现有的供给能力和供给水平构成的总供给更加恰当。这样，思想政治教育基本矛盾就转化为思想政治教育供求矛盾，这是对思想政治教育基本矛盾更准确地概括和更恰当地表述。我们要清醒认识和深刻把握思想

① 张耀灿，郑永廷，吴潜涛，等. 现代思想政治教育学［M］. 北京：人民出版社，2006：6.

政治教育基本矛盾向思想政治教育供求矛盾的现实转化，抓住实现思想政治教育供求精准对接的本质是解决思想政治教育供求矛盾。

如第五章所述，提升供给质量是解决思想政治教育供求矛盾的主要方面，是实现思想政治教育供求精准对接的主攻方向和工作重点。人工智能在提升大学生思想政治教育供给质量中能够发挥重要作用，既有助于提供形象生动、寓教于乐的可视化动态思想政治教育产品，大大拓宽了思想政治教育产品的供给途径，又可以帮助受教育者自主开展学习，提升了学习的趣味性；既可以促进受教育者开展开放式、互动式学习，使思想政治教育从单向传播走向了双向互动，又有利于教育者有效配置思想政治教育资源，促进了教育资源的科学合理分配。

三、利用人工智能实现思想政治教育需求主导性和供给多样性的有机统一

推进思想政治教育创新发展就是要从需求主导性和供给多样性的统一中牢牢把握思想政治教育的发展原则，思想政治教育需求要充分发挥思想引领和价值导向的主导性功能，思想政治教育供给要不断提高思想政治教育产品供给质量来体现多样性的要求，只有需求和供给联手发力调整优化思想政治教育结构，实现思想政治教育供求长期、动态、高水平、一般均衡，才能够推动思想政治教育在实践中不断创新发展。

需求主导性是指社会需求和个人需求要充分发挥思想政治教育规定、指向、指导、引导、引领、统领的地位和作用，着力提高掌握思想政治教育领导权、管理权、话语权的能力和水平，努力做到"导之有方、导之有力、导之有效"。需求主导性体现在思想政治教育要不断巩固马克思主义的指导思想地位，绝不能在指导思想上搞多元化、自由化，强有力地引领各种社会思潮，始终坚持思想政治教育正确的政治方向、政治立场、政治原则、政治道路，始终保持强大的感召力、凝聚力、引领力、向心力，始终弘扬响亮的主旋律，传播强劲的正能量，激发受教育者积极向上的精神追求。

供给多样性是指由于人们思想活动的独立性、选择性、多变性、差异性明显增加，客观上要求思想政治教育产品供给必须实现高端化、多样化、个性化、差异化、精准化、精细化、定制化，针对不同教育对象、教育要求、教育环境运用不同教育方法实施不同教育，避免教育一刀切、简单化的倾向。供给多样性体现在教育目标上就是要把先进性要求和广泛性要求结合起来；在教育内容上实现多样性就是教育内容要丰富多彩、开放包容、灵活机动、富有活力；在教育方法上实现多样性就是要用多种多样的途径、方式、方法、手段开展思想

政治教育。

需求主导性和供给多样性一定要在思想政治教育实践中紧密结合起来。只有坚持需求主导性才能"守正",坚持思想政治教育坚定正确的政治方向;只有坚持供给多样性才能"出新",用开拓进取的精神推动思想政治教育创新创造;只有需求主导性和供给多样性实现有机统一才能实现思想政治教育供给和需求的总量均衡和结构均衡,破解思想政治教育供求矛盾,实现思想政治教育供求精准对接,推动思想政治教育不断创新发展。

如第六章所述,调整优化思想政治教育结构是解决思想政治教育供求矛盾的基本途径,是实现思想政治教育供求精准对接的突破口和着力点。人工智能能够在推动大学生思想政治教育结构调整中发挥重要作用,既可以利用人工智能的算法精准感知思想政治教育需求进而推送定制化教育内容,从而实现思想政治教育有的放矢、对症下药,又可以利用智能测评系统分析研判思想政治教育效果,进而查漏补缺、扬长补短,还可以利用搜索引擎为受教育者精准匹配引领导向性较强的思想政治教育内容。

运用人工智能实现大学生思想政治教育供求精准对接是提高思想政治教育实效性的一次初步探索和有益尝试,有待学界对此进一步深化研究。由于笔者水平有限,本书的理论论证还不够严密有力,内容还不够充实丰满,语言表述还需要精练推敲,研究领域还需要延伸拓展,全书质量提升改进的空间还很大。今后我们将以谦虚诚恳的态度求教于学界,接受专家学者的批评和意见,为理论研究的成熟和完善做出不懈的努力。

参考文献

一、著作类

[1] 中共中央马克思恩格斯列宁斯大林著作编译局．马克思恩格斯文集：第1卷［M］．北京：人民出版社，2009．

[2] 中共中央马克思恩格斯列宁斯大林著作编译局．马克思恩格斯文集：第2卷［M］．北京：人民出版社，2009．

[3] 中共中央马克思恩格斯列宁斯大林著作编译局．马克思恩格斯文集：第7卷［M］．北京：人民出版社，2009．

[4] 中共中央马克思恩格斯列宁斯大林著作编译局．马克思恩格斯文集：第8卷［M］．北京：人民出版社，2009．

[5] 中共中央马克思恩格斯列宁斯大林著作编译局．列宁选集：第1卷［M］．北京：人民出版社，2012．

[6] 毛泽东．毛泽东选集：第1卷［M］．北京：人民出版社，1991．

[7] 毛泽东．毛泽东选集：第2卷［M］．北京：人民出版社，1991．

[8] 毛泽东．毛泽东选集：第3卷［M］．北京：人民出版社，1991．

[9] 毛泽东著，中共中央文献研究室编．毛泽东文集：第7卷［M］．北京：人民出版社，1999．

[10] 毛泽东著，中共中央文献研究室编．毛泽东文集：第8卷［M］．北京：人民出版社，1999．

[11] 邓小平．邓小平文选：第2卷［M］．北京：人民出版社，1994．

[12] 邓小平．邓小平文选：第3卷［M］．北京：人民出版社，1994．

[13] 习近平．习近平谈治国理政：第1卷［M］．北京：外文出版社，2018．

[14] 习近平．习近平谈治国理政：第2卷［M］．北京：外文出版社，2017．

[15] 习近平．习近平谈治国理政：第3卷［M］．北京：外文出版社，2020．

[16] 习近平. 习近平谈治国理政：第 4 卷 [M]. 北京：外文出版社，2022.

[17] 习近平. 高举中国特色社会主义伟大旗帜 为全面建设社会主义现代化国家而团结奋斗——在中国共产党第二十次全国代表大会上的讲话 [M]. 北京：人民出版社，2022.

[18] 党的二十大报告辅导读本 [M]. 北京：人民出版社，2022.

[19] 中共中央党校. 习近平新时代中国特色社会主义思想基本问题 [M]. 北京：人民出版社，中共中央党校出版社，2020.

[20] 中共中央宣传部. 习近平新时代中国特色社会主义思想三十讲 [M]. 北京：学习出版社，2018.

[21] 中共中央宣传部. 习近平新时代中国特色社会主义思想学习纲要 [M]. 北京：学习出版社，人民出版社，2019.

[22] 亚当·斯密. 国民财富的性质和原因的研究 [M]. 郭大力，王亚南，译. 北京：商务印书馆，1983.

[23] 萨伊. 政治经济学概论 [M]. 陈福生，等译. 北京：商务印书馆，1998.

[24] 大卫·李嘉图. 政治经济学及赋税原理 [M]. 郭大力，王亚南，译. 北京：商务印书馆，1997.

[25] 马歇尔. 经济学原理 [M]. 朱志泰，译. 北京：商务印书馆，1997.

[26] 约翰·梅纳德·凯恩斯. 就业、利息和货币通论 [M]. 高鸿业，译. 北京：商务印书馆，1999.

[27] 刘树成. 现代经济辞典 [M]. 南京：凤凰出版社，江苏人民出版社，2005.

[28] 高鸿业. 西方经济学：第 5 版 [M]. 北京：中国人民大学出版社，2011.

[29] 西方经济学：上册 [M]. 北京：高等教育出版社，人民出版社，2012.

[30] 西方经济学：下册 [M]. 北京：高等教育出版社，人民出版社，2012.

[31] 陈万柏. 思想政治教育学原理 [M]. 北京：中国人民大学出版社，2013.

[32] 陈万柏，张耀灿. 思想政治教育学原理 [M]. 北京：中国人民大学出版社，2015.

[33] 王树荫. 中国共产党思想政治教育史 [M]. 北京：中国人民大学出

版社，2011.

［34］邓海潮．经济学视野下的思想政治教育［M］．北京：国防大学出版社，2014.

［35］曹祖明．哲学视野下的思想政治教育［M］．西安：西北大学出版社，2012.

［36］韩刚．管理学视野下的思想政治教育［M］．西安：西北大学出版社，2012.

［37］滕泰，范必，等．供给侧改革［M］．北京：东方出版社，2016.

［38］国家行政学院经济学教研部．中国供给侧结构性改革［M］．北京：人民出版社，2016.

［39］贾康，苏京春．供给侧改革新供给简明读本［M］．北京：中信出版集团，2016.

［40］林毅夫，等．供给侧结构性改革［M］．北京：民主与建设出版社，2016.

［41］吴敬琏，等．供给侧改革经济转型重塑中国布局［M］．北京：中国文史出版社，2016.

［42］吴敬琏，厉以宁，郑永年，等．读懂供给侧改革［M］．北京：中信出版集团，2016.

［43］张耀灿，等．思想政治教育学前沿［M］．北京：人民出版社，2006.

［44］张耀灿，郑永廷，吴潜涛，等．现代思想政治教育学［M］．北京：人民出版社，2006.

［45］李红，张喜阳．思想政治教育实务［M］．天津：天津人民出版社，2016.

［46］吴照峰．自我教育机制研究—基于思想政治教育视阈［M］．西安：西北大学出版社，2014.

［47］谢晓娟，王东红．多学科视角下的思想政治教育研究［M］．北京：中国书籍出版社，2015.

［48］李雪萍．思想政治教育案例选编［M］．北京：中央编译出版社，2014.

［49］李梁，王金伟，等．高校思想政治理论课：教育教学供给侧结构性改革理论研究［M］．上海：上海大学出版社，2017.

［50］王金伟，李梁，等．高校思想政治理论课：教育教学供给侧结构性改革实践研究［M］．上海：上海大学出版社，2017.

［51］思想政治教育学原理［M］．北京：高等教育出版社，2016.

［52］恩格斯．自然辩证法［M］．北京：人民出版社，1971.

［53］尼克．人工智能简史［M］．北京：人民邮电出版社，2017.

［54］［日］古明地正俊，长谷佳明．图解人工智能大全［M］．北京：机械工业出版社，2021.

［55］丁艳．人工智能入门与实践［M］．北京：机械工业出版社，2022.

［56］刘春雷．人工智能原理与实践［M］．北京：北京大学出版社，2022.

［57］郑南宁．人工智能本科专业知识体系与课程设置［M］．北京：清华大学出版社，2019.

二、期刊类

［1］王芳芳．论供给侧改革视域下职业院校思想政治教育创新［J］．学校党建与思想教育，2017（11）.

［2］邹平．云南教育供给侧结构性改革的若干思考［J］．教育研究，2016（11）.

［3］刘巍．高等教育供给侧改革：范式与误区之思［J］．黑龙江高教研究，2016（10）.

［4］袁中文，兰寒．教育供给侧要素分析［J］．现代商贸工业，2017（4）.

［5］周海涛，朱玉成．教育领域供给侧改革的几个关系［J］．教育研究，2016（12）.

［6］肖剑，蒿延净．践行"供给侧改革"思维提高大学生思想政治教育质量［J］．党史博采，2017（4）.

［7］张务农．从经济学命题到教育学命题——供给侧改革之于高等教育发展意义审思［J］．江苏高教，2017（3）.

［8］秦国伟．以"供给侧改革"新思维指导青年爱国主义教育新实践［J］．太原师范学院学报，2016（6）.

［9］汤涛．略论供给侧改革视野下高校思想政治教育的协同创新［J］．学校党建与思想教育，2017（1）.

［10］杨春晖，蒋丽．供给侧改革视阈下的大学生思想政治教育时效性研究［J］．科技资讯，2016（11）.

［11］暴士蕊．以"供给侧改革"思维创新大学生思想政治教育的调查研究［J］．中国轻工教育，2017（1）.

［12］韩雷．对供给侧思维下思想政治教育有效性研究的思考［J］．教育与人才，2017（3）.

[13] 陈正权，朱德全．高等教育供给侧结构性改革：目标、内容和路径 [J]．现代教育管理，2017（2）．

[14] 丁翠娟．基于翻转课堂的高校思政课供给侧改革探究 [J]．北京工业职业技术学院学报，2016（4）．

[15] 苏争鸣．思想政治教育应关照个体需求 [J]．思想政治教育课，2018（8）．

[16] 程耀忠．供给侧改革视角下教育产品提供方式变革思考 [J]．经济问题，2017（4）．

[17] 张珺，周方舒．供给侧结构性改革下青年思政教育路径创新研究 [J]．改革与开放，2017（2）．

[18] 张晓曦，王克婴．供给侧改革：高校思想政治教育改革的新视角 [J]．经营与管理，2016（9）．

[19] 庞丽娟，杨小敏．关于教育供给侧结构性改革的思考和建议 [J]．新华文摘，2017（4）．

[20] 周有健．供给侧结构性改革语境下高校思政课教学存在的问题及对策 [J]．现代教育科学，2016（11）．

[21] 耿超．供给侧改革对增强思想政治教育质效的启示 [J]．政工学刊，2016（8）．

[22] 韩鹭．思想政治教育也要从"供给侧"发力 [J]．政工导刊，2016（9）．

[23] 邵泽义，左文东．供给侧理论视角下的思想政治教育学科研究问题探究 [J]．广东开放大学学报，2016（3）．

[24] 贺广明．推进以现代教育技术为支撑的思政课教学供给侧改革 [J]．教改研究，2017（3）．

[25] 郭泽忠．"供给侧"视域下思想政治教育改革初探——技能教学活动在思想政治教育中的供给功能 [J]．高教论坛，2016（12）．

[26] 靳小川，马颖哲．供给侧改革背景下的大学生思想政治教育创新研究 [J]．高教学刊，2017（3）．

[27] 王粟鹃．供给侧改革视域下提升高职院校思想政治教育实效探析 [J]．学校党建与思想教育，2017（7）．

[28] 王跃．把握好基层政治教育"供给侧改革"的度 [J]．基层政治工作研究，2016（10）．

[29] 马静．供给侧视域下思想政治教育理论课教学改革的双重维度 [J]．教育评论，2016（10）．

[30] 祁芬莲. 新媒体环境下高校网络思政教育供给侧结构性改革思维 [J]. 时代教育, 2016 (12).

[31] 唐开鹏. 高职院校大学生思想政治教育供给结构改革初探 [J]. 高教学刊, 2017 (7).

[32] 武毅英, 童顺平. 高等教育供给侧改革的动因、链条与思路 [J]. 江苏高教, 2017 (4).

[33] 刘忠勋. 高校思政课教学供给侧结构性改革研究 [J]. 辽宁科技学院学报, 2016 (4).

[34] 程耀忠. 供给侧改革视角下教育产品提供方式变革思考 [J]. 经济问题, 2017 (4).

[35] 邓韵. 供给侧思维运用于高校思想政治理论课探究 [J]. 学校党建与思想教育, 2017 (7).

[36] 王学俭, 杜敏. 高校思想政治教育供给侧改革探讨 [J]. 思想理论教育导刊, 2017 (6).

[37] 孙英. 高校思想政治理论课教学供给侧改革论析 [J]. 思想理论教育导刊, 2017 (5).

[38] 屈文谦. 大学生思想政治教育供给侧改革略论 [J]. 学校党建与思想教育, 2017 (4).

[39] 张云德, 王晓萍, 王丽. 高校思想政治教育供给侧结构性改革路径探析 [J]. 中共云南省委党校学报, 2017 (4).

[40] 李强. 大数据时代高校思想政治教育个性化服务探索 [J]. 学理论, 2018 (5).

[41] 王兰. 供给侧改革对高校思想政治教育的启示 [J]. 黑龙江教育学院学报, 2018 (1).

[42] 王慧慧. 高校思想政治教育的供给侧改革创新发展探索 [J]. 产业与科技论坛, 2018 (9).

[43] 孙瑜. 以供给侧改革引领高校思想政治教育转型发展 [J]. 黑河学院学报, 2017 (6).

[44] 邢海晶. 以供给侧改革思维提升高校思想政治教育的实效性 [J]. 学理论, 2017 (3).

[45] 赵瑞芝. 供给侧视域下高校学生思想政治教育创新研究 [J]. 黑龙江工业学院学报, 2017 (6).

[46] 王帅. 供给侧视域下思想政治教育获得感的缘起、逻辑生成及构筑 [J]. 江苏高教, 2018 (7).

[47] 籍芳芳. 供给侧背景下的高校思想政治教育工作创新研究 [J]. 吉林化工学院学报, 2018 (6).

[48] 刘社欣, 古晓兰. 论思想政治教育的理念更新和方法创新 [J]. 马克思主义与现实, 2017 (3).

[49] 宋中发, 张明. 基于"互联网+"时代高校思政课供给侧教学改革思考 [J]. 成都师范学院学报, 2018 (8).

[50] 杨新莹, 李军松, 白晓宇. "融媒体"视域下的高校思政课教学供给侧结构改革 [J]. 现代教育科学, 2018 (7).

[51] 王萌, 齐冬梅. 供给侧结构性改革背景下思想政治教育的创新发展 [J]. 中共云南省委党校学报, 2017 (4).

[52] 张旭念, 杨金丹. 供给侧改革视域下高校思想政治教育有效供给提升路径探析 [J]. 黄冈师范学院学报, 2018 (2).

[53] 曲婷. "萨伊定律"视角下高校学生思想政治教育需求引导研究 [J]. 湖南社会主义学院学报, 2016 (6).

[54] 黄美娟. 基于供给侧视角下的高校思想政治理论课教学改革审视 [J]. 广西科技师范学院学报, 2016 (2).

[55] 袁莉莉. 论高校思想政治教育资源的有效供给 [J]. 思想理论教育, 2011 (11).

[56] 付海莲, 吴小龙. 供给侧视域下"思想道德修养与法律基础"课程教学改革初探 [J]. 新课程研究, 2018 (4).

[57] 郑春林. 高校思想政治教育"供给侧"改革 [J]. 高教学刊, 2018 (13).

[58] 籍芳芳. 高校思想政治教育的供给侧结构性改革研究 [J]. 湖北函授大学学报, 2018 (11).

[59] 覃文俊. 供给侧改革背景下的高职院校思想政治教育教学创新研究 [J]. 吉林省教育学院学报, 2018 (6).

[60] 马静. 供给侧视域下思想政治理论课改革的双重维度 [J]. 教育评论, 2016 (10).

[61] 褚小山. 供给侧改革视角下推进高校思想政治教育创新的哲学思辨 [J]. 高教学刊, 2018 (4).

[62] 孟晓乐. 从供给侧改革视角看高职院校思想政治教育的优化发展 [J]. 河南农业, 2018 (3).

[63] 吕春艳. 思想政治教育工作的新常态和供给侧改革 [J]. 湖北函授大学学报, 2017 (21).

［64］项松林．"马克思主义基本原理概论"课供给侧改革的探索与实践
［J］．牡丹江大学学报，2018（5）．

［65］王存喜．高校思政课教学供给侧结构性改革的意义和路径研究［J］．
乐山师范学院学报，2018（1）．

［66］白强．以"供给侧"改革思维推进大学生社会主义核心价值观教育
［J］．思想政治工作研究，2017（7）．

［67］张贺明．高校思想政治工作供给侧结构性改革研究［J］．学校党建
与思想教育，2018（5）．

［68］伍东升，胡木林．浅析思想政治工作在人才培养供给侧中的重要意义
［J］．教育教学论坛，2018（47）．

［69］武东生，郝博炜．思想政治教育有效利用人工智能的分析［J］．马
克思主义理论学科研究，2019（3）．

［70］周良发．智能思政：人工智能时代的思想政治教育变革［J］．重庆
邮电大学学报（社会科学版），2019（5）．

［71］袁春艳，刘珍珍．人工智能时代大学生思想政治教育的变革与因应研
究［J］．重庆邮电大学学报（社会科学版），2020（4）．

［72］王慧，邱海洋．高校人工智能思政教育模式调研与分析［J］．教育
现代化，2019（9）．

［73］兰青青．人工智能技术引领思想政治教育方法的新思考［J］．学理
论，2019（8）．

［74］陈坤，李旖旎．人工智能语境下思想政治教育者的角色定位［J］．
思想教育研究，2018（9）．

［75］常宴会．人工智能在思想政治教育中的应用前景和价值前提探析
［J］．思想理论教育，2019（8）．

［76］杜杨，刘金泉．试论人工智能在政治工作领域应用［J］．政工学刊，
2019（8）．

［77］董骐铖．推进大数据时代军队政治工作创新发展［J］．政工学刊，
2019（2）．

［78］JENNIFER B. Changing the way soldiers fight and survive AI on the battle-
field［J］. Army Magazine, 2020, 70（2）.

［79］MILLER A. The intrinsically linked future for human and Artificial Intelli-
gence interaction［J］. Journal of Big Data, 2019, 6（1）.

［80］DOBRESCU E M, DOBRESCU E M. Aritificial intelligence（AI）—The
technology that shapes the world［J］. Global Economic Observer, 2018, 6（2）.

三、报纸类

[1] 中共中央、国务院. 中共中央 国务院印发《关于加强和改进新形势下高校思想政治工作的意见》[N]. 人民日报, 2017-02-28 (1).

[2] 习近平. 在全国高校思想政治工作会议上强调把思想政治工作贯穿教育教学全过程开创我国高等教育事业发展新局面 [N]. 人民日报, 2016-12-09 (1).

[3] 习近平在全国教育大会上强调坚持中国特色社会主义教育发展道路培养德智体美劳全面发展的社会主义建设者和接班人 [N]. 人民日报, 2018-09-11 (1).

[4] 用新时代中国特色社会主义思想铸魂育人 贯彻党的教育方针落实立德树人根本任务 [N]. 人民日报, 2019-03-19 (1).

[5] 习近平向国际人工智能与教育大会致贺信 [N]. 人民日报, 2019-05-17 (1).

[6] 国务院印发新一代人工智能发展规划 [N]. 人民日报, 2017-07-21 (1).

[7] 教育部长陈宝生出席国际人工智能与教育会议，提出4个"着力" [N]. 中国教育报, 2020-12-09.

[8] 于凯. 推进思政教育供给侧改革 [N]. 文汇报, 2017-04-05 (12).

[9] 侍旭. 高校思想政治教育也应有供给侧改革思维 [N]. 光明日报, 2016-03-16 (16).

[10] 赵曙明. 供给侧结构性改革中的人才培养 [N]. 人民日报, 2016-05-27 (10).

[11] 于凯. 推进思政教育供给侧改革 [N]. 文汇报, 2017-04-05 (12).

[12] 赵秀红. 网络思想政治教育也应要"供给侧"改革 [N]. 中国教育报, 2016-05-26 (3).

[13] 李奕. 教育改革"供给侧"是关键 [N]. 人民日报, 2016-01-14 (6).

附录一　面向大学生的党的二十大精神宣讲稿^①

党的二十大于 2022 年 10 月 16 日至 22 日在北京召开，大会主题鲜明、思想深邃、站位高远、视野宏阔。习近平总书记所作的报告，明确宣示了党在新时代新征程举什么旗、走什么路、以什么样的精神状态、朝着什么样的目标继续前进，开辟了马克思主义中国化时代化新境界，是我们党高举旗帜、团结奋斗的政治宣言，是迈上新征程、续写新辉煌的行动纲领，是指引前进方向、领航民族复兴的马克思主义纲领性文献。大会为党和国家事业发展标明新的历史方位、擘画未来五年乃至更长时期的发展蓝图，为社会主义和人类和平发展事业指明了前进方向、描绘了光明愿景，对我们党团结带领全国各族人民在新的赶考之路上踔厉奋发、勇毅前行，向历史和人民交出更加优异答卷具有重大意义。一位大学生全程观看了电视直播，认真学习了习近平总书记的报告和新修订的党章，深有感触地说："这是一次载入史册的历史性会议！这是一次与时俱进、突破创新的会议！这是一次不忘初心使命、推进自我革命的会议！这是一次担当作为、攻坚克难的会议！这是一次继往开来，实现中华民族伟大复兴使命的会议！"我想，这一感想代表了大学生的普遍心声。

一、党的二十大召开的时代背景

党的二十大报告开宗明义地指出："党的二十大是在全党全国各族人民迈上全面建设社会主义现代化国家新征程、向第二个百年奋斗目标进军的关键时刻召开的一次十分重要的大会。"^② 这句话，深刻地揭示了党的二十大召开的时代背景。从学理性讲，二十大召开的时代背景可以从三个维度来理解。

---

① 这是作者王军旗教授在天津大学给大学生所作的党的二十大精神辅导报告宣讲稿。

② 习近平．高举中国特色社会主义伟大旗帜 为全面建设社会主义现代化国家而团结奋斗——在中国共产党第二十次全国代表大会上的报告 [N]．人民日报，2022-10-26 (1)．

(一)第一个维度：世情、国情、党情发生了历史性变化

1. 世情的历史性变化

党的十八大以来，习近平总书记以马克思主义政治家、思想家、战略家的深刻洞察力、敏锐判断力和战略定力，作出世界处于百年未有之大变局的重大判断，系统总结了世界局势发展的本质，准确把握了国际形势的全局，全面分析了我国面临的机遇和挑战，进一步指明了在百年未有之大变局中进行具有许多新的历史特点的伟大斗争的前进方向，为我们赢得斗争胜利提供了根本遵循。

如何理解百年未有之大变局？中国人民大学金灿荣教授概括为四个"新"：一是新的国际格局。国际格局指的是一段时期内国家之间力量对比的结果。从哥伦布发现新大陆（1498年）至今500余年的历史中，以国家间力量对比的角度来审视，可以看作是西方独霸天下的历史，但是中国的崛起正在逐渐改变这一情况。当前，东西方之间力量对比发生了"东升西降"的变化，已经由西方主导逐步转变为东西方平衡，最典型的是以中国为代表的非西方力量开始崛起。二是新的现代化模式。近代史是一个人类从前现代走向现代的过程，这个过程就叫现代化。过去一讲现代化，实际上等于西方化，成功的案例和经验基本上是西方的，包括英美模式、德国模式、荷兰模式、瑞典模式等。但是，近些年国际理论界已经看到，中国式现代化初步成功，而发展模式却和西方模式不一样，有自己的特殊性（党的领导、人民至上、共同奋斗、共同富裕、五个文明协调发展、和平发展与人类文明新形态等）。西方开始承认，现代化并不是只有一条路径和一个模式，西方模式一统天下的局面已经被打破。三是新的工业革命。工业化是人类从农业文明到工业文明的进程，其关键点就是工业革命。过去的三次工业革命全是西方引领的，第一次工业革命：18世纪60年代至19世纪40年代，以1776年英国发明家瓦特发明蒸汽机为标志，传统的手工制作由蒸汽机等机器替代，促进了美、俄、德、意的革命和改革，拉开了欧美工业化及现代化进程，使资本主义世界体系初步形成。第二次工业革命：19世纪60年代后期。1870年以后，电力的广泛应用、内燃机和新交通工具的创制、新通信手段的发明，并被迅速应用于工业生产，大大促进了欧美经济的发展。前两次工业革命都是由英国引领的。在我国，洋务派开展洋务运动试图跟上这个时代潮流，但是最终失败。第三次科技革命：从二十世纪四五十年代开始，以原子能、电子计算机、空间技术和生物工程的发明和应用为主要标志，涉及信息技术、新能源技术、新材料技术、生物技术、空间技术和海洋技术等诸多领域的一场信息控制技术革命。这不仅极大地推动了人类社会经济、政治、文化领域的变革，而且也影响了人类生活方式和思维方式。前半段中国实际上也没有参与，

但幸运的是在计算机革命的网络化阶段抓住了机遇。在未来的"5G+物联网"阶段，中国还有领先的势头，这也是现在美国打压中国的一个原因。在第四次工业革命即将到来之际，中国有能力抓住甚至主导这次工业革命。一方面，中国拥有全世界最完整的产业链，也是全世界唯一一个全产业链国家，产业链的完整保证了中国工业的能力与潜力。另一方面，美国、日本等西方国家受疫情影响，经济一度衰退，而中国未来仍能保持长期的经济增长，可以稳定地对产生新工业革命的领域持续投入。因此，第四次工业革命，中国一定不会错过。

四是新的全球治理。全球化给人类带来诸多便利，但也面临前所未有的困难与挑战，包括网络发展、虚拟经济、超级资本、人口膨胀、科学陷阱等问题。有学者统计，在2018年，如果把跨国公司和国家一起按生产总值排名，前30名里有17个跨国公司，只有13个国家。因此，在全球化下，超级资本的规范和制约成为一个重要问题。伴随全球化进程，全球问题所带来的影响跨越国界，原本失灵的西方模式下的全球治理，在疫情影响下，缺点更加凸显。全球问题是全人类面临的共同威胁，这就意味着局部国家的努力不足以扭转局面，个别国家的消极应对甚至可能加剧问题。

2. 国情的历史性变化

我国的国情可概括为"一变两不变"。所谓"一变"，就是新时代我国社会主要矛盾发生了根本性变化，不再是人民日益增长的物质文化需要与落后的社会生产之间的矛盾，而是人民日益增长的美好生活需要和不平衡不充分的发展之间的矛盾。所谓"两不变"就是我国处于社会主义初级阶段的基本国情没有变，我国是世界上最大的发展中国家的国际地位没有变。

社会主要矛盾的变化是关系全局的历史性变化，要求我们在继续推动发展的基础上大力提升发展质量和效益，更好地满足人民日益增长的美好生活需要。如何认识和把握人民日益增长的美好生活需要？从需求性质来看，人类需要大致可划分为三个层次：第一层次是物质性需要，指的是保暖、饮食、种族繁衍等生存需要，这是人类最基本的需要。第二层次是社会性需要，它是在物质性需要基础上形成的，主要包括社会安全的需要、社会保障的需要、社会公正的需要等。第三层次是心理性需要，指的是由于心理需求而形成的精神文化需要，比如价值观、伦理道德、民族精神、理想信念、艺术审美、获得尊重、自我实现、追求信仰等①。改革开放40多年来，我国社会生产力水平明显提高，人民生活显著改善，稳定解决了十几亿人的温饱问题。随着中国特色社会主义进入

---

① 何星亮. 不断满足人民日益增长的美好生活需要［N］. 人民日报, 2017-11-14 (7).

新时代，人们的物质性需要不断得到满足，开始更多追求社会性需要和心理性需要，比如期盼更好的教育、更可靠的社会保障、更高水平的医疗卫生服务、更舒适的居住条件、更优美的环境、更丰富的精神文化生活等。我们要在继续推动发展的基础上，着力解决好发展不平衡不充分问题，更好满足人民日益增长的美好生活需要，更好推动人的全面发展、社会全面进步。

3. 党情的历史性变化

从党的历史看，中国共产党是一个历史悠久的党，从成立到现在已经100多年了，百年恰是风华正茂。从党的规模看，中国共产党早已成为世界第一大党，截至2021年12月31日，中国共产党党员总数为9671.2万名，基层党组织493.6万个。这在世界政党中，也是"巨无霸"。从执政时间看，中国共产党是一个长期执政的党，从1949年10月1日中华人民共和国成立算起，到现在已经70多年了。

正因为中国共产党是一个老党，是一个大党，是一个长期执政的党，因而在"新形势下，我们党面临着许多严峻挑战，党内存在着许多亟待解决的问题"。党的二十大报告指出："一系列长期积累及新出现的突出矛盾和问题亟待解决。党内存在不少对坚持党的领导认识模糊、行动乏力问题，存在不少落实党的领导弱化、虚化、淡化问题，有些党员、干部政治信仰发生动摇，一些地方和部门形式主义、官僚主义、享乐主义和奢靡之风屡禁不止，特权思想和特权现象较为严重，一些贪腐问题触目惊心；经济结构性体制性矛盾突出，发展不平衡、不协调、不可持续，传统发展模式难以为继，一些深层次体制机制问题和利益固化藩篱日益显现；一些人对中国特色社会主义政治制度自信不足，有法不依、执法不严等问题严重存在；拜金主义、享乐主义、极端个人主义和历史虚无主义等错误思潮不时出现，网络舆论乱象丛生，严重影响人们思想和社会舆论环境；民生保障存在不少薄弱环节；资源环境约束趋紧、环境污染等问题突出；维护国家安全制度不完善、应对各种重大风险能力不强，国防和军队现代化存在不少短板弱项；香港、澳门落实'一国两制'的体制机制不健全；国家安全受到严峻挑战；等等。当时，党内和社会上不少人对党和国家前途忧心忡忡。面对这些影响党长期执政、国家长治久安、人民幸福安康的突出矛盾和问题，党中央审时度势、果敢抉择，锐意进取、攻坚克难，团结带领全党全军全国各族人民撸起袖子加油干、风雨无阻向前行，义无反顾进行具有许多新的历史特点的伟大斗争。"①

（二）第二个维度：跨越"三大陷阱"

1. 跨越"塔西佗陷阱"

2014年3月18日，习近平总书记在河南省兰考县委常委扩大会议上表示：古罗马历史学家塔西佗提出了一个理论，当公权力失去公信力时，无论发表什么言论、无论做什么事，社会都会给予负面评价。这就是著名的"塔西佗陷阱"。在总书记看来，这些年，我们的发展成效很显著，人民群众物质文化生活水平不断提高，但冷静一想，是不是党的凝聚力、群众的向心力就同步增强了？是不是党同人民群众的联系就更加密切了？事实证明，经济发展了，人民生活水平提高了，不等于党同人民群众的联系就更加密切了、必然密切了，有时候在一些地方和部门反而是疏远了。

为什么会如此？主要是一些党员干部宗旨意识淡薄了，对群众的感情淡化了，形式主义、官僚主义、享乐主义、奢靡之风问题突出了。这样的党员干部毕竟是极少数，但一颗老鼠屎足以坏掉一锅好汤，使人民群众对党的正确思想理论、政策主张缺乏信任，对政府尽心竭力为百姓所做的大量工作产生怀疑。"信仰危机"与"信任危机"同时产生，相互作用，致使"塔西佗陷阱"由此现出端倪。习近平总书记指出，我们当然没有走到"失信于民"那一步，但存在的问题不可谓不严重，必须下大气力加以解决。如果真的到了那一天，就会危及党的执政基础和执政地位。这话绝不是危言耸听。每一个对党和国家的前途命运负有责任感、使命感、危机感的共产党人和党的干部，无论职位高低，都应该在党忧党，以自己的模范言行巩固党的执政基础和执政地位、为实现中华民族伟大复兴的中国梦竭尽全力。

在实际工作中，作为党员领导干部不能忘记自己是一名共产党员，不能忘记身上的责任、心中的使命、肩上的重担。要为自己确定一个较高的人生定位和工作标准，不能当一天和尚撞一天钟，得过且过。定位决定高度，标准决定质量。有什么样的定位，就有可能达到什么样的高度；有什么样的标准就有可能产生什么样的质量。共产党人的标准很清楚，党员领导干部的标准也很清楚。关键是身在其中的人要时时刻刻保持清醒的"党员意识"，坚持党员领导干部的标准。以此严格要求自己，以百倍的努力、百分之百的热情为党和人民勤奋工作，夙夜在公，像党和人民的好干部焦裕禄同志那样，鞠躬尽瘁，死而后已。

① 习近平.高举中国特色社会主义伟大旗帜 为全面建设社会主义现代化国家而团结奋斗——在中国共产党第二十次全国代表大会上的报告［N］.人民日报，2022-10-26（1）.

2. 跨越"修昔底德陷阱"

"修昔底德陷阱"是指一个新崛起的大国必然要挑战现存大国，而现存大国也必然会回应这种威胁，这样战争变得不可避免。此说法源自古希腊著名历史学家修昔底德，他认为，当一个崛起的大国与既有的统治霸主竞争时，这种挑战多数以战争告终。

随着中国经济的高质量发展和综合国力的不断提升，作为新兴大国的中国与作为守成大国的美国之间确实存在结构性矛盾。中国提出到 2035 年基本实现现代化，美国一些学者认为这是中国在经济上超越美国的宣言书。美国特朗普政府曾提出重振美国，让美国重新伟大。中国提出中华民族伟大复兴，提出强国战略。美国政府也发布安全报告，将中国视为战略竞争者、战略对手。2015年 9 月 22 日，国家主席习近平在美国发表演讲时说，世界上本无"修昔底德陷阱"，但大国之间一再发生战略误判，就可能自己给自己造成"修昔底德陷阱"。

那么，哪些战略误判可能导致"修昔底德陷阱"？习近平主席提出大国之间一旦发生战略误判，就会陷入修昔底德陷阱，是对在西方世界中依然处于主导地位的国际关系零和思维提出的警告。"习近平主席希望他们能够与时俱进，转变自己的国际关系思维。中国以什么样的姿态出现在世界上，深刻影响着国际格局，也影响着其他国家的对外政策，习近平主席提出这个问题，正是表达了中国的态度。"① 实际上，中美在军事、经济、意识形态和人文交流等方面的基础有助于跨越陷阱。军事上两国都是核大国，都拥有摧毁对方的能力，这大大降低了双方"擦枪走火"的可能性，同时两国军方在避免海上和空中意外摩擦等方面有具体的操作流程，较好地管控了潜在的军事冲突。在经济领域，美方虽有通过发动经济战削弱中方经济竞争力的冲动，但中美经济利益高度"捆绑"，2021 年中美贸易额达到创纪录的 7500 多亿美元，美方不会铤而走险，两国企业界都支持中美经济的进一步融合。在意识形态领域，虽然双方在价值观念等方面存在差异，但远远没有达到当年美苏争霸时的意识形态斗争的地步。

从两国的比较优势看，完全可以优势互补。中国的优势在于：一是市场优势，中国国土辽阔、人口众多，具有超大规模的市场优势，具有拉动现代经济增长、促进专业化分工、虹吸生产要素和资源等基本功能和作用。二是制造业优势，中国是世界唯一拥有 39 个工业大类、191 个中类和 525 个小类全产业链的国家，从而形成了一个举世无双、行业齐全的工业体系，能够自主生产从服装鞋袜到航空航天、从原料矿产到工业母机的一切工业产品，可以满足民生、

---

① 徐惠喜，袁勇. 以和代战跨越"修昔底德陷阱"［N/OL］. 中国经济网，2018-01-30.

军事、基建和科研等一切领域的需要。三是开放优势，在过去的四十多年里，中国从相对封闭的经济体，不断扩大开放，逐渐融入世界经济体系，并取得了巨大成就。特别是提出"一带一路"倡议，先后建立数个自由贸易试验区，在开放领域采取了大力度的举措，使中国现阶段的对外开放进入到全面开放、制度性开放、自主开放新阶段。美国的优势在于：一是科技优势。这些方面，中国正在迎头赶上，但还是有不小距离。二是金融优势。美国的最大优势，就是美元霸权。由于美元是世界主要储蓄和流通货币，美国政府可以负债经营，弱势美元赖掉借来的债务，强势美元使用别国储备。在美元霸权的基础上，美国牢牢掌握着世界金融市场霸权。三是军力优势。强大的军事实力，是美国的重要保障。美国是世界第一军事大国，根据瑞典斯德哥尔摩国际和平研究所的年度报告，美国 2021 年军费支出达到 8010 亿美元，超过了前十名中其他国家军费开支的总和。

3. 跨越"中等收入陷阱"

"中等收入陷阱"是世界银行在《东亚经济发展报告（2006）》中提出的概念，是指当一个经济体的人均收入达到中等水平后，进一步的经济增长被原有的增长机制锁定，导致经济增长动力不足，出现经济停滞的状态，人均国民收入难以突破中等收入水平的上限，迟迟不能进入高收入国家行列的一种状态。从现实状况来看，确实鲜有中等收入经济体成功跃进高收入国家行列。按照国际经验，新兴市场国家突破人均 GDP1000 美元的"贫困陷阱"后，很快会奔向1000 美元至 3000 美元的"起飞阶段"，但是到了人均 GDP3000 美元附近时，摆在面前的可能有两条道路。

一条是拉美式的道路。拉美一些国家，如委内瑞拉、阿根廷、巴西、乌拉圭、墨西哥、智利等在 20 世纪 70 年代就已进入中等收入国家行列，但随后就出现了收入水平长期停滞不前，失业率持续攀升，贫富悬殊，两极分化，各种社会矛盾凸现和激化，社会动荡不安，群众的抗争此起彼伏等状况。另一条是日韩式的道路。1968 年日本的 GDP 总量超过西德，成为世界第二经济大国，人均 GDP 为 1450 美元，只排在世界的第 20 位。然而，在此后不到 10 年的时间里，日本的人均 GDP 继续高速增长，不仅在速度上大大快于欧美发达国家，而且基本保持了社会稳定。1985 年人均 GDP 为 11465 美元，突破了当时 1.1 万美元的标准线，平稳度过了所谓的"中等收入陷阱"。韩国在 1980 年时人均 GDP是 1645 美元，到 1987 年时超过 3000 美元，1995 年韩国人均 GDP 就已达到了11469 美元，跻身高收入国家行列。

中国已经步入了中等收入国家行列。面对国内外一些机构以及个人对中国发出谨慎规避"中等收入陷阱"的警告，习近平总书记明确指出：对中国而言，"中等收入陷阱"过是肯定要过去的，关键是什么时候迈过去、迈过去以后如何更好向前发展。我们有信心在改革发展稳定之间，以及稳增长、调结构、惠民生、促改革之间找到平衡点，使中国经济行稳致远①。

（三）第三个维度：我国经济社会的转型

1. 数字经济规模居于世界前列

随着云计算、移动互联网、大数据、人工智能等数字技术的快速创新与应用，数字经济正在成为全球经济社会发展的重要引擎。近 20 年来，在认识和理解数字经济的过程中，不同国家和地区、国际组织提供了诸多见解。2021 年 6月 30 日，国家统计局发布了《数字经济及其核心产业统计分类（2021）》，其中把数字经济定义为：以数据资源作为关键生产要素、以现代信息网络作为重要载体、以信息通信技术的有效使用作为效率提升和经济结构优化的重要推动力的一系列经济活动。中国数字经济规模已位居世界前列。根据《中国互联网发展报告 2021》，2020 年中国数字经济规模达到 39.2 万亿元，占国内生产总值比重为 38.6%，保持 9.7% 的高位增长速度，成为稳定经济增长的关键动力。

2. 民生得到全方位显著改善

民生改善力度大可以概括为一个历史性解决和三个全方位。一个历史性解决就是 9899 万农村贫困人口全部脱贫。三个全方位：人民生活水平全方位提升——新增就业年均超过 1300 万人，居民人均可支配收入超过 3.5 万元（人民币），每百户家庭拥有汽车超过 37 辆；公共服务全方位普及普惠——学前教育毛入学率大幅提升至 88.1%，劳动年龄人口平均受教育年限达到 10.9 年；社会保障网全方位织密织牢——基本养老保险参保人数增加到 10.3 亿人，基本医疗保险的参保人数增加到 13.6 亿人，居民医保的人均财政补助标准由 240 元提高到 610 元，惠及 10 亿城乡居民②。哈佛大学肯尼迪政府学院阿什民主治理与创新中心（Ash Center for Democratic Governance and Innovation）于 2020 年 7 月发布了《理解中国共产党韧性：中国民意长期调查》。这份长达 18 页的报告由肯尼迪学院的三名专家撰写，他们于 2003 至 2016 年间在中国进行了 8 次调查，与超过 3.1 万名中国城乡居民进行了面对面的谈话，以追踪中国公民在不同时期对中国各级政府的满意度，之后写成了这份调查报告。调查报告显示：从 2003

---

① 钱彤. 习近平出席亚太经合组织领导人同工商咨询理事会代表对话会 [N]. 人民日报，2014-11-11.

② 国家发改委. 按联合国标准中国人民生活已进入相对殷实富足阶段 [N/OL]. 中国新闻网，2022-05-12.

年到2016年，中国民众对中央、省（直辖市）、市县、乡镇四级政府的满意度均有所提升。2016年，中国民众对中央政府的满意度高达93.1%，其他三级政府的民众满意度均超过70%，省（直辖市）、市县、乡镇四级政府的满意度分别为81.7%、73.9%和70.2%。整体而言，政府等级越高，民众满意度越高。此外，从满意度提升方面来看，乡镇政府的民众满意度提升最为明显，从2003年的43.6%升至70.2%。

3. 文化生活越来越丰富

改革开放以后，党坚持物质文明和精神文明两手抓、两手硬，推动社会主义文化繁荣发展，振奋了民族精神，凝聚了民族力量。同时，拜金主义、享乐主义、极端个人主义和历史虚无主义等错误思潮不时出现，网络舆论乱象丛生，一些领导干部政治立场模糊、缺乏斗争精神，严重影响人们思想和社会舆论环境。党准确把握世界范围内思想文化相互激荡、我国社会思想观念深刻变化的趋势，强调意识形态工作是为国家立心、为民族立魂的工作，文化自信是更基础、更广泛、更深厚的自信，是一个国家、一个民族发展中最基本、最深沉、最持久的力量，没有高度文化自信、没有文化繁荣兴盛，就没有中华民族伟大复兴。必须坚持以人民为中心的工作导向，举旗帜、聚民心、育新人、兴文化、展形象，牢牢掌握意识形态工作领导权，建设具有强大凝聚力和引领力的社会主义意识形态，建设社会主义文化强国，激发全民族文化创新创造活力，更好构筑中国精神、中国价值、中国力量，巩固全党全国各族人民团结奋斗的共同思想基础。

党的十八大以来，党着力解决意识形态领域党的领导弱化问题，立破并举、激浊扬清，就意识形态领域许多方向性、战略性问题作出部署，确立和坚持马克思主义在意识形态领域指导地位的根本制度，健全意识形态工作责任制，推动全党动手抓宣传思想工作，守土有责、守土负责、守土尽责，敢抓敢管、敢于斗争，旗帜鲜明反对和抵制各种错误观点。党坚持以社会主义核心价值观引领文化建设，注重用社会主义先进文化、革命文化、中华优秀传统文化培根铸魂，广泛开展中国特色社会主义和中国梦宣传教育，推动理想信念教育常态化制度化，完善思想政治工作体系，建立健全党和国家功勋荣誉表彰制度，设立烈士纪念日，深化群众性精神文明创建，建设新时代文明实践中心，推动学习大国建设。我国意识形态领域形势发生全局性、根本性转变，全党全国各族人民文化自信明显增强，全社会凝聚力和向心力极大提升，为新时代开创党和国家事业新局面提供了坚强思想保证和强大精神力量①。

4. 从工业文明走向生态文明

人类文明的发展大致经历了原始文明、农业文明和工业文明三个阶段。目前,人类文明正处于从工业文明向生态文明过渡的阶段。如果说以工业生产为核心的文明是工业文明,那么,生态文明就是以生态产业为主要特征的文明形态。从广义上讲,生态文明是人类文明发展的一个新的阶段;从狭义上讲,生态文明则是指文明的一个方面,即人类在处理与自然的关系时所达到的文明程度,它是相对于物质文明、精神文明和政治文明而言的。当生态文明因子逐渐发展壮大并最终成为人类文明的主导因素时,人类文明也就实现了从工业文明向生态文明的过渡。改革开放以后,党日益重视生态环境保护。但是,生态文明建设仍然是一个明显短板,资源环境约束趋紧、生态系统退化等问题越来越突出,特别是各类环境污染、生态破坏呈高发态势,成为国土之伤、民生之痛。如果不抓紧扭转生态环境恶化趋势,必将付出极其沉重的代价。党的十八大以来,党中央以前所未有的力度抓生态文明建设,"坚持绿水青山就是金山银山的理念,坚持山水林田湖草沙一体化保护和系统治理,全方位、全地域、全过程加强生态环境保护,生态文明制度体系更加健全,污染防治攻坚向纵深推进,绿色、循环、低碳发展迈出坚实步伐,生态环境保护发生历史性、转折性、全局性变化,我们的祖国天更蓝、山更绿、水更清。"②

5. 城镇化进程稳步推进

第七次全国人口普查主要数据表明,我国居住在城镇的人口为90199万人,占63.89%;居住在乡村的人口为50979万人,占36.11%。与2010年相比,城镇人口增加23642万人,乡村人口减少16436万人,城镇人口比重上升14.21个百分点。随着我国新型工业化、信息化和农业现代化的深入发展和农业转移人口市民化政策落实落地,10年来我国新型城镇化进程稳步推进,城镇化建设取得了历史性成就。2035年常住人口城市化率能够达到70%以上,户籍人口的城市化率能够达到55%以上。这样城市化的速度才可能会出现一个减缓的过程。未来15年之内,我们要创造条件使我们的城市化率保持一个快速推进的态势。

二、党的二十大报告的主要亮点

习近平总书记代表第十九届中央委员会所作的报告,站在民族复兴和百年

---

① 中共中央关于党的百年奋斗重大成就和历史经验的决议 [N]. 人民日报, 2021-11-17 (1).
② 习近平. 高举中国特色社会主义伟大旗帜 为全面建设社会主义现代化国家而团结奋斗——在中国共产党第二十次全国代表大会上的报告 [N]. 人民日报, 2022-10-26 (1).

变局的制高点，顺应全党全国各族人民共同心愿，适应党和国家工作新形势新任务，全面总结了过去五年的工作和新时代十年的伟大变革，深刻阐述了马克思主义中国化时代化取得的重大理论创新成果，深刻阐明了新时代新征程中国共产党人的使命任务，系统阐述了新时代坚持和发展中国特色社会主义的重大理论和实践问题，科学谋划了未来一个时期党和国家事业发展的目标任务和大政方针，是一份高举旗帜、指引方向、引领时代、开辟未来的报告，是团结动员全党全国各族人民全面建设社会主义现代化国家、全面推进中华民族伟大复兴的政治宣言和行动纲领，是一篇闪耀着马克思主义真理光芒的纲领性文献。

亮点之一：新时代十年的伟大变革和里程碑意义

从党的十八大到党的二十大，中国特色社会主义进入新时代已经十年了。十年来，我们经历了对党和人民事业具有重大现实意义和深远历史意义的三件大事：一是迎来中国共产党成立一百周年，二是中国特色社会主义进入新时代，三是完成脱贫攻坚、全面建成小康社会的历史任务，实现第一个百年奋斗目标。这是中国共产党和中国人民团结奋斗赢得的历史性胜利，是彪炳中华民族发展史册的历史性胜利，也是对世界具有深远影响的历史性胜利。这十年，是波澜壮阔的非凡十年，经过十年磨砺、十年探索、十年奋斗、十年开拓，党和国家事业取得历史性成就、发生历史性变革，推动我国迈上全面建设社会主义现代化国家新征程。这十年，我们党团结带领全国人民锐意进取、攻坚克难，推动党和国家事业取得了举世瞩目的重大成就，实现了从站起来、富起来向强起来的伟大飞跃。这十年，党和人民圆满完成第一个百年奋斗目标，全面建成小康社会，顺利开启向第二个百年奋斗目标进军、全面建设社会主义现代化国家的新征程。这十年，为全面建设社会主义现代化国家、实现中华民族伟大复兴奠定了坚实基础、创造了良好条件、提供了重要保障，具有决定性意义，在党史、新中国史、改革开放史、社会主义发展史、中华民族发展史上具有里程碑意义。

1. 在党史上，勇于进行自我革命，锻造了团结统一、坚强有力的马克思主义执政党

中国共产党已经走过百年奋斗历程，新时代十年，我们党通过自我革命锻造了团结统一、坚强有力的马克思主义执政党。在全面加强党的领导方面，习近平总书记鲜明提出加强党的全面领导和党中央集中统一领导，作出了"中国特色社会主义最本质的特征是中国共产党的领导，中国特色社会主义制度的最大优势是中国共产党的领导，中国共产党是最高政治领导力量"的重大政治论断，第一次把党的领导提升到社会主义本质层面，深刻揭示了中国特色社会主义与中国共产党领导之间的内在本质联系，强调了中国共产党的最高领导地位，

大大拓展了共产党领导作用的广度和深度，丰富和发展了马克思主义关于无产阶级政党领导权的思想。在这一重要思想的指引下，针对党内对于坚持党的领导认识模糊、行动乏力和党的领导弱化、虚化、淡化、边缘化的现实问题，我们全面加强党的领导，坚持党对一切工作的领导，确保党中央权威和集中统一领导，确保党发挥总揽全局、协调各方的领导核心作用，党的政治领导力、思想引领力、群众组织力、社会号召力显著增强。党的领导真正落实到党和国家各领域各环节，党始终成为风雨来袭时全体人民最可靠的主心骨。

在全面加强党的建设方面，习近平总书记在党的二十大报告中强调："全面建设社会主义现代化国家、全面推进中华民族伟大复兴，关键在党。我们党作为世界上最大的马克思主义执政党，要始终赢得人民拥护、巩固长期执政地位，必须时刻保持解决大党独有难题的清醒和坚定。"① 在新征程上继续高举中国特色社会主义伟大旗帜，开展具有许多新的历史特点的伟大斗争，中国共产党所面临的环境更加复杂，所肩负的任务更加艰巨。党所面临的长期执政考验、改革开放考验、市场经济考验、外部环境考验更加严峻，精神懈怠的危险、能力不足的危险、脱离群众的危险、消极腐败的危险更加尖锐地摆在全党面前。中国共产党作为一个拥有 9600 多万名党员、490 多万个党组织的百年大党，作为一个在 14 亿多人口的大国长期执政的马克思主义政党，党的建设意义重大，决定党和国家的前途命运和生死存亡。因此，习近平总书记告诫全党同志"务必不忘初心、牢记使命，务必谦虚谨慎、艰苦奋斗，务必敢于斗争、善于斗争，坚定历史自信，增强历史主动，谱写新时代中国特色社会主义更加绚丽的华章。"② 在中国共产党历史上，习近平总书记首次提出"全面从严治党"的重大命题，并将其置于"四个全面"战略布局之中，在全面从严治党的理论思考和创新实践中形成了对马克思主义执政党建设规律的新探索、新认识、新论断，用历史的如椽之笔写下了党的建设新篇章。习近平总书记深刻总结新时代党的建设的成功实践，创造性地提出自我革命这个跳出历史周期率的第二个答案，体现了对"建设什么样的长期执政的马克思主义政党、怎样建设长期执政的马克思主义政党"规律的清醒认识和深刻把握。针对一度出现的管党不力、治党不严的问题，新时代十年，我们党以政治建设为统领全面加强党的建设，开展了史无前例的反腐败斗争，党的自我净化、自我完善、自我革新、自我提高能

---

① 习近平. 高举中国特色社会主义伟大旗帜 为全面建设社会主义现代化国家而团结奋斗——在中国共产党第二十次全国代表大会上的报告［N］. 人民日报, 2022-10-26 (1).
② 习近平. 高举中国特色社会主义伟大旗帜 为全面建设社会主义现代化国家而团结奋斗——在中国共产党第二十次全国代表大会上的报告［N］. 人民日报, 2022-10-26 (1).

力显著增强，管党治党宽松软状况得到根本扭转，反腐败斗争取得压倒性胜利并全面巩固，党同人民群众血肉联系更加紧密，消除了党、国家、军队内部存在的严重隐患，党在革命性锻造中更加坚强有力。党确立习近平同志党中央的核心、全党的核心地位，确立习近平新时代中国特色社会主义思想的指导地位，对推进中华民族伟大复兴历史进程具有决定性意义，是开辟未来、赢得未来的最大政治保证。

2. 在新中国史上，是经济社会发展质量最高的时期，综合国力实现了历史性跃升

新中国成立七十多年来，主要经历了三个发展时期：社会主义革命和建设时期、改革开放和社会主义现代化建设时期、中国特色社会主义新时代。新中国成立后，我国社会主义革命和建设取得了重大历史成就，完成了中华民族有史以来最为广泛而深刻的社会变革，但由于缺乏社会主义建设经验等复杂的社会历史原因，也出现过"大跃进""文化大革命"等重大曲折和失误。改革开放以后，我国经济社会持续健康发展，社会生产力、综合国力、人民生活水平大幅跃升，但在长期发展过程中也积累了一些不容忽视的突出矛盾和尖锐问题亟待解决。新时代十年，我们党提出并贯彻创新、协调、绿色、开放、共享的新发展理念，着力推进高质量发展，推动构建新发展格局，实施供给侧结构性改革，制定一系列具有全局性意义的区域重大战略，综合国力实现了历史性跃升，成为新中国成立以来经济社会发展质量最好的时期，创造了国人震撼、世界惊叹的经济社会发展奇迹。从经济实力、科技实力、国防实力这些"硬实力"来看：国内生产总值从 54 万亿元增长到 114 万亿元，在经济总量翻一番多的基础上，经济发展的质量效益显著提高；人均国内生产总值从 39800 元增加到81000 元，人民生活全方位改善；谷物总产量稳居世界首位，14 亿多人的粮食安全、能源安全得到有效保障，中国人的饭碗牢牢端在自己手里；城镇化率提高 11.6 个百分点，达到 64.7%；制造业规模、外汇储备稳居世界第一。加快推进科技自立自强，全社会研发经费支出从 1 万亿元增加到 2.8 万亿元，居世界第二位，研发人员总量居世界首位；基础研究和原始创新不断加强，一些关键核心技术实现突破，战略性新兴产业发展壮大，载人航天、探月探火、深海深地探测、超级计算机、卫星导航、量子信息、核电技术、新能源技术、大飞机制造、生物医药等取得重大成果，进入创新型国家行列。确立党在新时代的强军目标，大抓实战化军事训练，大刀阔斧深化国防和军队改革，重构人民军队领导指挥体制、现代军事力量体系、军事政策制度，加快国防和军队现代化建设，人民军队体制一新、结构一新、格局一新、面貌一新，现代化水平和实战

能力显著提升。从政治、文化、外交这些"软实力"来看：我国长期保持国家安全和社会稳定，国家治理体系和治理能力现代化水平显著提升；全面发展全过程人民民主，社会主义协商民主广泛开展，人民当家作主更为扎实，基层民主活力显著增强；民族团结进步呈现新气象，人权得到更好保障，社会公平正义保障更为坚实。社会主义核心价值观深入人心，文化事业日益繁荣，中华优秀传统文化得到创造性转化、创新性发展；人民信仰信念更加坚定，马克思主义意识形态更加巩固；意识形态领域形势发生全局性、根本性转变。我国全面推进中国特色大国外交，推动构建人类命运共同体，积极开展"一带一路"建设，坚定维护国际公平正义；展现负责任大国担当，积极参与全球治理体系改革和建设，全面开展抗击疫情国际合作，赢得广泛国际赞誉，我国国际影响力、感召力、塑造力显著提升。

3. 在改革开放史上，以全面深化改革推动党和国家事业取得历史性成就、发生历史性变革

新时代十年，在改革开放四十多年波澜壮阔的历史中书写了浓墨重彩的崭新篇章，改革开放正向更加远大的目标前进。党的十八大之前，经过三十多年的改革，"容易的、皆大欢喜的改革已经完成了，好吃的肉都吃掉了，剩下的都是难啃的硬骨头"①，改革的复杂性、敏感性、艰巨性前所未有，可以说是牵一发而动全身，其难度可想而知。党的十八大之后，以习近平同志为核心的党中央以极大的政治勇气和决心全面深化改革，打响改革攻坚战，引领改革全面发力，向更宽领域拓展，向更深层次挺进，向更高境界冲刺。党的十八届三中全会通过了《中共中央关于全面深化改革若干重大问题的决定》，对全面深化改革作出全面规划和战略部署，强调经济体制改革的核心问题是处理好政府和市场的关系，使市场在资源配置中起决定性作用和更好发挥政府作用，实现了理论上的重大突破和实践上的重大创新。全面深化改革对新时代党和国家事业发展作出了科学完整的战略部署，进一步明确和完善了"五位一体"总体布局和"四个全面"战略布局，改革的决心之大、变革之深、影响之广前所未有，成就举世瞩目。党的十九届六中全会通过的《决议》指出："党的十一届三中全会是划时代的，开启了改革开放和社会主义现代化建设历史新时期。党的十八届三中全会也是划时代的，实现改革由局部探索、破冰突围到系统集成、全面深化

---

① 习近平. 习近平谈治国理政：第1卷［M］. 北京：外文出版社，2018：101.

的转变，开创了我国改革开放新局面。"① 党的十九大之后，全面深化改革向纵深发展，要求在推进国家治理体系和治理能力现代化上下更大功夫。党的十九届三中全会审议通过《中共中央关于深化党和国家机构改革的决定》和《深化党和国家机构改革方案》，对党和国家组织结构和管理体制进行了系统性、整体性重构。2020 年 12 月，中央全面深化改革委员会指出，全面深化改革是一场思想理论、改革组织方式、国家制度和治理体系、人民广泛参与的深刻变革，十八届三中全会提出的改革目标任务总体如期完成，取得了历史性伟大成就。通过十年全面深化改革，我们党坚持和完善支持中国特色社会主义制度的根本制度、基本制度、重要制度，着力构建系统完备、科学规范、运行有效的制度体系，各领域基础性制度框架基本建立，许多领域实现历史性变革、系统性重塑、整体性重构，新一轮党和国家机构改革全面完成，中国特色社会主义制度更加成熟更加定型，国家治理体系和治理能力现代化水平明显提高，为全面推进中华民族伟大复兴提供了更为完善的制度保证。中国之治和西方之乱对比更加鲜明，美式"民主制度"式微，中国制度优势更加明显。

4. 在社会主义发展史上，科学社会主义在 21 世纪的中国焕发出新的蓬勃生机

中国不是马克思主义的诞生地和起源地，却是马克思主义焕发思想活力、彰显理论魅力的沃土。马克思主义诞生于 19 世纪的欧洲，实现了社会主义从空想到科学的历史性跨越，20 世纪十月革命的胜利实现了社会主义从理论、运动到实践、制度的划时代跨越，但是在 20 世纪末社会主义遭受曲折，一些人对马克思主义产生了怀疑和动摇。令人欣喜的是，中国特色社会主义的成功实践使社会主义重新焕发出蓬勃生机，中国日益走近世界舞台中心，影响力、感召力、引领力不断增强，不断彰显出马克思主义的强大生命力，使"马克思主义的科学性和真理性在中国得到充分检验，马克思主义的人民性和实践性在中国得到充分贯彻，马克思主义的开放性和时代性在中国得到充分彰显"。② 在世界社会主义五百多年的发展历史中，新时代十年是力量对比和国际格局发生重大转折的时期。这十年，世界百年未有之大变局加速演进，国际格局和国际体系正在发生深刻调整，全球治理体系正在发生深刻变革，国际力量对比正在发生近代

① 中共中央关于党的百年奋斗重大成就和历史经验的决议［M］. 北京：人民出版社，2021：37.
② 中共中央党史和文献研究院. 十九大以来重要文献选编：上［M］. 北京：中央文献出版社，2019：427.

以来最具革命性的变化，正在从近代以来"西强东弱"的格局向"东升西降"趋势演进。新时代十年，中国成为发展中国家走向现代化最为成功的国家之一，为世界上那些既希望加快发展、实现现代化，又希望保持自身独立性的发展中国家开辟了人类实现现代化的全新路径。2014年2月17日，习近平总书记在省部级主要领导干部学习贯彻党的十八届三中全会精神全面深化改革专题研讨班上讲话指出，我国的实践向世界说明了一个道理：治理一个国家，推动一个国家实现现代化，并不只有西方制度模式这一条道，各国完全可以走出自己的道路来。这十年，中国特色社会主义道路越走越宽广，科学社会主义在21世纪的中国再次展现出强大的生命力，用铁一般的事实宣告了"历史终结论"的终结。这十年，马克思主义中国化时代化不断取得成功，使马克思主义以崭新形象展现在世界上，使世界上相信马克思主义和社会主义的人多了起来，使世界范围内社会主义和资本主义两种意识形态、两种社会制度的历史演进及其较量发生了有利于马克思主义和社会主义的重大转变。这十年，中国特色社会主义的成功实践创造出人类文明新形态，不断展现出社会主义制度的优越性和光明前景，为世界经济社会发展和世界社会主义运动带来了新的希望，这充分说明"中国道路"是适合中国社会发展、顺应人类历史发展潮流的道路。

5. 在中华民族发展史上，中华民族伟大复兴进入了不可逆转的历史进程

新时代十年在五千多年中华民族发展史上只是一个短暂的历史瞬间，但这十年是足以彪炳中华民族史册的光辉十年、荣耀十年。以习近平同志为核心的党中央把农村贫困人口脱贫作为全面建成小康社会的基本标志，按照精准扶贫、精准脱贫的战略部署，上下同心，尽锐出战，坚持"六个精准"，实施"五个一批"，打赢了人类历史上规模最大、力度最强、影响最广的脱贫攻坚战。经过党的十八大以来的接续奋斗，我国近1亿农村贫困人口全部脱贫，全国832个贫困县全部摘帽，960多万贫困人口实现易地搬迁，困扰中华民族几千年的绝对贫困问题得到历史性解决，在古老的中华大地上全面建成小康社会，实现了中华民族的千年梦想。中国提前10年实现了《联合国2030年可持续发展议程》减贫目标，为全球减贫事业作出了重大贡献，彰显了中国共产党领导和我国社会主义制度的政治优势。全面小康社会是一个经济发展、政治民主、文化繁荣、社会和谐、环境优美、生活殷实、人民安居乐业和综合国力强盛的经济、政治、文化、社会、生态全面协调发展的社会，是中华民族走向伟大复兴的必经阶段。全面建成小康社会带给中国人民更加幸福美好的生活，使我国发展站在了更高的历史起点上，使我们全面建设社会主义现代化国家，实现中华民族伟大复兴的目标更加明确、道路更加宽广、信心更加倍增、步伐更加坚定。今天，中国

人民的历史主动精神和历史创造精神不断焕发，中华民族向世界展现出欣欣向荣、蒸蒸日上的勃勃生机，正以不可阻挡的步伐迈向伟大民族复兴，实现中华民族伟大复兴进入了不可逆转的历史进程，迎来了光明的前景。

新时代十年，在党和国家发展进程中极不寻常、极不平凡。这十年，有涉滩之险，有爬坡之艰，有闯关之难，党和国家事业实现一系列突破性进展，取得一系列标志性成果。这十年的伟大成就来之不易，是党和人民一起拼出来、干出来、奋斗出来的。实践证明，党的十八大以来党中央的大政方针和工作部署是完全正确的，中国特色社会主义道路是符合中国实际、反映中国人民意愿、适应时代发展要求的，不仅走得对、走得通，而且走得稳、走得好。我们要坚定历史自信、增强历史主动，在新的赶考之路上向历史和人民交出新的优异答卷。

亮点之二：习近平新时代中国特色社会主义思想对"三大规律"认识的新飞跃

习近平总书记在党的二十大报告中指出："我们党勇于进行理论探索和创新，以全新的视野深化对共产党执政规律、社会主义建设规律、人类社会发展规律的认识，取得重大理论创新成果，集中体现为新时代中国特色社会主义思想。"① 这一重要论断高度概括了十八大以来党的重大理论创新成果，提出了必须长期坚持并不断丰富发展习近平新时代中国特色社会主义思想的基本要求，为全面建设社会主义现代化国家、全面推进中华民族伟大复兴提供了根本遵循。作为探索真理、揭示规律的科学理论，习近平新时代中国特色社会主义思想是马克思主义基本原理同中国具体实际相结合、同中华优秀传统文化相结合的产物，深化了对"三大规律"的认识，实现了马克思主义中国化时代化的新飞跃。

1. 对共产党执政规律的深刻揭示

共产党执政规律是反映共产党如何执政，共产党在执政过程中怎样活动、建设和发展的规律。新时代十年，我们党在全面加强党的领导和全面加强党的建设两个方面都在百年党史上书写了更加辉煌的篇章，找到了跳出治乱兴衰历史周期律的第二个答案，深刻揭示了共产党执政规律。

在全面加强党的领导方面，习近平总书记鲜明提出坚持加强党的全面领导和党中央集中统一领导，深化了对共产党执政规律的认识。中国共产党是领导和团结全国各族人民建设中国特色社会主义事业的核心力量，肩负着历史重任，

---

① 习近平. 高举中国特色社会主义伟大旗帜 为全面建设社会主义现代化国家而团结奋斗——在中国共产党第二十次全国代表大会上的报告［N］. 人民日报, 2022-10-26 (1).

经受着时代考验。站在历史与未来的交汇点上，面对中华民族伟大复兴战略全局和世界百年未有之大变局，肩负前无古人的壮丽事业，中国共产党怎样才能更好地担当新时代新征程的使命任务，团结带领全国各族人民全面建成社会主义现代化强国、实现第二个百年奋斗目标，以中国式现代化全面推进中华民族伟大复兴，始终成为中国的坚强领导核心？这是时代提出的重大课题。习近平总书记对这个重大课题进行了历史性地回答，党的领导是党和国家的根本所在、命脉所在，是全国各族人民的利益所系、命运所系，全党必须自觉在思想上政治上行动上同党中央保持高度一致，提高科学执政、民主执政、依法执政水平，提高把方向、谋大局、定政策、促改革的能力，"确保充分发挥党总揽全局、协调各方的领导核心作用。"①

在全面加强党的建设方面，新时代十年，我们党从政治建设、思想建设、组织建设、作风建设、纪律建设、制度建设等多方面、高标准、全方位全面加强党的建设，深入推进反腐败斗争，不仅在百年党史上具有里程碑意义，而且深刻体现了习近平总书记对共产党执政规律的深刻把握和灵活运用。

一是以党的政治建设统领党的建设各项工作。旗帜鲜明讲政治是马克思主义政党的根本要求，也是区别于其他政党的显著标志。党的十八大以来，以习近平同志为核心的党中央从战略和全局的高度，提出"党的政治建设"这一重大命题，将其纳入党的建设总体布局，并作为根本性建设摆在首位。2019 年 1月，《中共中央关于加强党的政治建设的意见》从坚定政治信仰、坚持党的政治领导、提高政治能力、净化政治生态等多方面进行了战略部署，特别强调了要坚定执行党的政治路线、坚决站稳政治立场、严肃党内政治生活、严明党的政治纪律和政治规矩、突出政治标准选人用人等要求，这些都极大丰富和发展了马克思主义建党学说。加强党的政治建设，既继承了马克思主义经典作家和党的历代领导人高度重视从政治上建党的一贯原则，又总结提炼了党的全面建设中的鲜活经验，把我们党对自身建设规律的探索推向了新的理论高度。加强党的政治建设的首要任务就是要保证全党服从中央，坚持党中央权威和集中统一领导，确保全党在政治立场、政治方向、政治原则、政治道路上同党中央保持高度一致。在党的二十大报告中，习近平总书记进一步强调，"加强党的政治建设，严明政治纪律和政治规矩，落实各级党委（党组）主体责任，提高各级党

---

① 习近平. 高举中国特色社会主义伟大旗帜 为全面建设社会主义现代化国家而团结奋斗——在中国共产党第二十次全国代表大会上的报告 [N]. 人民日报, 2022-10-26 (1).

组织和党员干部政治判断力、政治领悟力、政治执行力。"①

二是全面加强党的思想建设。党的十八大以来，以习近平同志为核心的党中央认真总结汲取中国共产党自身建设的经验和世界社会主义国家执政党建设的经验教训，紧紧抓住用党的创新理论武装全党的思想建设根本任务，紧紧抓住理想信念这个管党治党的总开关，致力于筑牢党员干部队伍的崇高理想和坚定信念。习近平总书记鲜明指出："坚定理想信念，坚守共产党人的精神追求，始终是共产党人安身立命的根本。对马克思主义的信仰，对社会主义和共产主义的信念，是共产党人的政治灵魂，是共产党人经受住任何考验的精神支柱。形象地说，理想信念就是共产党人精神上的'钙'，没有理想信念，理想信念不坚定，精神上就会'缺钙'，就会得'软骨病'。"② 理想信念的缺失必然导致政治上变质、经济上贪婪、道德上堕落、生活上腐化。他强调，理想信念动摇是最危险的动摇，理想信念滑坡是最危险的滑坡；现实生活中，一些党员干部出现这样那样的问题，说到底是信仰迷茫、精神迷失；苏联共产党亡党亡国的一个重要原因就是党内思想涣散。马克思主义理论武装是党的根本武装，认真学习和掌握马克思主义基本理论，坚持用马克思主义的立场观点方法观察和解决问题，才能始终坚定理想信念，才能在纷繁复杂的形势下坚持科学指导思想和正确前进方向，自觉增强中国特色社会主义的道路自信、理论自信、制度自信、文化自信。

三是全面加强党的组织建设。严密的组织体系是党的优势所在、力量所在。只有建设高素质的干部队伍，才能充分发挥党组织的强大功能。习近平总书记说："党要管党，首先是管好干部；从严治党，关键是从严治吏。"③ 马克思主义政党的力量，既来自于党员群众，更来自于党员干部。坚定理想信念，关键是坚定党的干部队伍的理想信念；保持优良作风，关键是党的各级领导干部带头保持和弘扬党的优良作风；保证党组织的坚强有力，关键是要把干部路线搞端正，选好干部、用好干部。习近平总书记从进行具有许多新的历史特点的伟大斗争的战略高度出发，鲜明提出"信念坚定、为民服务、勤政务实、敢于担当、清正廉洁"的好干部五条标准，强调信念坚定是好干部立身之本，为民服务是好干部为政之道，勤政务实是好干部履职之要，敢于担当是好干部成事之

① 习近平. 高举中国特色社会主义伟大旗帜 为全面建设社会主义现代化国家而团结奋斗——在中国共产党第二十次全国代表大会上的报告 [N]. 人民日报, 2022-10-26 (1).
② 习近平. 习近平谈治国理政：第 1 卷 [M]. 北京：外文出版社, 2014：15.
③ 习近平出席全国组织工作会议并发表重要讲话 [N]. 人民日报, 2013-06-29 (1).

基，清正廉洁是好干部正气之源；提出成长为好干部一靠自身努力、二靠组织培养，要不断改造主观世界、加强党性修养、加强品格锻炼，时刻自重自警自励，要在积极为干部锻炼成长搭建平台的同时加强对干部经常性的管理监督；强调坚持德才兼备、以德为先，坚持五湖四海、任人唯贤，坚持事业为上、公道正派，坚持正确的用人导向，做到知人善任、人尽其才，把好干部及时发现出来、合理使用起来，坚持党管人才原则，实行更加积极、更加开放、更加有效的人才政策。这些论述深刻、系统地回答了"怎样是好干部、怎样成长为好干部、怎样把好干部用起来"等问题，对加强党的组织建设和党的干部队伍建设作出了突出理论贡献。

四是全面加强党的作风建设。党风问题关系执政党的生死存亡。马克思主义执政党，不仅要有强大的真理力量，而且要有强大的人格力量。真理力量集中体现为科学的理论指导，人格力量集中体现为党的优良作风。作风问题的核心是党和人民群众的关系问题，根本是始终保持党同人民群众的血肉联系。党的作风就是党的形象，关系人心向背，关系党的生死存亡。执政党如果不注重作风建设，听任不正之风侵蚀党的肌体，就有失去民心、丧失政权的危险。习近平总书记把党的作风建设上升到了决定党的前途命运和生死存亡的战略高度，彰显了"打铁必须自身硬"的坚强决心和坚定意志。在以习近平同志为核心的党中央坚强领导下，全面从严治党，从人民群众反映强烈的作风问题抓起，从制定和落实中央八项规定破题开局。中国共产党以永远在路上的清醒和坚定，坚持严的主基调，突出抓住"关键少数"，坚持从中央政治局做起，从领导干部抓起，以上率下改进工作作风。中国共产党发扬钉钉子精神，持之以恒纠治形式主义、官僚主义、享乐主义、奢靡之风，反对特权思想和特权现象，狠刹公款送礼、公款吃喝、公款旅游、奢侈浪费等不正之风，解决群众反映强烈、损害群众利益的突出问题，推进基层减负，倡导勤俭节约、反对铺张浪费，刹住了一些过去被认为不可能刹住的歪风，纠治了一些多年未除的顽瘴痼疾，党风政风和社会风气焕然一新。

五是全面加强党的纪律建设。纪律是党的生命，是管党治党的重器。党的十八大以来，我们党把纪律建设摆在更加突出的位置，纳入新时代党的建设总体布局，坚持把纪律和规矩挺在前面，督促领导干部特别是高级干部严于律己、严负其责、严管所辖，彰显了用严明的党规党纪管党治党的坚定决心。新时代十年，党中央将纪律建设的有效经验做法固化为制度规定，先后两次修订《中国共产党纪律处分条例》，制定修订了关于新形势下党内政治生活的若干准则、廉洁自律准则、党内监督条例、巡视工作条例、问责条例等一大批党内法规制度。2018年10月，新修订的《中国共产党纪律处分条例》施行，这是加强党的纪律建设，推动全面从严治党向纵深发展的重要举措。新时代纪律建设中突出严明政治纪律和政治规矩，指出党的纪律包括政治纪律、组织纪律、廉洁纪律、群众纪律、工作纪律、生活纪律，这样就为党组织和党员划出了不可触碰的底线，也为党的自我革命提供了重要保证。

六是全面加强党的制度建设。习近平总书记分析总结少数党员干部特别是领导干部出现腐败问题的教训时说，很重要的一条教训是对干部特别是领导干部管理失之于宽、失之于软，监督缺失、监管乏力。强调管理干部既要靠教育，更要靠制度，要坚持制度治党、依规治党。纪律不严，从严治党就无从谈起；制度不严，从严治吏就落不到实处。在从严治党、从严治吏的过程中，党中央把制度建设和制度执行提高到全局性根本地位，用法治思维和法治方式实行制度管党、制度治党，把权力关进制度笼子里，树立法治信仰、敬畏法制权威、完善制度体系、扎紧制度笼子，划红线、明底线，立规矩、讲规矩、守规矩，明制度于前、重威刑于后，严明政治纪律、组织纪律、作风纪律和党内规矩，把政治规矩上升为硬性规范；坚持制度面前人人平等、执行制度没有例外，以钉钉子精神狠抓制度执行，使制度成为硬约束而不是"橡皮泥""稻草人"；坚持按规矩办事、按规矩用权，在规矩约束下干事创业，依靠制度正风肃纪、涤秽布新，在全面依法治国中全面从严治党，在全面从严治党中治国理政，形成干部清正、政府清廉、政治清明的政治环境，营造风清气正、海晏河清的政治生态。

七是开展了史无前例的反腐败斗争。习近平总书记告诫全党："腐败是危害党的生命力和战斗力的最大毒瘤，反腐败是最彻底的自我革命。只要存在腐败问题产生的土壤和条件，反腐败斗争就一刻不能停，必须永远吹冲锋号。坚持不敢腐、不能腐、不想腐一体推进，同时发力、同向发力、综合发力。以零容忍态度反腐惩恶，更加有力遏制增量，更加有效清除存量，坚决查处政治问题和经济问题交织的腐败，坚决防止领导干部成为利益集团和权势团体的代言人、代理人，坚决治理政商勾连破坏政治生态和经济发展环境问题，决不姑息。"① 中国共产党把反腐败斗争提高到党和国家生死存亡的高度来认识，以强烈的历史责任感、深沉的使命忧患感、顽强的意志品质推进反腐败斗争，以猛药去疴、重典治乱的决心，以刮骨疗毒、壮士断腕的勇气，打出一系列反腐"组合拳"，

---

① 习近平. 高举中国特色社会主义伟大旗帜 为全面建设社会主义现代化国家而团结奋斗——在中国共产党第二十次全国代表大会上的报告［N］. 人民日报, 2022-10-26 (1).

严肃查处了许多腐败分子。经过坚决斗争，全面从严治党的政治引领和政治保障作用充分发挥，党的自我净化、自我完善、自我革新、自我提高能力显著增强，管党治党宽松软状况得到根本扭转，反腐败斗争取得压倒性胜利并全面巩固，消除了党、国家、军队内部存在的严重隐患，党在革命性锻造中更加坚强有力。

八是找到了跳出治乱兴衰历史周期律的第二个答案。如何跳出治乱兴衰的历史周期律是中国共产党百年奋斗历程中不断探索寻找答案的重大课题，中国共产党先后给出了人民民主和自我革命这两个答案，这是两次既具有历史意义又具有现实意义的政治答案和政治成果。习近平总书记反复强调，越是长期执政，越不能丢掉马克思主义政党的本色，越不能忘记党的初心使命，越不能丧失自我革命精神。为确保中国共产党在世界形势深刻变化的历史进程中始终走在时代前列，在应对国内外各种风险和考验的历史进程中始终成为全国人民的主心骨，在坚持和发展中国特色社会主义的历史进程中始终成为坚强领导核心，习近平总书记在十九届中央纪委六次全会重要讲话中提出了"九个坚持"要求，这就是：坚持党中央集中统一领导，坚持党要管党、全面从严治党，坚持以党的政治建设为统领，坚持严的主基调不动摇，坚持发扬钉钉子精神加强作风建设，坚持以零容忍态度惩治腐败，坚持纠正一切损害群众利益的腐败和不正之风，坚持抓住"关键少数"以上率下，坚持完善党和国家监督制度，形成全面覆盖、常态长效的监督合力。这"九个坚持"是对建设长期执政的马克思主义政党的规律性认识升华和理论创新的重大成果，全面阐述了党的自我革命的科学内涵、指导原则、基本途径和科学方法，丰富和发展了马克思主义建党学说。习近平总书记在党的二十大报告中进一步强调："全党必须牢记，全面从严治党永远在路上，党的自我革命永远在路上，决不能有松劲歇脚、疲劳厌战的情绪，必须持之以恒推进全面从严治党，深入推进新时代党的建设新的伟大工程，以党的自我革命引领社会革命。"①

2. 对社会主义建设规律的认识升华

社会主义建设规律是无产阶级政党在社会主义产生、发展和实践的历史过程中，坚持不懈地探索"什么是社会主义、怎样建设社会主义"等理论课题所得出的规律性认识。探索社会主义建设规律，利用规律为社会主义建设服务，是马克思主义者毕生的不懈追求。党的十八大以来，以习近平同志为核心的党

---

① 习近平. 高举中国特色社会主义伟大旗帜 为全面建设社会主义现代化国家而团结奋斗——在中国共产党第二十次全国代表大会上的报告 [N] . 人民日报，2022-10-26（1）.

中央提出我国发展新的历史方位，强调中国特色社会主义新时代是在新的历史条件下继续夺取中国特色社会主义伟大胜利的时代，以极大政治勇气和政治智慧推进理论探索，在很多方面深化和拓展了对社会主义建设规律的认识。

一是深化了对社会主义生产目的的认识。2012年11月15日，习近平总书记在十八届中共中央政治局常委同中外记者见面时指出：人民对美好生活的向往，就是我们的奋斗目标。在2015年10月召开的中共中央政治局会议上，习近平总书记强调，必须坚持以人民为中心的发展思想，把增进人民福祉、促进人的全面发展作为发展的出发点和落脚点。以人民为中心的发展思想，集中体现了我们党对社会主义生产目的的新认识，在社会主义发展史上具有开创性意义。2016年1月，习近平同志在省部级主要领导干部学习贯彻党的十八届五中全会精神专题研讨班上的重要讲话中进一步指出："从政治经济学的角度看，供给侧结构性改革的根本，是使我国供给能力更好满足广大人民日益增长、不断升级和个性化的物质文化和生态环境需要，从而实现社会主义生产目的。"① 习近平同志的重要讲话更深入、更具体地阐明了社会主义生产目的，充分体现了中国共产党人为中国人民谋幸福、为中华民族谋复兴的初心和使命，丰富和发展了马克思主义人民观。

二是对我国社会主要矛盾作出了新的重大论断。社会主要矛盾的变化是关系全局的历史性变化，能否根据社会历史条件的变化准确认识和深刻把握社会主要矛盾并在此基础上制定正确的路线方针政策至关重要。习近平总书记指出，我国社会主要矛盾已经转化为"人民日益增长的美好生活需要和不平衡不充分的发展之间的矛盾"。这是自觉运用马克思主义社会矛盾学说作出的重大政治论断，反映了我国经济社会发展的客观实际，抓住了当前中国经济社会发展中的主要矛盾，指明了当前我国社会矛盾的主要方面是发展不平衡不充分问题，为推动党和国家事业发展提供了科学准确的认识前提。我国社会主要矛盾的变化从根本上决定了党的中心任务是着力解决好发展不平衡不充分问题，推动实现高质量发展，提升发展质量和效益，更好地满足人民多样化、多层次、多方面的美好生活需要，从而推动人的全面发展和社会全面进步。

三是制定了新时代"两步走"的国家发展战略。在党的二十大报告中，以习近平同志为核心的党中央综合分析国际国内形势和我国发展条件，提出了新时代新征程中国共产党的使命任务，即从现在起，中国共产党的中心任务就是团结带领全国各族人民全面建成社会主义现代化强国、实现第二个百年奋斗目

---

① 习近平．习近平谈治国理政：第2卷［M］．北京：外文出版社，2017：252.

标，以中国式现代化全面推进中华民族伟大复兴。明确全面建成社会主义现代化强国，总的战略安排是分两步走：从2020年到2035年，在全面建成小康社会的基础上，再奋斗15年，基本实现社会主义现代化；从2035年到本世纪中叶，在基本实现现代化的基础上，再奋斗15年，把我国建成富强民主文明和谐美丽的社会主义现代化强国。新时代"两步走"的战略安排，把我国基本实现社会主义现代化的时间提前了15年，提出了全面建成社会主义现代化强国这一更高目标，进一步深化了我们党对社会主义建设规律的认识。

四是提出了以人民为中心的发展思想和人民至上的价值追求。党的十九届六中全会通过的《中共中央关于党的百年奋斗重大成就和历史经验的决议》，全面系统地总结了中国共产党百年奋斗的历史经验，其中一条重要经验就是"坚持人民至上"。从理论与实践相结合的视角分析，坚持人民至上是坚持以人民为中心的实践要求，坚持以人民为中心是坚持人民至上的思想特质，二者具有高度的统一性和契合性。以人民为中心的发展思想的核心要义就是坚持发展为了人民、发展依靠人民、发展成果由人民共享、发展成效由人民评判。在这种发展思想的正确引领下，我们全面推进幼有所育、学有所教、劳有所得、病有所医、老有所养、住有所居、弱有所扶，建成世界最大的社会保障体系，人民群众的获得感、幸福感、安全感显著增强。

五是对摆脱贫困提出了中国特色反贫困理论。以习近平同志为核心的党中央把农村贫困人口脱贫作为全面建成小康社会的基本标志，按照精准扶贫、精准脱贫的战略部署，打赢了人类历史上规模最大、力度最强、影响最广的脱贫攻坚战，坚持"六个精准"，实施"五个一批"，困扰中华民族几千年的绝对贫困问题得到历史性解决，为全球减贫事业作出重大贡献。经过党的十八大以来的接续奋斗，我国近1亿农村贫困人口全部脱贫，提前10年实现了《联合国2030年可持续发展议程》减贫目标，彰显了中国共产党领导和我国社会主义制度的政治优势。2021年2月25日，习近平总书记在全国脱贫攻坚总结表彰大会上指出："我们立足我国国情，把握减贫规律，出台一系列超常规政策举措，构建了一整套行之有效的政策体系、工作体系、制度体系，走出了一条中国特色减贫道路，形成了中国特色反贫困理论。"① 这些弥足珍贵的理论结晶是马克思主义反贫困理论中国化的最新成果，必须长期坚持并不断发展。

六是对扎实推动共同富裕擘画了新的方案。全面建成小康社会之后，乘势而上开启全面建设社会主义现代化国家新征程，党中央将实现共同富裕提升到

① 习近平.在全国脱贫攻坚总结表彰大会上的讲话［N］.人民日报，2021-02-26（1）.

了更加重要的战略位置。为人民谋幸福的中国共产党，在团结带领中国人民向着第二个百年奋斗目标迈进之际，及时吹响了"促进共同富裕"的冲锋号。习近平总书记在中央财经委员会第十次会议上的重要讲话中指出："适应我国社会主要矛盾的变化，更好满足人民日益增长的美好生活需要，必须把促进全体人民共同富裕作为为人民谋幸福的着力点，不断夯实党长期执政基础。"① "共同富裕是社会主义的本质要求，是中国式现代化的重要特征，要坚持以人民为中心的发展思想，在高质量发展中促进共同富裕。我们说的共同富裕是全体人民共同富裕，是人民群众物质生活和精神生活都富裕，不是少数人的富裕，也不是整齐划一的平均主义。"② 习近平总书记关于共同富裕的重要论述，深刻阐述了实现共同富裕的努力方向和实践路径，充分体现了百年大党带领中国人民不断为美好生活而奋斗的坚定决心，进一步彰显了大国领袖深厚的人民情怀，为在高质量发展中促进全体人民共同富裕、促进人的全面发展提出了更新更高的要求。

3. 对人类社会发展规律的科学把握

人类社会发展规律是人类社会发展进步过程中的内在的本质联系和必然趋势，决定着人类历史发展的方向和道路。历史唯物主义从社会物质生活过程出发，认为人类社会是变化发展的，这种变化发展有其客观规律。中国特色社会主义是怎样从世界社会主义运动的历史中走来，是怎样从人类社会发展的历史中走来？怎样在对人类社会历史发展规律的科学把握中，不断交出坚持和发展中国特色社会主义的合格答卷？这些重大时代课题体现了习近平新时代中国特色社会主义思想的深邃理论思考和鲜明理论特征。党的十八大以来，以习近平同志为核心的党中央以全新的视野深化了对于马克思主义人类社会发展规律的认识，在很多方面实现了新的飞跃。

一是中国特色社会主义的成功实践使社会主义重新焕发出蓬勃生机，彰显出马克思主义的强大生命力。马克思主义揭示了人类社会发展规律，是认识世界、改造世界的科学真理。同时，坚持和发展马克思主义，从理论到实践都需要全世界的马克思主义者进行极为艰巨、极具挑战性的长期努力。一百年来，中国共产党坚持把马克思主义写在自己的旗帜上，不断推进马克思主义中国化时代化，用博大胸怀吸收人类创造的一切优秀文明成果，用马克思主义中国化的科学理论引领伟大实践，开创了中国特色社会主义伟大事业。开创和拓展中

① 习近平. 习近平谈治国理政：第4卷［M］. 北京：外文出版社，2022：141.
② 习近平. 习近平谈治国理政：第4卷［M］. 北京：外文出版社，2022：141-142.

国特色社会主义道路，使社会主义这一人类的美好理想在古老的中国大地上变成了具有强大生命力的成功道路和制度体系。"中国特色社会主义道路是制造人民美好生活、实现中华民族伟大复兴的康庄大道"① 这不仅为中华民族实现伟大复兴提供了重要制度保障，而且为人类社会走向美好未来提供了具有充分说服力的道路和制度选择。

二是中国式现代化成功开辟出一条实现现代化的新路，为人类实现现代化提供了新的选择。21世纪初爆发的全球金融危机，如海啸般从华尔街向全世界蔓延，这引起了国际社会对资本主义制度和社会主义制度的重新审视。20世纪后半叶，资本主义社会经济生产的持续发展与社会主义国家的经济低迷和社会动荡，特别是世界社会主义遭受苏联解体、东欧剧变的挫折，使得美国政治学家弗朗西斯·福山（Francis Fukuyama）以"历史终结论"的惊人之语而名闻天下。在福山看来，苏联解体、东欧剧变，冷战的结束，标志着共产主义的终结，历史的发展只有一条路，即西方的市场经济和民主政治。他提出，人类社会的发展史就是一部"以自由民主制度为方向的人类普遍史"，资本主义的自由民主制度是"人类意识形态发展的终点"和"人类最后一种统治形式"。"历史终结论"的问题在于，福山相信世界只是线性的发展方向，相信历史确实"终结"。但自2008年金融危机爆发后，即使在西方国家，也有越来越多的人开始怀疑"历史终结论"，美国的现实也给予了否定的回答：党派政治愈加严重，政治极端化倾向明显加强。与此同时，国际社会和国际舆论也越来越关注中国的民主政治模式以及其所蕴含的重要理念和重大意义。在这场从美国次贷危机开始，迅速传导到欧洲，再扩散到新兴市场国家，最终演变为全球金融危机和经济危机，并引发许多国家和地区社会动荡、地缘政治冲突的危机中，人们惊叹地发现，社会主义的中国，这个几年前曾被人言之凿凿地确定其"现行的政治和经济制度至多只能维持五年"的国家，不仅没有陷入金融危机的困境不能自拔，反而却继续保持着奇迹般的经济增长，综合国力不断增强，人民生活水平不断提高，在国际金融危机的阴霾中一枝独秀，成为拯救世界经济走出泥潭、走出低迷的重要引擎。

三是中国特色社会主义创造出人类文明新形态，不断展现出社会主义制度的优越性和光明前景。人们发现，马克思主义关于资本主义积累规律、剩余价值规律、资本有机构成不断提高规律等经济规律的揭示，关于资本主义生产方

① 中共中央关于党的百年奋斗重大成就和历史经验的决议［M］．北京：人民出版社，2021：68.

式内在矛盾和危机趋势的揭示，关于资本主义制度历史命运的揭示，在"后工业化"时代和信息化时代，仍然是观察分析现实资本主义社会的理论钥匙，仍然是认识和把握当今世界历史规律不可或缺的科学真理。英国当代思想家特里·伊格尔顿（Terry Eagleton）说："这次资本主义制度的危机至少意味着，此前长期掩盖在'现代''工业主义'和'西方'等一系列漂亮假面之下的资本主义已经重新进入人们的视野。""正如一场'登革热'会让人重新认识到自己身体的存在，一种社会组织体系出现问题时，人们才能真正认识到这种他们已经习以为常的制度的本来面目。马克思第一个提出了'资本主义'这种历史现象，他向我们展示了资本主义如何兴起，如何运行，以及它可能的结局。"提出"历史终结论"的福山，面对金融危机也不得不修正自己的观点：美国的民主正在衰败，"历史似乎没有终结"。一些西方学者把目光投向中国、重新审视中国，思考社会主义制度和资本主义制度的历史命运以及这两种制度主导下的社会发展模式。英国《卫报》载文称，"随着全球金融危机的发展，没有什么比中国与欧美间的对比更鲜明了"，中国以其制度的优势，快速、果断地采取扩张性货币政策和以投资为主导的刺激措施，成功应对金融危机的冲击。牛津大学教授阿什撰文说，美式自由市场经济正被乌云笼罩，与此同时，中国模式前途更为光明。美国学者爱德华·弗里德曼（Eduard Friedman）撰文："中国政治制度不仅使其游刃有余地化解国际事务危机，而且，'中国道路'甚至应当被认为高于西方民主制度。"美国政治学家约瑟夫·奈（Joseph Nye）认为，更重要的是将来，中国倡导的政治价值观、社会发展模式和对外政策做法，会进一步在世界公众中产生共鸣和影响力。中国特色社会主义为世界经济社会发展和世界社会主义运动带来了新的希望，"中国道路"是适合中国社会发展、顺应人类历史发展潮流的道路。2020年，突如其来的疫情在很短时间内席卷全球，已经演变为一场人类文明的重大灾难。如何应对这场人类社会前所未有的挑战，成为不同社会制度的试金石。以习近平同志为核心的党中央果断决策、沉着应对，坚持人民至上、生命至上，在全球率先控制住疫情、率先复工复产、率先恢复经济社会发展，抗疫斗争取得重大积极成果，充分展现了中国共产党领导和我国社会主义制度的显著优势，极大增强了全党全国各族人民的自信心和自豪感、凝聚力和向心力。相反，资本主义国家政党政治乱象频出，乱与斗的特点更为突出，执政党普遍面临困境，社会思潮的多元激荡增加了朝野政党博弈的复杂性、尖锐性，深刻反映了资本主义民主制度的弊端，加剧了资本主义制度的危机。

四是中国特色社会主义展现出科学社会主义的真理光辉，极大增强了中国特色社会主义自信。中国特色社会主义是社会主义而不是其他什么主义，它既是中国共产党和中国人民的实践创造，也是科学社会主义理论逻辑延伸和拓展的历史必然。习近平总书记运用历史回溯的思想方法，系统回顾世界社会主义500多年的思想演进过程和实践探索过程，回顾中华民族5000多年的历史文化传承和近代以来中国人民历尽千辛万苦奋发图强的探索，重温中国共产党带领中国人民实现中国社会历史变革、开创中国特色社会主义道路的光辉历程，深刻揭示了中国特色社会主义的思想渊源、历史渊源、理论逻辑、实践逻辑，深化了对中国特色社会主义的历史必然性和科学真理性的认识。恩格斯深刻指出："历史从哪里开始，思想进程也应当从哪里开始，而思想进程的进一步发展不过是历史过程在抽象的、理论上前后一贯的形式上的反映。"① 习近平总书记对世界社会主义思想演进的历史回顾和中国社会历史发展的逻辑揭示，深刻说明了中国共产党在推进无产阶级革命、社会主义建设和改革的进程中，经过反复比较和总结，历史地选择了马克思主义、选择了社会主义道路；把马克思主义的基本原理同中国实际和时代特征结合，历经千辛万苦、付出各种代价，独立自主地开创和发展了中国特色社会主义。习近平总书记深刻指出："中国特色社会主义，是科学社会主义理论逻辑和中国社会发展历史逻辑的辩证统一，是根植于中国大地、反映中国人民意愿、适应中国和时代发展进步要求的科学社会主义，是全面建成小康社会、加快推进社会主义现代化、实现中华民族伟大复兴的必由之路。"② 中国特色社会主义道路自信、理论自信、制度自信、文化自信，来源于实践、来源于人民、来源于真理，具有深厚、坚实、持久的根基，在科学社会主义真理光辉的照耀下越来越迸发出更加璀璨的光芒。

五是为解决人类面临的共同问题提供更多更好的中国智慧、中国方案、中国力量。党的十八大以来，习近平总书记洞察天下大势，以博大的世界胸怀，深入思考"建设一个什么样的世界、如何建设这个世界"等关乎人类前途命运的宏大课题，创造性地提出构建人类命运共同体、弘扬全人类共同价值、推动构建持久和平、普遍安全、共同繁荣、开放包容、清洁美丽的世界等重要思想。这些重要思想生动而又具体地体现了对科学社会主义基本原则的坚守和人类历史发展规律的科学把握，为解决全人类共同面对的困难和挑战，提出了具有中国智慧的解决方案，凝聚起日益广泛的国际共识和全球力量。新时代十年，中国始终"站在历史正确的一边，站在人类进步的一边"，在新的实践中不断深化

---

① 中共中央马克思恩格斯列宁斯大林著作编译局. 马克思恩格斯选集：第 2 卷［M］. 北京：人民出版社，1995：122.
② 习近平. 习近平谈治国理政：第 1 卷［M］. 北京：外文出版社，2014：21.

对时代特征和发展大势的把握，在自身取得巨大发展进步的同时，也为人类文明和发展作出了更大的世界性贡献。2022 年 10 月，英国社会科学院院士、著名社会学家马丁·阿尔布劳（Martin Albrow）在伦敦接受新华社记者专访时表示，习近平主席提出的构建人类命运共同体理念是"非常出色的理论创新"，这一理念汲取古老的中国智慧，倡导全人类不同文化间"和而不同"。他在《中国与人类命运共同体：探讨共同的价值观与目标》一书中写道，疫情凸显构建人类命运共同体的必要性与紧迫性。世界上所有人都应认识到，人类是一个命运共同体，面对全球性挑战和重大问题需要通力合作，共同维护人类家园。中国真诚呼吁，世界各国应当弘扬和平、发展、公平、正义、民主、自由的全人类价值，促进各国人民相知相亲，尊重世界文明多样性，以文明交流超越文明隔阂、文明互鉴超越文明冲突、文明共存超越文明优越，共同应对各种全球性挑战。这些重要思想的理论影响力在世界范围内不断扩大，得到了越来越多国家和人民的认同和支持，因而具有了重大世界历史意义。特别是中国与世界各国积极开展"丝绸之路经济带"和"21 世纪海上丝绸之路"建设，更加展现出中国为全球治理提供解决方案的大国担当，使人们看到了中国人民同世界人民一起开创更加美好未来的光明前景和坚定意志。

亮点之三：习近平新时代中国特色社会主义思想的世界观和方法论

历史的车轮滚滚向前，创新的脚步永无止境。习近平总书记在党的二十大报告中强调指出："实践没有止境，理论创新也没有止境。不断谱写马克思主义中国化时代化新篇章，是当代中国共产党人的庄严历史责任。继续推进实践基础上的理论创新，首先要把握好新时代中国特色社会主义思想的世界观和方法论，坚持好、运用好贯穿其中的立场观点方法。"[①] 二十大报告提出的"六个必须坚持"，为我们学习贯彻党的二十大精神，在新时代伟大实践中不断开辟马克思主义中国化时代化新境界指明了前进的方向。

1. 必须坚持人民至上

人民性是马克思主义的本质属性。坚持人民至上就是中国共产党代表中国最广大人民根本利益，在任何时候任何情况下都要把群众利益放在第一位，都要把人民生命安全和身体健康放在第一位，这是中国共产党百年奋斗的一条重要历史经验。党的十九届六中全会通过的《中共中央关于党的百年奋斗重大成就和历史经验的决议》指出："坚持人民至上。党的根基在人民、血脉在人民、

---

① 习近平. 高举中国特色社会主义伟大旗帜 为全面建设社会主义现代化国家而团结奋斗——在中国共产党第二十次全国代表大会上的报告 [N]. 人民日报，2022-10-26 (1).

力量在人民，人民是党执政兴国的最大底气。民心是最大的政治，正义是最强的力量。党的最大政治优势是密切联系群众，党执政后的最大危险是脱离群众。党代表中国最广大人民根本利益，没有任何自己特殊的利益，从来不代表任何利益集团、任何权势团体、任何特权阶层的利益，这是党立于不败之地的根本所在。"① 党的二十大报告强调："必须坚持人民至上。一切脱离人民的理论都是苍白无力的，一切不为人民造福的理论都是没有生命力的。"② 这些重要论述充分体现了中国共产党的性质和宗旨，体现了我们党作为马克思主义执政党对理论创新规律的集中认识，对于我们站稳人民立场、把握人民愿望、尊重人民创造、集中人民智慧具有重要的理论价值。

习近平新时代中国特色社会主义思想是站稳人民立场、创新为民造福的理论。在习近平总书记看来，为民造福是立党为公、执政为民的本质要求，他强调："中国共产党执政的唯一选择就是为人民群众做好事，为人民群众幸福生活拼搏、奉献、服务。这种执着追求 100 多年来从未改变，多少革命先烈先辈为此付出了生命，为国家建设改革发展付出了多少心血，我们才走到今天这一步。"③ 在党的十八大后的首次公开讲话中，习近平总书记就提出："实现中华民族的伟大复兴，就是中华民族近代以来最伟大的梦想。"④ 中国共产党的一切奋斗都是为人民谋幸福。为此，以习近平同志为核心的党中央鲜明提出并深入贯彻以人民为中心的发展思想，把增进人民福祉发展、朝着共同富裕方向稳步前进作为经济发展的出发点和落脚点，始终把人民安居乐业、安危冷暖放在心上，用心用情用力解决群众关心的就业、教育、社保、医疗、住房、养老、食品安全、社会治安等实际问题，一件一件抓落实，一年接着一年干，使人民群众看到了变化、得到了实惠。特别是近年来，党坚持人民至上、生命至上，坚持统筹疫情防控和经济社会发展，更加注重加强普惠性、基础性、兜底性民生建设，在幼有所育、学有所教、劳有所得、病有所医、老有所养、住有所居、弱有所扶上持续用力，建成世界上规模最大的教育体系、社会保障体系、医疗卫生体系，在社会建设方面取得了辉煌成就。2021 年全国城乡居民人均可支配收入达到 44866 元和 18295 元，分别比 2012 年的 21319 元和 7440 元增长了110.45% 和 145.9%，城镇新增就业 1269 万人，教育、卫生投资分别比上年增长

① 中共中央关于党的百年奋斗重大成就和历史经验的决议 [M]．人民出版社，2021：66.
② 习近平．高举中国特色社会主义伟大旗帜 为全面建设社会主义现代化国家而团结奋斗——在中国共产党第二十次全国代表大会上的报告 [N]．人民日报，2022-10-26 (1).
③ 习近平．习近平谈治国理政：第 4 卷 [M]．北京：外文出版社，2022：67.
④ 习近平．习近平谈治国理政：第 1 卷 [M]．北京：外文出版社，2014：36.

11.7%和24.5%，全国居民恩格尔系数为29.8%，居民人均预期寿命达到78.2岁。这些鲜活的数据说明，人民的幸福指数日益提升，人民群众获得感、幸福感、安全感进一步增强。

习近平新时代中国特色社会主义思想来自人民群众的创造性实践，是把握人民愿望、提高生活品质的理论。"江山就是人民，人民就是江山。中国共产党领导人民打江山、守江山，守的是人民的心。"① 民心是最大的政治，人民是党执政的最大底气。在2014年2月7日接受俄罗斯电视台专访时，他深情地说，"我的执政理念，概括起来说就是：为人民服务，担当起该担当的责任""人民把我放在这样的工作岗位上，我就要始终把人民放在心中最高的位置，牢记责任重于泰山，时刻把人民群众的安危冷暖放在心上"。② 随着时代发展和社会进步，人民对美好生活的向往更加强烈，期盼有更好的教育、更稳定的工作、更满意的收入、更可靠的社会保障、更高水平的医疗卫生服务、更舒适的居住条件、更优美的环境，期盼孩子们能成长得更好、工作得更好、生活得更好，对民主、法治、公平、正义、安全、环境等方面也提出了更高的要求。

为了满足人民不断增长的高质量生活期待，党的二十大报告提出了"增进民生福祉，提高人民生活品质"的要求，报告指出："我们要实现好、维护好、发展好最广大人民根本利益，紧紧抓住人民最关心最直接最现实的利益问题，坚持尽力而为、量力而行，深入群众、深入基层，采取更多惠民生、暖民心举措，着力解决好人民群众急难愁盼问题，健全基本公共服务体系，提高公共服务水平，增强均衡性和可及性，扎实推进共同富裕。"③ 报告从完善分配制度、实施就业优先战略、健全社会保障体系、推进健康中国建设四个方面，做出了部署。前进道路上，只要我们坚持一切为了人民、一切依靠人民，从群众中来、到群众中去，始终保持同人民群众的血肉联系，始终接受人民批评和监督，始终同人民同呼吸、共命运、心连心，就一定能够得到人民群众的支持。

习近平新时代中国特色社会主义思想是尊重人民创造、把握历史主动的理论。党的十八大以来，"我们经历了对党和人民事业具有重大现实意义和深远历史意义的三件大事：一是迎来中国共产党成立一百周年，二是中国特色社会主义进入新时代，三是完成脱贫攻坚、全面建成小康社会的历史任务，实现第一

---

① 习近平. 高举中国特色社会主义伟大旗帜 为全面建设社会主义现代化国家而团结奋斗——在中国共产党第二十次全国代表大会上的报告 [N]. 人民日报，2022-10-26 (1).
② 习近平接受俄罗斯电视台专访 [EB/OL]. 新华网，2014-02-09.
③ 习近平. 高举中国特色社会主义伟大旗帜 为全面建设社会主义现代化国家而团结奋斗——在中国共产党第二十次全国代表大会上的报告 [N]. 人民日报，2022-10-26 (1).

个百年奋斗目标。"① 这三件大事分别从党、国家、人民视角展现了新时代十年党和国家事业取得历史性成就、发生历史性变革，彰显了在党史、新中国史、改革开放史、社会主义发展史、中华民族发展史上的里程碑意义。中国共产党带领中国人民高举中国特色社会主义伟大旗帜，全面贯彻习近平新时代中国特色社会主义思想，弘扬伟大建党精神，自信自强、守正创新，踔厉奋发、勇毅前行，推动中华民族伟大复兴号巨轮乘风破浪、扬帆远航。

习近平新时代中国特色社会主义思想是集中人民智慧、实现宏伟蓝图的理论。人民群众的实践是最丰富、最生动的实践，人民群众中蕴藏着改革发展的巨大智慧和力量。党的十八大以来，以习近平同志为核心的党中央始终坚持以民为本、人民至上，立党为公、执政为民，坚持从群众中来、到群众中去，一切相信群众、一切依靠群众、一切为了群众，坚持问政于民、问需于民、问计于民，深入群众摸准时代的特点、聚焦时代的问题，拜人民为师寻找解决问题的办法、破解发展中的难题。习近平总书记善于倾听群众的心声，无论在地方还是到中央，他都以最大努力与广大群众保持密切联系，尽最大可能与普通群众保持亲密接触。他担任党的总书记和国家主席后，倡导和带头做到出行不封路，所到之处不清场、不封园。在深圳莲花山公园瞻仰邓小平塑像时，他与市民相伴而行，边走边与沿途群众交流，与民众"零距离"。习近平考察贫困地区，到甘肃、河北、陕北等乡村农户访问时，他拿起水瓢舀起缸里的水尝上一口，接过主人递过来的土豆瓣一块吃，自己掏钱购买年货送到群众手中；他与群众盘腿而坐在百姓炕上一起唠嗑，询问生病的群众吃什么药，搀扶着乡亲在雪地上走。他坚持身体力行察实情、吃透情况、"钻矛盾窝"，听到了民声、知道了民意、了解到了民情。因此，定下的方略、选择的政策，带着温度、接着地气，充满人民群众的智慧和力量。

习近平新时代中国特色社会主义思想是群众所喜爱、所认同、所拥有的创新理论。作为党的创新理论最新成果，习近平新时代中国特色社会主义思想通过掌握群众、为群众所掌握，就会变成全面建设社会主义现代化国家的强大武器。因此，必须依靠人民群众的辛勤劳动、诚实劳动、创造性劳动，必须激发广大劳动人民的历史主动精神和劳动创造精神，必须让全体劳动人民体面劳动、全面发展，必须把机遇留给勇于创新和善于创造的青年群体，必须团结和依靠海内外中华儿女共同开创民族复兴的新天地。全社会都要贯彻尊重劳动、尊重

---

① 习近平. 高举中国特色社会主义伟大旗帜 为全面建设社会主义现代化国家而团结奋斗——在中国共产党第二十次全国代表大会上的报告［N］. 人民日报，2022-10-26（1）.

知识、尊重人才、尊重创造的重大方针，崇尚劳动、造福劳动者，牢固树立劳动最光荣、劳动最崇高、劳动最伟大、劳动最美丽的观念，让全体人民进一步焕发劳动热情、释放创造潜能，通过劳动创造更加美丽的生活。

2. 必须坚持自信自立

自信是我们党在长期斗争中炼就的精神气质，自立是我们立党立国的重要原则。坚持自信自立就是对中国共产党领导中国人民立足于中国国情独立自主探索开辟出来的社会主义道路充满信赖和自豪，并坚定不移沿着这条道路走向未来。没有自信自立这个主体性，任何一个文明、一个文化都难以延续，也不可能真正屹立于世界民族之林。各国国情不同，所走的道路也不尽相同。中国有自己独立的历史传承和文化传统，经济社会发展水平也未达到发达程度，照抄照搬西方道路会导致食洋不化，必须立足于我国基本国情探索出中国特色社会主义道路。习近平总书记在党的二十大报告中指出："中国人民和中华民族从近代以后的深重苦难走向伟大复兴的光明前景，从来就没有教科书，更没有现成答案。党的百年奋斗成功道路是党领导人民独立自主探索开辟出来的，马克思主义的中国篇章是中国共产党人依靠自身力量实践出来的，贯穿其中的一个基本点就是中国的问题必须从中国基本国情出发，由中国人自己来解答。"① 理解这一重要论断的核心要义，必须从来之不易的中国道路、创造辉煌的中国道路、开辟未来的中国道路来把握。

吹尽狂沙始到金，中国特色社会主义道路是党领导人民历经千辛万苦，独立自主探索开辟出来的人间正道。中国曾经是世界上最强盛的国家。根据麦迪逊（Angus Maddison）在其著作《世界经济千年史》的统计：中国经济 1000 年里一直在持续增长，并在 1820 年左右达到了世界经济总量的三分之一。而到了 20 世纪中叶，这一比例下降到了 1% 左右。1840 年，鸦片战争的炮声彻底击碎了中国人"天朝上国"的旧梦，封闭的大门被迫打开，中国开始逐渐沦为半封建半殖民地国家，成为西方资本主义大国竞相蹂躏的对象，中华民族和中国在世界上的地位与影响日渐衰落。

为了救亡图存，振兴中华，近代的仁人志士开始了寻找"中国道路"的艰难历程。在中华民族积贫积弱、任人宰割的时期，各种主义和思潮都进行过尝试，资本主义道路没有走通，改良主义、自由主义、社会达尔文主义、无政府主义、实用主义、民粹主义、工团主义等也都'你方唱罢我登场'，但都没能解

---

① 习近平.高举中国特色社会主义伟大旗帜 为全面建设社会主义现代化国家而团结奋斗——在中国共产党第二十次全国代表大会上的报告［N］.人民日报，2022-10-26（1）.

决中国的前途和命运问题。太平天国运动、洋务运动、戊戌变法，由于历史和阶级的局限性，再加上封建保守势力的强大和帝国主义势力的阻挠，都相继败下阵来。1911 年 10 月，孙中山领导的辛亥革命推翻了清王朝的统治，结束了中国几千年的封建制度，开创了完全意义上的近代民主革命，为中国的进步打开了闸门。但由于领导这场革命的民族资产阶级同帝国主义和封建势力有着千丝万缕的联系，在政治上、经济上具有很大的软弱性，所以辛亥革命虽然展示了中国现代化发展的新希望，却未能成功地建设起一个现代化的中国，也没有改变旧中国的社会性质和人民的悲惨境遇，其胜利果实很快被袁世凯窃取，中国社会仍然处于半殖民地半封建社会状态。

　　一次次的选择，一次次的抗争，一次次的失败。血的教训表明，依附西方，在半殖民地半封建的社会状态下实现现代化之路走不通，依靠资产阶级革命派照搬西方资本主义的道路行不通。中国究竟向何处去？中华民族的出路在哪里？历史继续在抉择。十月革命一声炮响，给中国送来了马克思列宁主义。1919 年的五四运动，中国无产阶级登上政治舞台。1921 年，中国共产党成立。中国共产党自成立始，就将社会主义和共产主义作为自己的最终目标。为了实现这一目标，中国共产党坚持把马克思主义的普遍真理同中国具体的革命实践相结合，经过艰苦卓绝的斗争，逐步探索出了一条农村包围城市、武装夺取政权的中国式革命道路。实践证明，这是一条指引中国革命走向胜利的正确道路。以毛泽东同志为核心的党的第一代中央领导集体团结带领全国各族人民，经过二十八年的浴血奋战，战胜了国内外反动派，夺取了新民主主义革命的伟大胜利，"彻底结束了旧中国半殖民地半封建社会的历史，彻底结束了旧中国一盘散沙的局面，彻底废除了列强强加给中国的不平等条约和帝国主义在中国的一切特权，为中华民族伟大复兴创造了根本社会条件。"① 新中国成立后，中国共产党领导人民完成社会主义革命，消灭一切剥削制度，实现了中华民族有史以来最为广泛而深刻的社会变革，实现了一穷二白、人口众多的东方大国大步迈进社会主义社会的伟大飞跃。1978 年后的中国，终于走上了中国特色社会主义道路。习近平同志的宣告，昭示着一个东方文明古国的道路自信、理论自信、制度自信、文化自信。

　　党的十八大以来，中国特色社会主义进入新时代。以习近平同志为主要代表的中国共产党人，坚持把马克思主义基本原理同中国具体实际相结合、同中华优秀传统文化相结合，深刻总结并充分运用党成立以来的历史经验，就新时

---

① 习近平. 习近平谈治国理政：第 4 卷 [M]. 北京：外文出版社，2022：5.

代坚持和发展什么样的中国特色社会主义、怎样坚持和发展中国特色社会主义，建设什么样的社会主义现代化强国、怎样建设社会主义现代化强国，建设什么样的长期执政的马克思主义政党、怎样建设长期执政的马克思主义政党等重大时代课题，提出一系列原创性的治国理政新理念新思想新战略，创立了习近平新时代中国特色社会主义思想。作为中国特色社会主义建设规律认识深化和理论创新的重大成果，习近平新时代中国特色社会主义思想是当代中国马克思主义、二十一世纪马克思主义，是中华文化和中国精神的时代精华，实现了马克思主义中国化新的飞跃。

为有源头活水来，中国共产党领导中国人民在中国特色社会主义道路上创造了人间奇迹。一位哲人讲，走正确的路比正确地走路更重要。由于中国特色社会主义道路是正确的路，因而成为引领中国繁荣富强和人民幸福安康的光明大道。从本质上讲，中国特色社会主义道路高度概括和揭示了中国社会发展的基本规律。在中国特色社会主义道路上，我国实现了从传统向现代、从革命到建设、从计划到市场、从贫困到小康、从封闭到开放的社会转型和制度变迁，中国社会的面貌取得了历史性的进步，社会生产力得到极大地解放和发展，综合国力和人民生活水平大幅度提升。2005 年，我国经济规模超过法国，2006年，又超过英国，2007 年再超德国成全球第三，2010 年超越日本，跃升为仅次于美国的第二大经济体。党的十八大以来，我国经济实力更是实现了历史性跃升，国内生产总值从 2018 年的 54 万亿元增长到 2021 的 114 万亿元，我国经济总量占世界经济的比重达 18.5%，提高 7.2 个百分点，稳居世界第二位；人均国内生产总值从 39800 元增加到 81000 元。谷物总产量稳居世界首位，制造业规模、外汇储备稳居世界第一。尤其是经过接续奋斗，我国实现了小康这个中华民族的千年梦想，打赢了人类历史上规模最大的脱贫攻坚战，历史性地解决了绝对贫困问题，为全球减贫事业作出了重大贡献。

咬定青山不放松，坚定不移走好中国特色社会主义道路。具体到完成新时代新征程中国共产党的使命任务，我们必须始终立足于我国"一变两没变"的基本国情，认真分析我国"正在变"的阶段性特征，永远要有逢山开路、遇河架桥的精神，锐意进取，大胆创新，敢于和善于分析回答现实生活中和群众思想上迫切需要解决的问题，不断深化改革，不断有所创造、有所前进，不断推进理论创新、实践创新、制度创新。在实现全面建成社会主义现代化强国、实现第二个百年奋斗目标的历史进程中，清醒认识以中国式现代化全面推进中华民族伟大复兴的长期性、艰巨性、复杂性，牢牢把握初级阶段这个最大国情、最大实际，永远保持谦虚、谨慎、不骄、不躁的作风，永远保持艰苦奋斗的作风，不为任何风险所惧，不被任何干扰所惑，大力弘扬以爱国主义为核心的民族精神和以改革创新为核心的时代精神，积极凝聚全国各族人民大团结的"中国力量"，坚定不移地沿着"中国道路"奋勇前进。

3. 必须坚持守正创新

我们从事的是前无古人的伟大事业，守正才能不迷失方向、不犯颠覆性错误，创新才能把握时代、引领时代。坚持守正创新就是在继承人类所创造和积累的文明成果的基础上敢于推陈出新，以科学的态度不断创造出新的理论成果，用于指导日新月异的伟大实践。推动中华优秀传统文化创造性转化、创新性发展。中国共产党历来高度重视从中国古代治国理政的实践中汲取历史经验和教训。2014 年 10 月 13 日下午，十八届中央政治局就我国历史上的国家治理进行第十八次集体学习。习近平在主持学习时强调，历史是人民创造的，文明也是人民创造的。对绵延 5000 多年的中华文明，我们应该多一份尊重，多一份思考。对古代的成功经验，我们要本着择其善者而从之、其不善者而去之的科学态度，牢记历史经验、牢记历史教训、牢记历史警示，为推进国家治理体系和治理能力现代化提供有益借鉴。概括起来，我国古代治国理政的经验与教训主要有四个方面：第一，民生是长治久安的社会基础。历史上的每一次动乱，几乎都使民众难以生存，不得不铤而走险，揭竿而起。而每一次太平盛世，都是社会相对富裕，民众基本生活有保证，公平正义成为社会主流。第二，吏治是长治久安的关键。历史反复证明：治国就是治吏。治吏的关键在于选贤任能与严格管理。第三，正确的价值导向是长治久安的思想根基。通过正确的价值观引导人们树立起严格的行为规范，保持慎独和自律，做到言行始终有底线、有敬畏。第四，"大一统"是长治久安的政治前提。

党的十八大以来，以习近平同志为核心的党中央站在历史与现实相统一的理论高度，认真借鉴历史经验，充分吸收历史智慧，准确把握历史规律，创立了习近平新时代中国特色社会主义思想，明确中华优秀传统文化是中华民族的突出优势，是我们在世界文化激荡中站稳脚跟的根基，必须结合新的时代条件传承和弘扬好。一是继承民本传统，提出以人民为中心的发展思想。二是继承治国就是治吏的优良传统，打虎、拍蝇、猎狐，严惩腐败，社会风气焕然一新，广大人民群众拍手称快。三是传承中国优秀传统文化的基因，培育社会主义核心价值观。四是遵循"统则强、分必乱"历史规律，始终把国家统一放在重要位置，有效遏制了"台独"以及三股势力的分裂企图。

习近平新时代中国特色社会主义思想的形成不是与生俱来的，也不是凭主观臆想而来的，而是有着深厚而广泛的理论渊源，是对科学社会主义的继承和发展。恩格斯深刻指出："因此，逻辑的方式是唯一适用的方式。但是，实际上这种方式无非是历史的方式，不过摆脱了历史的形式以及起扰乱作用的偶然性而已。历史从哪里开始，思想进程也应当从哪里开始，而思想进程的进一步发展不过是历史过程在抽象的、理论上前后一贯的形式上的反映。"① 通过梳理历史逻辑和理论逻辑，可以发现：科学社会主义是习近平新时代中国特色社会主义思想的理论渊源，为其形成和发展奠定了坚实理论基础。习近平新时代中国特色社会主义思想与科学社会主义是一脉相承又与时俱进的逻辑关系。

4. 必须坚持问题导向

问题是时代的声音，回答并指导解决问题是理论的根本任务。坚持问题导向就是以科学的理论为指导解决现实问题，在解决前进道路上遇到的主要矛盾和疑难问题中探索规律，不断丰富发展理论，实现来源于实践又指导实践的飞跃。问题是时代的声音，每一个时代都有属于自己时代的问题；时代的问题是引领时代进步的路标，致力于回答和解决时代问题才能高举中国特色社会主义伟大旗帜。具有强烈的问题意识和鲜明的问题导向，善于倾听时代提出的问题，敢于改革创新解决时代提出的问题，是习近平新时代中国特色社会主义思想的一大鲜明特点。十年前，我国在取得巨大成就的同时，也面临一系列长期积累以及新出现的官员腐败、结构失衡、环境污染等突出矛盾和问题，这些问题在有些地方甚至达到相当严重的程度。以习近平同志为核心的党中央以历史勇气直面问题，以责任担当研究问题，以政治智慧回答问题，以坚强意志解决问题，改革创新、推进发展，锐意进取、破浪前行，开创了党和国家事业的全新局面，在这个过程中创立了习近平新时代中国特色社会主义思想。这一思想不是坐而论道的理论，而是起而行道、强调知行合一的科学理论。中国共产党全面贯彻落实习近平新时代中国特色社会主义思想，体现了马克思主义哲学的实践性，体现了改革创新的时代精神，体现了对民族、对国家、对人民的强烈的历史责任感。

马克思有一句名言："问题就是公开的、无畏的、左右一切个人的时代声音。问题就是时代的口号，是它表现自己精神状态的最实际的呼声。"② 时代问题是根本问题。对时代问题的认识，是事关全局的战略性认识，决定着对其他问题认识。能否准确而及时地发现和把握时代的问题，既决定着思想理论是否

---

① 中共中央马克思恩格斯列宁斯大林著作编译局. 马克思恩格斯文集：第 2 卷［M］. 北京：人民出版社，2009：603.

② 中共中央马克思恩格斯列宁斯大林著作编译局. 马克思恩格斯全集：第 40 卷［M］. 北京：人民出版社，1982：289.

具有真理性，又决定着能否正确地指导实践。能指导实践、解决现实问题的管用理论，才真正富有生命力的。进入新时代，我国面临更为严峻的国家安全形势，外部压力前所未有，传统安全威胁和非传统安全威胁相互交织，"黑天鹅""灰犀牛"事件时有发生。从国内来看，一系列长期积累及新出现的突出矛盾和问题亟待解决。随着实践发展，迫切需要当代中国共产党解决这些影响党长期执政、国家长治久安、人民幸福安康的突出矛盾和问题。

从历史转换的时空场景中倾听时代声音、寻找时代问题、定位时代路标，才能获得改革创新、开拓进取、走向未来的智慧和力量。习近平总书记深刻指出："只有立足于时代去解决特定的时代问题，才能推动这个时代的社会进步；只有立足于时代去倾听这些特定的时代声音，才能吹响促进社会和谐的时代号角。"① 他还强调："要有强烈的问题意识，以重大问题为导向，抓住关键问题进一步研究思考，着力推动解决我国发展面临的一系列突出矛盾和问题。我们中国共产党人干革命、搞建设、抓改革，从来都是为了解决中国的现实问题。"② 回望 100 多年来走过的光辉历程，正是中国共产党准确把握民族独立、人民解放、国家富强、人民幸福的历史性重大问题，领导中国人民走在时代前列、进行不懈奋斗、引领中国进步的历程；回望 70 多年来走过的历程，正是中国共产党创造性地解决了对农业、手工业和资本主义工商业进行社会主义改造等重大问题，实现从新民主主义到社会主义的转变，进行社会主义革命，推进社会主义建设，为实现中华民族伟大复兴奠定根本政治前提和制度基础的历程；回望 40 多年来走过的历程，正是中国共产党紧紧抓住什么是社会主义、怎样建设社会主义，建设什么样的党、怎样建设党，实现什么样的发展、怎样发展等重大问题，在改革开放的实践中不断取得突破，成功开创中国特色社会主义、成功把中国特色社会主义推向二十一世纪、成功在新形势下坚持和发展了中国特色社会主义的历程。可以说，强烈的问题意识、鲜明的问题导向、坚定的改革意志，贯穿于中国革命和建设的全部实践全部过程，成为党和国家事业发展的强大动力；中国特色社会主义事业的每一个胜利，中国的每一个进步，无不是中国共产党倾听时代声音、顺应历史潮流，基于问题意识、坚持问题导向、锐意改革创新的结果。

问题导向决定着发展方向，改革创新提供了前进动力。党的十八大以来，习近平总书记以强烈的问题意识和鲜明的问题导向，密切关注世界政治、经济、

---

① 习近平. 之江新语 [M]. 杭州：浙江出版联合集团，浙江人民出版社，2007：235.
② 习近平. 习近平谈治国理政：第 1 卷 [M]. 北京：外文出版社，2014：74.

科技、文化各领域的新情况，准确把握国际形势发展变化的新趋向，透彻分析世界多极化、经济全球化、文化多样化、社会信息化背景下治国理政所遭遇的风险和挑战，充分论述中国进入发展关键期、改革攻坚期、矛盾凸显期的面临的问题和矛盾，立足国际国内的联系互动日益加深、国内问题中的国际因素和国际问题中的中国因素都在增加的时代背景，把国际问题和国内问题联系起来全面考察、整体考虑，运筹帷幄、统驭全局，制定和实施既符合世界发展潮流又符合中国发展阶段性特征的"两步走"发展战略，即在本世纪中叶建成富强民主文明和谐美丽的社会主义现代化强国、以中国式现代化推进中华民族伟大复兴；以坚定的改革决心和高超的创新智慧，站位和平发展合作共赢的时代潮头，牢牢抓住国际政治经济格局深刻调整的战略机遇期，科学统筹国内国际两个大局，加快构建以国内大循环为主体、国内国际双循环相互促进的新发展格局，确立以推动高质量发展为主题，把实施扩大内需战略同深化供给侧结构性改革有机结合起来，增强国内大循环内生动力和可靠性，提升国际循环质量和水平，加快建设现代化经济体系，着力提高全要素生产率，着力提升产业链供应链韧性和安全水平，着力推进城乡融合和区域协调发展，推动经济实现质的有效提升和量的合理增长。直面当前经济社会发展中存在的重大风险和突出问题，抓住改革阻力大、多年啃不动的一些深层次体制机制问题和利益固化的藩篱问题，抓住涉及面广、牵一发动全身的体制机制等"牛鼻子"问题，统筹谋划、全面布局，整体推进、重点突破，以更大的政治勇气和智慧推进全面深化改革，敢于啃硬骨头，敢于涉险滩，突出制度建设，注重改革关联性和耦合性，真枪真刀推进改革，有效破除各方面体制机制弊端，推动全面深化改革向广度和深度进军，促进中国特色社会主义制度更加成熟更加定型，国家治理体系和治理能力现代化水平不断提高，党和国家事业焕发出新的生机活力。

5. 必须坚持系统观念

系统观念是辩证唯物主义的重要认识论和方法论，是具有基础性的思想方法和工作方法。坚持系统观念就是坚持唯物辩证法普遍联系的观点，从事物的总体与全局上、从系统各要素之间的相互联系与有机结合上研究事物的矛盾运动与发展规律，建立有效良好的系统秩序，实现整个系统的优化功能。马克思运用系统方法和社会有机体思想，深入剖析资本主义社会这一复杂系统的内部结构和主要矛盾，科学揭示了资本主义社会的运行规律和发展趋势。

党的十八大以来，以习近平同志为核心的党中央深刻洞察当前国际国内形势，着眼世界历史大势思考现在、谋划未来，把握历史方位推进伟大工程和伟大事业，站立时代潮头深化改革发展稳定，顺应时代潮流治党治国治军，突出体现在五个方面：一是统筹把握中华民族伟大复兴战略全局和世界百年未有之大变局，牢牢把握重要战略机遇期，有效应对来自外部环境的重大风险挑战。中华民族伟大复兴战略全局和世界百年未有之大变局之间有着多方面、深层次的联动关系，中华民族伟大复兴成为世界格局演变背后的主要推动力量。掌握历史主动，应势而动、顺势而为，特别是在时代之变和世纪疫情相互叠加、世界进入新的动荡变革期的形势下，更是要为中国发展和人类进步谋求有利的大环境。二是统筹解决主要矛盾和次要矛盾，提出新时代我国社会的主要矛盾是人民日益增长的美好生活需要和不平衡不充分的发展之间的矛盾，强调必须坚持以人民为中心的发展思想，发展全过程人民民主，推动人的全面发展、全体人民共同富裕取得更为明显的实质性进展。三是统筹推进经济建设、政治建设、文化建设、社会建设、生态文明建设"五位一体"总体布局，协调推进全面建设社会主义现代化国家、全面深化改革、全面依法治国、全面从严治党"四个全面"战略布局。四是统筹发展和安全，贯彻创新、协调、绿色、开放、共享的新发展理念，加快构建以国内大循环为主体、国内国际双循环相互促进的新发展格局，推动高质量发展。五是统筹推进党的政治建设、思想建设、组织建设、作风建设、纪律建设，把制度建设贯穿其中，深入推进反腐败斗争，落实管党治党政治责任，以伟大自我革命引领伟大社会革命。

党的二十大召开后，习近平总书记运用系统观念对理论学习和实践落实进行了动员部署，他强调，学习贯彻党的二十大精神，要在全面学习上下功夫。只有全面、系统、深入学习，才能完整、准确、全面领会党的二十大精神，对是什么、干什么、怎么干了然于胸，为贯彻落实打下坚实基础。在读原文、悟原理的基础上，要把学习大会报告同学习系列讲话和相关文件结合起来，同学习党的十八大报告、十九大报告精神结合起来，联系着学。要紧密联系党的十八大以来党和国家事业取得的历史性成就、发生的历史性变革，联系这些年来我们走过的极不寻常、极不平凡的历程，联系我们深化改革开放、推动高质量发展、有效应对重大风险挑战的具体实践，联系国际环境深刻变化，深刻领悟党的二十大关于党和国家事业发展大政方针和战略部署的历史逻辑、理论逻辑、实践逻辑。学习贯彻党的二十大精神，要在全面把握上下功夫。党的二十大精神内容十分丰富，既有政治上的高瞻远瞩和理论上的深邃思考，也有目标上的科学设定和工作上的战略部署，这些是相互联系、有机统一的。只有坚持历史和现实、理论和实践、国际和国内相结合的办法，从整体到局部、再从局部到整体进行反复揣摩，才能全面掌握党的二十大精神，避免知其然而不知其所以然，增强贯彻落实的自觉性和坚定性。

在新征程上，坚持系统观念，必须不断增强"七种能力"，进一步提高工作的科学性、预见性、主动性和创造性。习近平总书记在党的二十大报告中指出："必须坚持系统观念。不断提高战略思维、历史思维、辩证思维、系统思维、创新思维、法治思维、底线思维能力，为前瞻性思考、全局性谋划、整体性推进党和国家各项事业提供科学思想方法。"①

不断提高战略思维能力，牢牢把握战略机遇期。战略思维能力，就是紧跟时代前进步伐，站在战略全局的高度观察、处理问题，透过纷繁复杂的表面现象把握事物发展总体趋势和方向的能力。中国共产党历来高度重视战略思维。毛泽东同志强调，作为领导干部一定要有战略头脑，即战略思维能力。邓小平同志曾告诫，考虑任何问题都要着眼于长远，着眼于大局。许多小局必须服从大局。党的十八大以来，以习近平同志为核心的党中央善于把握事物变化总体趋势和发展方向，善于从战略全局视野观察分析事物，善于站在政治高度认识判断形势，善于以长远发展眼光思考处理问题，胸怀大局准确审视国际发展大势，深刻把握国内发展大局，着眼未来牢牢坚持建设发展方向，高瞻远瞩、视野宏阔，深谋远虑、定力如山，紧跟时代步伐治党治国治军，站立时代潮头统筹内政外交国防，顺应时代潮流推进改革发展稳定，因势而谋定向施策、应势而动精确发力、顺势而为善作善成，展现出登高望远、着眼全局的战略视野，立足当前、着眼长远的战略设计，举重若轻、抓住根本的战略统筹，自信从容、久久为功的战略定力，集中体现了中国共产党领航中国的战略智慧和方法。当前，我国发展正处于中华民族伟大复兴爬坡过坎的关键阶段，面临问题和矛盾之多前所未有，我们要更加自觉地坚持唯物辩证法，牢牢把握好我国发展的重要战略机遇期，不断增强战略思维能力，提高驾驭复杂局面的真本领。

不断提高历史思维能力，在把握历史大势汲取历史智慧中抓住历史机遇。历史思维能力，就是知古鉴今、以史为鉴，运用历史经验教训认识事物发展规律，把握事物演进的前进方向，用以指导经济社会发展的能力。中华民族是一个有着悠久文明历史的伟大民族，中国共产党是一个重视历史学习、善于借鉴和运用历史智慧执政兴国的马克思主义政党。党的十八大以来，以习近平同志为核心的党中央坚持以史为镜、以史为师、以史为基，站在历史的高峰反思和总结历史，回望 5000 多年中华民族历史辉煌来思考中华民族的前途命运，洞察500 多年世界社会主义发展史来认识社会主义运动的前进方向，透视中国近代以

---

① 习近平．高举中国特色社会主义伟大旗帜 为全面建设社会主义现代化国家而团结奋斗——在中国共产党第二十次全国代表大会上的报告［N］．人民日报，2022-10-26 (1).

来180多年奋斗史来阐明中国的复兴道路，总结中国共产党100多年、中华人民共和国70多年、改革开放40多年的宝贵经验来把握当代中国的历史方位和历史使命，汲取世界各国人民创造和发展的多姿多彩历史文明来思考现在把握未来，从历史的大视野和发展的大趋势来思考分析问题，运用历史的智慧治国理政，富有宏大的历史视野和强烈的历史纵深感，富有深厚的历史底蕴和丰厚的历史智慧，体现出对党、对国家、对民族、对人民的历史责任担当，体现出胸怀天下、忧国忧党、强国富民、努力复兴的历史使命感。

不断提高辩证思维能力，增强驾驭复杂局面、处理复杂问题的本领。辩证思维能力，就是正确把握事物矛盾对立统一关系，承认矛盾、分析矛盾、解决矛盾，善于抓住关键、找准重点、洞察事物发展规律，指导当下和未来工作的能力。党的十八大以来，以习近平同志为核心的党中央高度重视把辩证唯物主义和历史唯物主义的世界观方法论融入治国理政新理念新思想新战略之中，运用于指导经济社会发展之中。习近平总书记多次强调，要学习掌握唯物辩证法的根本方法，不断增强辩证思维能力；要善于运用矛盾分析的方法，坚持两点论和重点论的统一，分析问题要一分为二，既看到有利一面，又看到不利一面；在阐述全面深化改革时，强调胆子要大、步子要稳，战略上要勇于进取、战术上则要稳扎稳打；在阐述社会管理时，指出管得太死、一潭死水不行，管得太松、波涛汹涌也不行。习近平总书记统筹发展和安全，提出新发展理念，深刻揭示了实现更高质量、更有效率、更加公平、更可持续、更为安全的发展之路，用高质量发展保障高水平安全；提出总体国家安全观，既解决好大国发展进程中面临的共性问题，又处理好中华民族伟大复兴关键阶段面临的特殊问题，用高水平安全确保高质量发展。统筹效率和公平，提出在高质量发展中促进共同富裕，通过全国人民共同奋斗把"蛋糕"做大做好，然后通过合理的制度安排把"蛋糕"切好分好，形成人人参与的发展环境，以公平促进效率，以效率支撑公平。统筹活力和秩序，提出现代化的社会应该既充满活力又拥有良好秩序、活力和秩序有机统一的社会，实现在活力中保持秩序、在秩序中激发活力的良性运行。统筹国内和国际，提出中国的发展离不开世界，世界的发展也需要中国，通过争取和平国际环境发展自己，又以自身发展维护和促进世界和平，在时代前进潮流中把握主动、赢得发展。所有这些，都充分体现了习近平新时代中国特色社会主义实践的辩证思维。

不断提高系统思维能力，加强顶层设计和整体谋划。系统思维能力，就是从系统与要素的关系上把握事物的关联性、整体性的一种思维能力。党的十八大以来，我国经济发展之所以平衡性、协调性、可持续性明显增强，从根本上讲得益于习近平总书记在掌舵领航时表现出高超的系统思维能力。一是注重用系统思维方法来推进党和国家治理体系的变革。全面深化改革是一项复杂的系统工程,需要加强顶层设计和整体谋划,加强各项改革关联性、系统性、可行性研究。我们要在基本确定主要改革举措的基础上,深入研究各领域改革关联性和各项改革举措耦合性,深入论证改革举措可行性,把握好全面深化改革的重大关系,使各项改革举措在政策取向上相互配合、在实施过程中相互促进、在实际成效上相得益彰。二是注重系统的整体性和要素与要素的协同性。改革越深入,越要注意协同,既抓改革方案协同,也抓改革落实协同,更抓改革效果协同,促进各项改革举措在政策取向上相互配合、在实施过程中相互促进、在改革成效上相得益彰,朝着全面深化改革总目标聚焦发力。三是注重系统的开放性与环境的协调性。当今世界,开放融通的潮流滚滚向前。人类社会发展的历史告诉我们,开放带来进步,封闭必然落后。世界各国经济社会发展日益相互联系、相互影响,推进互联互通、加快融合发展成为促进共同繁荣发展的必然选择。四是注重系统的重点突破与整体推进。坚持创新发展,既要坚持全面系统的观点,又要抓住关键,以重要领域和关键环节的突破带动全局。坚持整体推进,增强各项措施的关联性和耦合性,防止畸重畸轻、单兵突进、顾此失彼。要坚持重点突破,在整体推进的基础上抓主要矛盾和矛盾的主要方面,采取有针对性的具体措施,努力做到全局和局部相配套、治本和治标相结合、渐进和突破相衔接,实现整体推进和重点突破相统一。五是注重解决非平衡问题,推进系统走向动态平衡。全面深化改革必须以促进社会公平正义、增进人民福祉为出发点和落脚点。这是坚持我们党全心全意为人民服务根本宗旨的必然要求。全面深化改革必须着眼创造更加公平正义的社会环境,不断克服各种有违公平正义的现象,使改革发展成果更多更公平惠及全体人民。

不断提高创新思维能力,敢于打破常规、超越前人。创新思维是与时俱进、求新求变、以新颖独到的方法解决问题的一种思维能力。党的十八大以来,以习近平同志为核心的党中央坚持创新思维,立足新时代,寻找新思路,解决新矛盾,打开新局面,开创新境界,提升新水平,不断推进理论创新、实践创新和制度创新。习近平总书记指出:创新是一个民族进步的灵魂,是一个国家兴旺发达的不竭动力,也是中华民族最深沉的民族禀赋。创新是一个复杂的系统工程,包含经济、政治、文化、社会、生态、党建、外交等众多领域,这些领域的创新相互联系、相互作用,构成一幅壮丽的创新大厦。在建造这座大厦的历史进程中,新时代中国共产党人交出了一份优异答卷。在理论创新方面,创立了习近平新时代中国特色社会主义思想,实现了马克思主义中国化时代化新的飞跃。在实践创新方面，实现了小康这个中华民族的千年梦想，历史性地解决了绝对贫困问题，为全球减贫事业作出了重大贡献。在制度创新方面，坚决破除各方面体制机制弊端，建立各领域基础性制度框架，中国特色社会主义制度更加成熟更加定型，国家治理体系和治理能力现代化水平明显提高。在科技创新方面，基础研究和原始创新不断加强，一些关键核心技术实现突破，战略性新兴产业发展壮大，我国进入创新型国家行列。在文化创新方面，坚持以社会主义核心价值观引领文化建设，注重用社会主义先进文化、革命文化、中华优秀传统文化培根铸魂，我国意识形态领域形势发生全局性、根本性转变，全党全国各族人民文化自信明显增强，全社会凝聚力和向心力极大提升，为新时代开创党和国家事业新局面提供了坚强思想保证和强大精神力量。

不断提高法治思维能力，形成良好法治环境。法治思维能力是崇尚法治、尊重法律，善于运用法律手段解决问题和推进工作的能力。党的十八大以来，社会主义法治国家建设深入推进，全面依法治国总体格局基本形成，中国特色社会主义法治体系加快建设，司法体制改革取得重大进展，社会公平正义保障更为坚实，法治中国建设开创新局面。在前进道路上，我们要坚持走中国特色社会主义法治道路，建设中国特色社会主义法治体系、建设社会主义法治国家，围绕保障和促进社会公平正义，坚持依法治国、依法执政、依法行政共同推进，坚持法治国家、法治政府、法治社会一体建设，全面推进科学立法、严格执法、公正司法、全民守法，全面推进国家各方面工作法治化。

不断提高底线思维能力，打好有准备、有把握之仗。底线思维是充分考虑面临的各种问题、困难和风险，立足实际设定最低目标、争取最大期望值的一种思维能力。习近平总书记一再强调，凡事从坏处准备，争取最好的结果，从而守住底线，防患于未然。有备无患，牢牢把握主动权，才能永远立于不败之地。党的十八大以来，以习近平同志为核心的党中央针对党和国家存在的一系列长期积累及新出现的突出矛盾和问题，审时度势、果敢抉择，锐意进取、攻坚克难，团结带领全党全军全国各族人民撸起袖子加油干、风雨无阻向前行，义无反顾进行具有许多新的历史特点的伟大斗争，经受住了来自政治、经济、意识形态、自然界等方面的风险挑战考验，党和国家事业取得历史性成就、发生历史性变革，推动我国迈上全面建设社会主义现代化国家新征程。

6. 必须坚持胸怀天下

坚持胸怀天下就是强化全球思维，用博大胸怀吸收人类创造的一切文明成果，并结合本国实际加以灵活运用，提出顺应人类发展潮流、引领世界格局前进的治理方案，推动建设更加美好的世界。只有保持文明互鉴、文化交流，坚持开放包容、合作共赢，才能不断增强经济社会发展的活力，不断壮大国家经济实力，不断丰富、完善党的创新理论。坚持胸怀天下是党的十九届六中全会总结的党的百年奋斗十大历史经验之一。党的二十大报告强调："拓展世界眼光，深刻洞察人类发展进步潮流，积极回应各国人民普遍关切，为解决人类面临的共同问题作出贡献，以海纳百川的宽阔胸襟借鉴吸收人类一切优秀文明成果，推动建设更加美好的世界。"① 这一重要论断反映了中国共产党的世界观，体现了中国共产党对人类发展的关切，彰显了中国共产党的世界担当。

"坚持胸怀天下"源于科学主义的理论指导，有着深厚的理论基础。习近平总书记指出："马克思主义博大精深，归根到底就是一句话，为人类求解放。"② 马克思主义创造性地揭示了人类社会发展规律，创立了人民实现自身解放的科学思想体系，第一次站在人民的立场探求人类自由解放的道路，为党坚持胸怀天下指明了方向，提供了根本遵循。"坚持胸怀天下"是马克思主义的重要观点。马克思和恩格斯通过对资本主义生产方式的考察，深刻洞察到世界各国经济联系日益紧密，民族历史向世界历史转变的大趋势，高瞻远瞩地预见到人类交往的世界性，深刻指出：各民族的原始封闭状态由于日益完善的生产方式、交往以及因交往而自然形成的不同民族之间的分工消灭得越是彻底，历史也就越是成为世界历史。今天，随着经济全球化的发展，世界各国之间的交往也越来越紧密，日益成为一个不可分割的命运共同体，印证了马克思主义世界历史思想的科学预见性。

"坚持胸怀天下"植根于源远流长的中华传统文化，有着深厚的文化底蕴。中华民族历来讲求"天下一家"，主张民胞物与、协和万邦、天下大同，憧憬"大道之行，天下为公"的美好世界。《礼记·礼运》中的"大道之行，天下为公"，为人们刻画了最理想而崇高的政治目标，描绘了最远大而美好的社会愿景。《大学》中的"修身齐家治国平天下"，《孟子》中的"穷则独善其身，达则兼济天下"，范仲淹的"先天下之忧而忧，后天下之乐而乐"，顾炎武的"天下兴亡，匹夫有责"，等等，都是中国人耳熟能详、日用而不觉的经典名句。随着中国日益走近世界舞台中央，中华传统文化蕴含的"世界大同，天下一家"的天下观，"立己达人，兼善天下"的价值追求，"以和为贵，和而不同"的和平观正逐渐被世界接受。

---

① 习近平.高举中国特色社会主义伟大旗帜 为全面建设社会主义现代化国家而团结奋斗——在中国共产党第二十次全国代表大会上的报告［N］.人民日报，2022-10-26（1）.
② 习近平.在纪念马克思诞辰200周年大会上的讲话［N］.人民日报，2018-05-05（1）.

"坚持胸怀天下"历经百年大党的探索，是中国共产党人的一贯追求。中国共产党从成立之日起，就把党和人民的事业看作人类进步事业的重要组成部分，以马克思主义的坚定信仰信念、深邃的历史视野和远大目光、宽广胸怀，从国际大局和国内大局相互联系的高度审视中国和世界的发展，在世界发展潮流中谋划和推动中国革命、建设、改革事业，从而牢牢掌握了历史主动。100多年来，我们党坚持胸怀天下，团结带领中国人民自强不息、顽强奋斗，历经千难万险，付出巨大牺牲，从根本上深刻改变了中国人民和中华民族的前途命运，也深刻改变了世界发展的趋势和格局，为人类进步事业作出了重大贡献。

进入新时代，经济全球化进程并不是一帆风顺，当前甚至出现了逆全球化的趋势，一些国家的单边主义、贸易保护主义有所抬头。习近平总书记把世界历史思想的理论逻辑与人类社会发展的实践逻辑紧密结合，创造性地提出了人类命运共同体思想，深刻回答了"建设一个什么样的世界、怎样建设这个世界"的时代课题，在21世纪进一步发展了马克思主义世界历史理论。习近平总书记指出："人类生活在同一个地球村里，生活在历史和现实交汇的同一个时空里，越来越成为你中有我、我中有你的命运共同体。"① "没有哪个国家能够独自应对人类面临的各种挑战，也没有哪个国家能够退回到自我封闭的孤岛。"② 人类命运共同体就是世界上每个民族、每个国家的前途命运都紧密联系在一起，形成你中有我、我中有你，风雨同舟、荣辱与共的命运共同体。构建人类命运共同体，核心就是建设持久和平、普遍安全、共同繁荣、开放包容、清洁美丽的世界。在政治上，要相互尊重、平等协商，坚决摒弃冷战思维和强权政治，走对话而不对抗、结伴而不结盟的国与国交往新路；在安全上，要坚持以对话解决争端、以协商化解分歧，统筹应对传统和非传统安全威胁、反对一切形式的恐怖主义；在经济上，要同舟共济，促进贸易和投资自由化便利化，推动经济全球化朝着更加开放、包容、普惠、平衡、共赢的方向发展；在文化上，要尊重世界文明多样性，促进文明交流、加强文明互鉴、实现文明共存；生态上，要坚持环境友好，合作应对气候变化，保护好人类赖以生存的地球家园。

人类命运共同体思想是习近平总书记着眼人类发展和世界前途的大视野、大格局、大谋略提出的中国理念、中国愿景、中国方案。在人类命运共同体思想的基础上，习近平总书记进一步提出了"一带一路"倡议，并且将"一带一

① 中共中央宣传部.习近平新时代中国特色社会主义思想学习纲要［M］.北京：学习出版社，人民出版社，2019：208.
② 中共中央宣传部.习近平新时代中国特色社会主义思想学习纲要［M］.北京：学习出版社，人民出版社，2019：209.

路"建设作为推动构建人类命运共同体的实践平台。"一带一路"建设主张世界各国人民携起手来,秉持和遵循共商共建共享原则,努力实现政策沟通、设施联通、贸易畅通、资金融通、民心相通,实现优势互补、互利共赢,不断朝着人类命运共同体方向迈进。经过十年的艰苦努力,中国共产党领导中国人民成功走出中国式现代化道路,创造了人类文明新形态,拓展了发展中国家走向现代化的途径,给世界上那些既希望加快发展又希望保持自身独立性的国家和民族提供了全新选择;中国经济连续多年对世界经济增长贡献率约30%,成为全球经济重要的稳定器、动力源;秉持和遵循共商共建共享原则,使共建"一带一路"成为当今世界深受欢迎的国际公共产品和国际合作平台;积极参与全球治理体系改革和建设,使构建人类命运共同体成为引领时代潮流和人类前进方向的鲜明旗帜,为世界向何处去指明了当代的新路径。所有这些,都为解答"世界怎么了""人类向何处去"的时代之问、世界之问,贡献了中国智慧、中国方案、中国力量。

亮点之四:以中国式现代化全面推进中华民族伟大复兴

中国共产党成立百年来,团结带领中国人民进行的一切奋斗,就是为了把我国建设成为现代化强国,实现中华民族伟大复兴。新中国成立以来特别是改革开放以来,党带领人民进行了艰辛探索,创造了中国式现代化新道路,创造了人类文明新形态,实现了人类历史上前所未有的大变革。进入新时代以来,党对建设社会主义现代化国家在认识上不断深入、战略上不断成熟、实践上不断丰富,成功推进和拓展了中国式现代化。经过党的十八大以来在理论和实践上的创新突破,我们成功推进了中国式现代化。党的二十大报告向全世界宣告:中国共产党在新时代新征程上,以中国式现代化全面推进中华民族伟大复兴。中国式现代化的伟大创造,是中国共产党带领中国人民推进现代化建设的历史产物、实践产物,展现出独特的历史特质与深厚的实践优势。如何在一个经济文化落后的社会主义大国实现现代化?经过长期不懈的探索,我们党用中国式现代化的生动实践作出了响亮回答。我们推进的中国式现代化,是中国共产党领导的现代化,既有各国现代化的一般性,更有基于自己国情的特殊性。

中国式现代化是社会主义现代化,是独具特色、有别于资本主义的现代化。西方资本主义现代化是建立在对外殖民血腥掠夺、对内残酷剥削人民的原始积累基础上的。中国式现代化打破了只有遵循资本主义现代化模式才能实现现代化的神话,克服了资本主义现代化所固有的弊端,提供了现代化的全新选择,展现了人类社会现代化的光明前景。中国式现代化是发展中国家的现代化,开辟了后发国家走向现代化的崭新道路。西方发达国家是一个"串联式"的发展过程，工业化、城镇化、农业现代化、信息化顺序发展，发展到目前水平用了二百多年时间。我们要后来居上，决定了我国发展必然是一个"并联式"的过程，工业化、信息化、城镇化、农业现代化是叠加发展的。新中国成立以来特别是改革开放以来，我国用几十年的时间，走过了西方发达国家上百年甚至数百年的发展历程。新时代，围绕如何全面建设社会主义现代化国家这一重大问题，习近平总书记提出了一系列新思想新观点新要求，在党的十九届五中全会上阐明了我国现代化的五个特征。

1. 中国式现代化是人口规模巨大的现代化

人口规模巨大是中国式现代化面临的基本国情和具有的首要特征。迄今为止，世界上实现现代化的国家和地区不超过 30 个，总人口不超过 10 亿人，占世界人口 13% 左右；我国 14 亿多人口，约占世界人口的 18%。我国要整体迈入现代化社会，其规模超过现有发达国家人口的总和，使世界上迈入现代化的人口翻一番多，将彻底改写现代化的世界版图，在人类历史上是一件有深远影响的大事。14 亿多人口的规模，资源环境条件约束很大，这是中国突出的国情，这也决定了中国的现代化不能照搬外国模式，发展途径与推进方式必然有自己的特点。这么大规模人口的现代化，其艰巨性和复杂性是前所未有的，同时其意义和影响也是前所未有的，推进这样规模的现代化也是对人类社会的巨大贡献。中国式现代化坚持以人民为中心，深刻阐明了中国式现代化的价值取向，彰显了我们党的根本政治立场。

2. 中国式现代化是全体人民共同富裕的现代化

共同富裕是人类文明发展中的难题，迄今，还没有哪个国家完美地解决了这个问题。共同富裕是中国特色社会主义的本质要求，凸显了中国式现代化的社会主义性质。习近平总书记强调："共同富裕是社会主义的本质要求，也是一个长期的历史过程。"① 我们推动经济社会发展，归根到底是要实现全体人民共同富裕。现在，已经到了扎实推动共同富裕的历史阶段，必须坚持以人民为中心的发展思想，自觉积极主动地解决地区差距、城乡差距、收入分配差距，提高发展的平衡性、协调性、包容性，防止两极分化，促进社会公平正义，逐步实现全体人民共同富裕。这是中国特色社会主义制度的本质决定的，我们不能接受贫富悬殊、两极分化。我们要让全体人民都过上好日子，都有机会凭自己的能力参与现代化进程，凭自己的贡献分享国家发展的成果，不能把哪个群体

---

① 习近平. 高举中国特色社会主义伟大旗帜 为全面建设社会主义现代化国家而团结奋斗——在中国共产党第二十次全国代表大会上的报告［N］. 人民日报, 2022-10-26 (1).

甩出去不管。当然共同富裕不是平均主义，更不是劫富济贫，这里面有一个先富后富、先富带后富的问题；同时，共同富裕也是一个长期的历史过程，不可能一蹴而就，但我们会坚定地朝着这个方向努力，十八大以来近1亿农村贫困人口全部成功脱贫就是一个很好的例证。按照党中央部署，到"十四五"末全体人民共同富裕迈出坚实步伐，到2035年全体人民共同富裕取得更为明显的实质性进展，到本世纪中叶全体人民共同富裕基本实现。

3. 中国式现代化是物质文明和精神文明相协调的现代化

习近平总书记指出："中国式现代化是物质文明和精神文明相协调的现代化。物质富足、精神富有是社会主义现代化的根本要求。物质贫困不是社会主义，精神贫乏也不是社会主义。"① 只有物质文明和精神文明建设都搞好，国家物质力量和精神力量都增强，全国各族人民物质生活和精神生活都改善，中国特色社会主义事业才能顺利向前推进。社会主义精神文明是社会主义社会的重要特征，是社会主义现代化建设的重要目标和重要保证，决定着我们建设什么样的国家和社会、培育什么样的公民。全面建设社会主义现代化国家比以往任何时候都更加需要思想的引领，文化的滋养，精神的支撑。我们要大力弘扬和践行社会主义核心价值观，加强理想信念教育，弘扬中华优秀传统文化，增强人民精神力量，促进物的全面丰富和人的全面发展。以往一些国家的现代化的一个重大弊端就是物质主义过度膨胀，强大的物质基础、人的物质生活资料丰富当然是现代化的题中之义，但如果人只追求物质享受、没有健康的精神追求和丰富的精神生活，成为社会学家描述的那种"单向度的人"，丰富多彩的人性蜕变为单一的物质欲望，那也是人类的悲剧。这个为我们所不取，我们追求的是既有物质富足，又有精神富有，是人的全面发展。

4. 中国式现代化是人与自然和谐共生的现代化

人与自然的关系是人类社会最基本的关系。人与自然是生命共同体，无休止地向自然索取甚至破坏自然必然会遭到大自然的报复。我国现代化注重同步推进物质文明建设和生态文明建设，走生产发展、生活富裕、生态良好的文明发展道路，既创造更多物质财富和精神财富以满足人民日益增长的美好生活需要，也提供更多优质生态产品以满足人民日益增长的优美生态环境需要。过去十年来，我们坚持绿水青山就是金山银山的理念，生态环境发生了历史性、转折性、全局性的变化，祖国的天更蓝、山更绿、水更清，这是人民群众感受最

---

① 习近平. 高举中国特色社会主义伟大旗帜 为全面建设社会主义现代化国家而团结奋斗——在中国共产党第二十次全国代表大会上的报告 [N]. 人民日报, 2022-10-26 (1).

直接的巨大变化之一。全国细颗粒物平均浓度降幅达 34.8%，地级及以上城市优良天数比率增加到 87.5%。单位国内生产总值能耗强度累计下降 26.4%，以年均 3% 的能源消费增速支持了年均 6.6% 的经济增长，万元工业增加值用水量下降 55%，主要资源产出率提升 58%，可以说绿色转型成效十分显著。国土空间规划进一步优化，以国家公园为主体的自然保护地体系建设取得重大进展，以共抓大保护为导向的长江经济带发展战略、黄河流域生态保护和高质量发展战略深入推进。这些实实在在的行动和成效，给人民群众带来了实实在在的获得感，"两山"理念更加深入人心。生态文明建设是关乎中华民族永续发展的根本大计，必须坚持可持续发展，更加自觉地推进绿色发展、循环发展、低碳发展，坚持走生产发展、生活富裕、生态良好的文明发展之路。党的二十大报告对此作出了系统部署：一是加快发展方式绿色转型。加快推动产业结构、能源结构、交通运输结构等调整优化，实施全面节约战略，倡导绿色消费，推动形成绿色低碳的生产方式和生活方式。二是深入推进环境污染防治。强调精准治污、科学治污、依法治污。持续深入开展蓝天、碧水、净土保卫战，推进城乡人居环境不断改善，健全现代环境治理体系。三是提升生态系统多样性、稳定性、持续性。加快重要生态系统的保护和修复，实施生物多样性保护重大工程。四是积极稳妥推进碳达峰碳中和，协调推进降碳、减污、扩绿、增长，完善能源消耗总量和强度调控，重点控制化石能源消费，逐步转向碳排放总量和强度"双控"制度。积极参与应对气候变化的全球治理。

5. 中国式现代化是走和平发展道路的现代化

"西方式现代化"本质上是资本主义现代化，一些老牌资本主义国家通过暴力掠夺殖民地等方式实现现代化，给广大发展中国家带来深重灾难，是以造成其他国家落后为代价的现代化。这种损人利己、充满血腥罪恶的现代化老路必须坚决摈弃。中华民族是热爱和平的民族，600 多年前郑和下西洋时率领的是当时世界上最庞大的船队，带去的是丝绸、茶叶和瓷器，而不是战争。我国现代化强调同世界各国互利共赢，推动构建人类命运共同体，努力为人类和平与发展作出贡献。我们不走一些国家通过战争、殖民、掠夺等方式实现现代化的老路，我们的旗帜是和平、发展、合作、共赢，这是由我们的制度决定的，也是由我们的文化决定的。走和平发展道路符合中国的根本利益，我们将继续沿着这条道路走下去，我们也希望其他国家都走和平发展道路。

中国共产党领导中国人民进行社会主义现代化建设的伟大成就昭示世人，通向现代化的道路不止一条，世界上既不存在定于一尊的现代化模式，也不存在放之四海而皆准的现代化标准。中国式现代化是实现中华民族伟大复兴的光明大道，这条道路不仅走得对、走得通，而且越走越宽广。邓小平说过："我们搞的现代化，是中国式的现代化。我们建设的社会主义，是有中国特色的社会主义。"① 党的二十大报告明确提出中国式现代化的本质要求是：坚持中国共产党领导，坚持中国特色社会主义，实现高质量发展，发展全过程人民民主，丰富人民精神世界，实现全体人民共同富裕，促进人与自然和谐共生，推动构建人类命运共同体，创造人类文明新形态。② 新时代新征程上，我们要坚定马克思主义信仰、坚定中国特色社会主义信念，自信自立自强，以中国式现代化全面推进中华民族伟大复兴。

亮点之五：统筹谋划全面建设社会主义现代化国家的实践

统筹谋划全面建设社会主义现代化国家的实践，是党的二十大报告的重点。报告以较大篇幅，系统勾勒了全面建设社会主义现代化国家的实践，提出了一系列新的观点。习近平总书记指出，高质量发展是全面建设社会主义现代化国家的首要任务；教育、科技、人才是全面建设社会主义现代化国家的基础性、战略性支撑；人民民主是社会主义的生命，是全面建设社会主义现代化国家的应有之义；坚持全面依法治国，在法治轨道上全面建设社会主义现代化国家；坚持中国特色社会主义文化发展道路，增强文化自信；坚持在发展中保障和改善民生，鼓励共同奋斗创造美好生活，不断实现人民对美好生活的向往；尊重自然、顺应自然、保护自然，是全面建设社会主义现代化国家的内在要求；推进国家安全体系和能力现代化，坚决维护国家安全和社会稳定；如期实现建军一百年奋斗目标，加快把人民军队建成世界一流军队，是全面建设社会主义现代化国家的战略要求；促进世界和平与发展，推动构建人类命运共同体；全面建设社会主义现代化国家、全面推进中华民族伟大复兴，关键在党；全面建设社会主义现代化国家，必须充分发挥亿万人民的创造伟力。这些重要论断，立足于全面建设社会主义现代化国家，对未来五年乃至更长时期的实践进行了部署，实际上指明了全面建设社会主义现代化国家的实践路径，展现了全面建设社会主义现代化国家的光辉前景。

亮点之六：以伟大自我革命引领伟大社会革命

作为一个长期执政的党，中国共产党必须回答好如何跳出治乱兴衰历史周期率的问题。70 多年前，毛泽东同志在延安的窑洞里给出了第一个答案，我们

---

① 党史天天谈［EB/OL］. 中共中央党史和文献研究院网，2021-06-18.

② 习近平. 高举中国特色社会主义伟大旗帜 为全面建设社会主义现代化国家而团结奋斗——在中国共产党第二十次全国代表大会上的报告［N］. 人民日报，2022-10-26 (1).

已经找到新路，我们能跳出这周期率。这条新路，就是民主。只有让人民来监督政府，政府才不敢松懈。只有人人起来负责，才不会人亡政息。经过百年奋斗特别是党的十八大以来的成功实践，习近平总书记又给出了第二个答案，这就是自我革命。自我革命不仅深刻揭示了过去我们为什么能够成功的根本原因，而且科学指明了未来怎样才能继续成功的核心密码，是中国共产党跳出兴衰存亡历史周期率的第二个答案。①

自我革命开辟出政党永葆青春活力的新路。永葆青春活力不仅是一个时间概念，更是一个实践概念。中国共产党历经百年风雨仍然风华正茂，核心密码就在于党敢于直面自身问题、勇于自我革命。习近平总书记指出："在进行社会革命的同时不断进行自我革命，是我们党区别于其他政党最显著的标志，也是我们党不断从胜利走向新的胜利的关键所在。"② 回顾党百年自我革命史，中国共产党人始终以刀刃向内的政治勇气推进自我革命，不断去腐生肌，坚持在化解矛盾的斗争中自我净化，在解决难题的斗争中自我完善，在争取工作主动的斗争中自我革新，在防范化解风险的斗争中自我提高；始终以"我们绝不做李自成"的政治清醒推进自我革命，永不自满、从不懈怠，在全面从严治党中加强党的先进性与纯洁性建设，开辟出政党永葆青春活力的新路。

自我革命开辟出政党不变质、不变色、不变味的新路。一个政权建立起来后，要保持兴旺发达、长治久安是很不容易的。如果不自省、不警惕、不努力，再强大的政权都可能走到穷途末路。苏共垮台、苏联解体的惨痛教训表明，即便是曾经先进的马克思主义政党，曾经强大的社会主义国家政权，如果不能解决好政党"不变质、不变色、不变味"问题，也会走向穷途末路，也会土崩瓦解。中国共产党是始终代表人民利益执政的党。百年来党始终坚持人民至上的政治立场和价值追求，在自我革命中不断锤炼无私品质，从不代表任何利益集团、任何权势团体、任何特权阶层的利益，所付出的一切努力、进行的一切斗争、作出的一切牺牲，都是为了人民；不断锤炼"无我"品质，坚定马克思主义信仰，坚定人民立场，坚定道路自信，不负人民嘱托，为人民幸福和民族复兴勇于自我革命；不断锤炼无畏品质，以刮骨疗毒、壮士断腕的勇气，开辟出一条确保党的先锋队本质不变、以人民为中心本色不变、优良作风本味不变的新路。

① 中共天津市委党校课题组．自我革命是跳出历史周期率的第二个答案［N］．天津日报．2022-02-14（6）．
② 习近平在十九届中央纪委三次全会上发表重要讲话［EB/OL］．新华网，2019-01-11．

自我革命开辟出政党自我监督的新路。中国共产党是一个立党为公、执政为民的党，是一个没有任何私利的党，这就决定了中国共产党能够从党的性质和根本宗旨出发，从人民根本利益出发，能够为人民的利益坚持好的，为人民的利益改正错的，解决好自我监督问题。党的十八大以来，我们党着眼于破解自我监督这个世界性难题，进行了卓有成效的理论和实践探索，探索出一条通过执政党自我革命实现自我监督的新路。这条新路在实践中通过不断完善自我监督的方式方法，实现对全体党员干部无禁区、无死角、全覆盖的监督，保证把人民赋予的权力始终用来为人民服务。这条新路强调紧盯"关键少数"，以更高的标准、更严的要求加强对"关键少数"特别是高级领导干部的监督，实现了政党监督理论的重大突破。

党的十八大以来，党中央以"十年磨一剑"的定力推进全面从严治党，以"得罪千百人，不负十四亿"的使命担当推进史无前例的反腐败斗争，打出一套自我革命的"组合拳"。全面从严治党永远在路上，党的自我革命永远在路上，我们要持之以恒推进党的自我革命，确保党永远不变质、不变色、不变味，使党始终成为中国特色社会主义事业的坚强领导核心。

三、学习贯彻落实二十大精神的基本要求

（一）牢牢把握"两个确立"，坚决做到"两个维护"

实现中华民族伟大复兴，是近代以来中国人民和中华民族最伟大的梦想。党的十八大以来，在以习近平同志为核心的党中央坚强领导下，在习近平新时代中国特色社会主义思想科学指引下，我们实现了第一个百年奋斗目标，在中华大地上全面建成了小康社会，实现中华民族伟大复兴进入了不可逆转的历史进程。今天，我们比历史上任何时期都更接近、更有信心和能力实现中华民族伟大复兴的目标，同时也必须准备付出更为艰巨、更为艰苦的努力。

"两个确立"是党的十八大以来最重要的政治成果。没有中国共产党，就没有中华民族伟大复兴。我们党要在新时代坚持和发展中国特色社会主义的历史进程中始终成为坚强领导核心，必须坚持党的全面领导，坚持全面从严治党，不断提高党的政治领导力、思想引领力、群众组织力、社会号召力。党的十八大后，我们党清醒认识到，管党治党一度宽松软带来党内消极腐败现象蔓延、政治生态出现严重问题，党群干群关系受到损害，党的创造力、凝聚力、战斗力受到削弱，党治国理政面临重大考验。正是因为党确立习近平同志党中央的核心、全党的核心地位，党中央权威和集中统一领导才得到有力保证，党的领导制度体系不断完善，党的领导方式更加科学，管党治党宽松软状况得到根本

扭转，反腐败斗争取得压倒性胜利并全面巩固，消除了党、国家、军队内部存在的严重隐患，党在革命性锻造中更加坚强有力。党的十八大后，党和国家事业发展面临一系列重大理论和实践问题。如果不能科学回答这些中国之问、世界之问、人民之问、时代之问，开辟马克思主义中国化新境界，新时代的伟大斗争就会缺乏科学理论指引，我们就难以把握历史发展规律和大势、始终掌握党和国家事业发展的历史主动。习近平新时代中国特色社会主义思想就重大时代课题提出一系列原创性的治国理政新理念新思想新战略，科学回答了新时代坚持和发展什么样的中国特色社会主义、怎样坚持和发展中国特色社会主义，建设什么样的社会主义现代化强国、怎样建设社会主义现代化强国，建设什么样的长期执政的马克思主义政党、怎样建设长期执政的马克思主义政党等重大时代课题，是当代中国马克思主义、二十一世纪马克思主义，是中华文化和中国精神的时代精华，实现了马克思主义中国化新的飞跃，实现了党的指导思想的与时俱进。"两个确立"使全党思想上更加统一、政治上更加团结、行动上更加一致，党的自我净化、自我完善、自我革新、自我提高能力显著增强。①

"两个确立"为实现中华民族伟大复兴提供更为强大的政治保证和思想指引。当前，中华民族伟大复兴曙光在前、前途光明，但也必须清醒认识到，中华民族伟大复兴绝不是轻轻松松、敲锣打鼓就能实现的，也绝不是一马平川、朝夕之间就能到达的，前进道路上仍然存在可以预料和难以预料的各种风险挑战。船到中流浪更急，人到半山路更陡。越是接近民族复兴的目标，我们遇到的阻力和压力就会越大，面临的外部风险就会越多。党的十八大以来，我们战胜一系列重大风险挑战，推动中国特色社会主义事业进入新的历史阶段，充分展现了习近平总书记作为党的核心、人民领袖、军队统帅的深刻洞察能力、科学决策能力、高超驾驭能力；充分证明了以习近平同志为核心的党中央具有无比坚强的领导力，是风雨来袭时中国人民最可靠的主心骨；充分证明了习近平新时代中国特色社会主义思想是实现中华民族伟大复兴的行动指南。党确立习近平同志党中央的核心、全党的核心地位，中华民族伟大复兴就有了坚强政治保证。党确立习近平新时代中国特色社会主义思想的指导地位，中华民族伟大复兴就有了科学理论指引。只要我们更加紧密地团结在以习近平同志为核心的党中央周围，全面贯彻习近平新时代中国特色社会主义思想，就能把握历史发展规律和大势，在历史前进的逻辑中前进，在时代发展的潮流中发展，牢牢掌握党和国家事业发展的历史主动，全面建成社会主义现代化强国，最终实现中

---

① 任理轩. 深刻把握"两个确立"坚决做到"两个维护"[N]. 人民日报, 2022-02-23 (9).

华民族伟大复兴。

"两个确立"为实现中华民族伟大复兴凝聚起万众一心的磅礴力量。实现中华民族伟大复兴，是中华民族团结奋斗的最大公约数和最大同心圆。实现中华民族伟大复兴，最深沉的根基在中国人民之中，最深厚的力量在中国人民心中，必须团结带领全国各族人民攻坚克难、不懈奋斗。中国人民是具有伟大创造精神、伟大奋斗精神、伟大团结精神、伟大梦想精神的人民，只要有坚强领导核心、有科学理论指引，就能迸发出排山倒海的历史伟力，战胜前进道路上一切艰难险阻。党的十八大以来，我们之所以能够战胜一系列风险挑战，不断夺取伟大斗争新胜利，一个根本原因就在于"两个确立"把全党全国各族人民紧密团结起来，形成万众一心、无坚不摧的磅礴力量。以习近平同志为核心的党中央把让老百姓过上好日子作为一切工作的出发点和落脚点，不断满足人民对美好生活的向往。中国人民从新时代党和国家事业发展中深切感受到习近平总书记"我将无我，不负人民"的崇高情怀，深切感受到习近平新时代中国特色社会主义思想坚持以人民为中心，是为了人民、造福人民的科学理论。不断增强的获得感、幸福感、安全感，让全国各族人民对习近平总书记衷心拥戴，更加紧密地团结在以习近平同志为核心的党中央周围；对习近平新时代中国特色社会主义思想笃信笃行，沿着这一思想指引的方向勇毅前行。实现中华民族伟大复兴，前进的道路并不平坦，甚至会遇到难以想象的惊涛骇浪。"两个确立"把全国各族人民动员起来、团结起来、凝聚起来，中国人民更加自信自立自强，极大增强了志气骨气底气，焕发出前所未有的历史主动精神、历史创造精神，汇聚起实现中华民族伟大复兴的磅礴力量。

（二）以良好的精神作风贯彻党的二十大精神

习近平总书记深刻指出，良好的精神状态，是做好一切工作的重要前提。深入贯彻落实党的二十大精神，使得这一纲领性文献在武装头脑、指导实践、推动工作上取得成效，离不开良好的精神作风。

以务实、民主、清廉的精神作风贯彻党的二十大精神。必须培塑求实、务实、落实的精神作风。实干兴邦、空谈误国。马克思主义者必须是实干家，中国共产党人必须是实干家的代表，党的事业必须依靠求实务实落实的作风才能实现。必须培塑民主法治的精神作风。新时代民主的精神作风、法治思维和方式成为党中央治国理政的制度性、战略性要求，必须坚定自觉地加以贯彻落实。必须永葆廉洁清正的精神作风。坚决贯彻党中央关于全面从严治党的基本方略和决策部署，永葆共产党人廉洁清正的精神作风和光荣传统，以优良的精神作风带动社会风气建设，使人民群众在对治国理政有更多获得感、幸福感、安全感的同时也对党和国家发展更有信心。

以勇于担当的精神贯彻党的二十大精神。"担当"是一种责任、一种使命、一种品德、一种风尚，更是一种价值尺度和精神作风。敢于担当是中国共产党人的政治本色和鲜明品格，也是历史和时代赋予的责任，是人民群众对共产党人的期盼。担当精神是一名合格党员干部应该具备的基本特征和优秀品质。在新征程上，党员干部要加强学习修养、提升能力素质，努力强化、大力培塑矢志不渝的政治担当精神、攻坚克难的改革担当精神、无私奉献的为民担当精神、恪尽职守的职责担精神。

贯彻党的二十大精神必须抓住领导干部的"火车头"和"关键少数"，发挥党员领导干部的先锋模范作用。领导干部要做学习贯彻党的二十大精神的"先锋""标兵""楷模"。各级领导干部要做以身作则、率先垂范的榜样；要做"学、懂、信、用"党的二十大精神的标兵；要做全心全意为人民服务的模范；要做勇于担当、攻坚克难、无私奉献、恪尽职守的表率；要做脚踏实地、苦干实干的楷模；要做信念坚定、道德高尚、品德美好、作风优良、业绩突出的模范。

（三）从价值认同到行动自觉

学会内心感恩，注重家国情怀的培养。2018 年 5 月 2 日，习近平总书记在北京大学师生座谈会上的讲话中指出："爱国，是人世间最深层、最持久的情感，是一个人立德之源、立功之本。孙中山先生说，'做人最大的事情，就是要知道怎样爱国'。我们常讲，做人要有气节、要有人格。气节也好，人格也好，爱国是第一位的。我们是中华儿女，要了解中华民族历史，秉承中华文化基因，有民族自豪感和文化自信心。要时时想到国家，处处想到人民，做到'利于国者爱之，害于国者恶之'。爱国，不能停留在口号上，而是要把自己的理想同祖国的前途、把自己的人生同民族的命运紧密联系在一起，扎根人民，奉献国家。"① 爱国不是抽象的，而是具体的。我们要感恩这个伟大的时代，感恩中国共产党，感恩父母的养育，感恩学校的培养，感恩同学的携手战斗。

学会做大做强，注重综合能力的提升。习近平总书记强调，大学生"要坚持面向现代化、面向世界、面向未来，增强知识更新的紧迫感，如饥似渴学习，既扎实打牢基础知识又及时更新知识，既刻苦钻研理论又积极掌握技能，不断提高与时代发展和事业要求相适应的素质和能力。要坚持学以致用，深入基层、深入群众，在改革开放和社会主义现代化建设的大熔炉中，在社会的大学校里，

---

① 习近平. 在北京大学师生座谈会上的讲话［N］. 人民日报，2018-05-03（1）.

掌握真才实学，增益其所不能，努力成为可堪大用、能担重任的栋梁之材。"①

学会强心健体，注重阳光人生的锻造。2017年5月3日，习近平总书记在中国政法大学考察时指出："青年在成长和奋斗中，会收获成功和喜悦，也会面临困难和压力。要正确对待一时的成败得失，处优而不养尊，受挫而不短志，使顺境逆境都成为人生的财富而不是人生的包袱。广大青年人人都是一块玉，要时常用真善美来雕琢自己，不断培养高洁的操行和纯朴的情感，努力使自己成为高尚的人。"② 大学生要成为高尚的人，就必须做到：加强体育锻炼，提高身体素质；注意心理调节，提高抗压能力；经常相互交流，共克人生难题。

中国的未来属于青年，中华民族的未来也属于青年。每一代大学生的理想信念、精神状态、综合素质，是一个国家发展活力的重要体现，也是一个国家核心竞争力的重要因素。作为可堪大用、能担重任的栋梁之材，大学生要做学习贯彻二十大精神的积极宣传者、忠实拥护者、坚决捍卫者。完成历史使命，我们需要信仰、需要担当、需要奋斗！

① 习近平. 在同各界优秀青年代表座谈时的讲话［N］. 光明日报，2013-05-05（1）.
② 习近平在中国政法大学考察［N］. 人民日报，2017-05-04（1）.

附录二

人工智能时代大学生思想政治教育情况调查问卷

人工智能时代大学生思想政治教育供求情况问卷调查主要通过腾讯问卷调查的方式进行，本书两名作者分别在天津大学和陕西师范大学进行问卷调查，为确保调查的广泛性，同时委托一线思政课教师在南开大学、西安交通大学、湖南大学、上海理工大学、重庆工商大学、西安外国语大学等院校进行问卷调查。共收到有效调查问卷2435份。

思想政治教育情况调查问卷

此次调查问卷采用匿名方式进行，仅用于为课题《人工智能时代大学生思想政治教育供求精准对接研究》提供真实可靠的材料，并会对个人问卷信息进行严格保密。人工智能（Artificial Intelligence）一般是指研究、开发用于模拟、延伸、拓展人的智能的理论、方法、技术及应用系统的总称，其本质是对人的思维和意识的模拟，通常包括音频识别、视频感知、知识图谱、人机交互平台、机器学习、智慧课堂、深度学习、智能测评、资源搜索引擎等技术。希望您在填写时不要有任何思想顾虑，表达自己的真实想法，选择选项即可。衷心感谢您的支持与合作！

一、单项选择题（只能选一项）

1. 首先请您对目前思想政治教育的实际效果做一个总体评价？

A. 优秀　　　　　　　　　　　B. 良好

C. 中等　　　　　　　　　　　D. 较差

E. 很差

2. 您个人对思想政治教育是否存在需求？

A. 有比较强烈的需求，愿意接受思想政治教育

B. 看情况了，好的教育有需求，不好的教育没需求

C. 没有需求，最好少开展思想政治教育

D. 需求一般，建议开展适度、合理的思想政治教育

3. 您觉得自己对思想政治教育的需求是否得到了重视和满足？

A. 得到了充分的重视和满足

B. 一定程度上得到了重视和满足

C. 有的得到重视和满足，有的没有得到重视和满足

D. 基本没有得到重视和满足，比较失望

4. 您觉得在现实中是否存在"受教育者想接受的教育接受不到，教育者开展的教育又不是受教育者想要接受的教育"的现象？

A. 普遍大量存在   B. 经常存在

C. 不经常存在   D. 基本上不存在

5. 您认为当前思想政治教育内容与受教育者的需求之间是否精准匹配？

A. 能够精准匹配   B. 大部分能够精准匹配

C. 只有一部分能够精准匹配   D. 没有实现精准匹配

6. 您认为国家、政党、社会对思想政治的需求和个人对思想政治的需求之间是什么关系？

A. 二者从本质上讲是统一的

B. 二者之间既有相互对立，也有相互联系

C. 二者是根本对立矛盾的

D. 二者关系说不清楚

7. 您认为当前开展思想政治教育的方式方法如何？

A. 方法灵活多样，比较满意   B. 方法一般，还可以接受

C. 方法单调呆板，没有吸引力 D. 有的方法可以，有的方法不行

8. 给您上课的思想政治课教师是否有微信和微博？您关注了吗？

A. 没有，当然无法关注

B. 有微信和微博，但我不喜欢，所以没关注

C. 有微信和微博，我关注了，内容和效果一般

D. 有微信和微博，我关注了，内容和效果还不错

9. 您认为当前思想政治教育能否帮助答疑解惑，解决思想问题？

A. 作用明显，帮助很大   B. 有一定作用和帮助

C. 作用不大，没什么帮助   D. 说不太清楚

10. 您参加的思想政治教育课堂气氛如何？

A. 方法多样，寓教于乐，气氛活跃

B. 理论联系实际，经常有讨论交流

C. 只有课堂讲授一种方法，单调呆板

D. 填鸭式单向硬性灌输，反感厌恶

11. 您认为是否存在"低质量思想政治教育过剩与高质量思想政治教育不足同时存在"的状况？

A. 普遍大量存在　　　　　　　B. 经常存在

C. 有时存在　　　　　　　　　D. 基本上不存在

12. 在开展思想政治教育之前，教育者是否对您的思想状况进行了调查摸底？

A. 有过调查摸底，而且认真细致

B. 调查摸底纯粹走过场

C. 有过调查摸底，具体情况记不清了

D. 从来没有人进行调查摸底

13. 您认为思想政治理论课教师的理论水平和授课能力如何？

A. 理论水平很高，授课能力很强

B. 理论水平和授课能力一般

C. 理论水平较高，但授课能力一般

D. 理论水平和授课能力都很差

14. 您认为人工智能能否在思想政治教育中得到广泛运用？

A. 人工智能与思想政治教育具有内在联系，能够得到广泛运用

B. 人工智能与思想政治教育关系不大，难以运用

C. 人工智能可以在思想政治教育中得到一定程度的运用

D. 对二者关系不太了解，说不清楚

15. 您认为当前思想政治教育中运用人工智能的情况如何？

A. 尚未运用人工智能，仍然以课堂讲授等传统方法为主

B. 运用人工智能程度比较低，偶尔能够见到

C. 运用人工智能程度一般，经常能够见到

D. 运用人工智能程度较高，二者实现有机结合

二、多项选择题（选几项都行）

1. 您认为思想政治教育的本质应当是什么？

A. 意识形态的灌输和教化　　　B. 促进个人自由全面发展

C. 塑造正确的价值观念　　　　D. 满足人的精神需要

E. 培养科学的思维方式　　　　F. 解答思想困惑和心理问题

2. 您喜欢哪些形式的思想政治教育？

A. 联系实际紧密，实用性强，对自己有帮助

B. 形式活泼，风趣幽默，寓教于乐

C. 观点新颖，信息量大，获得感强

D. 教育者的人格魅力和榜样示范作用

E. 理论性学术性强，有思想深度，受启发大

F. 其他原因

3. 您不喜欢哪些形式的思想政治教育？

A. 没有回答受教育者关心关注的问题

B. 教育内容假大虚空，不解决实际问题

C. 不认同教育内容，难以接受

D. 枯燥乏味，没有兴趣，不愿意听

E. 教育者道德品质不行，难以令人信服

F. 其他原因

4. 您认为国家、政党、社会对思想政治教育有哪些需求？

A. 意识形态的灌输和教化　　　B. 影响和引导社会成员的思想和行为

C. 提供精神动力和智力支持　　D. 巩固思想领导、提供政治保证

E. 宣传党的路线、方针、政策　F. 立德树人，培养政治合格的人才

5. 您认为个人对思想政治教育有哪些需求？

A. 丰富精神文化生活、充实精神世界

B. 激发精神动力、锻造坚强意志

C. 满足心理需要、构建精神家园

D. 培养科学思维方式、塑造理想人格

E. 解答思想困惑、寻求人文关怀

F. 实现人生价值、全面自由发展

6. 您比较喜欢哪些思想政治教育方法？

A. 课堂理论讲授

B. 自我教育和互相教育

C. 微信、微博、朋友圈、自媒体等网络思想政治教育方法

D. 影视作品、文学艺术、校园文化等先进文化熏陶

E. 微课、慕课、翻转课堂等

F. 教育者和先进典型的榜样示范

G. 案例式、讨论式、体验式等教育方法

H. 社会实践、现地教学、参观游览等思想政治教育活动

7. 您和思政课教师的人际关系怎样？有没有交流沟通？

A. 关系融洽，思想交流沟通比较多

B. 关系一般，有一些思想交流沟通

C. 关系不好，没有共同语言，从来不交流沟通

D. 有的关系可以，经常交流，有的关系不行，不愿意交流

E. 关系紧张，思想观念差异很大，无法交流沟通

F. 说不太清楚

8. 您接触并理解以下哪些概念？

A. 智能思政　　　　　　　　　B. 个性化思想政治教育

C. 精准教学　　　　　　　　　D. 智能推送思想政治教育内容

E. 开放式、互动式学习　　　　F. 可视化动态教育产品

9. 您了解的人工智能技术有哪些？

A. 音频识别和视频感知技术　　B. 知识图谱技术

C. 智慧课堂　　　　　　　　　D. 智能推送

E. 智能测评系统　　　　　　　F. 资源搜索引擎

后 记

本书交稿之际，恰逢党的二十大胜利召开。本书由两部分组成：第一部分是课题主体，以习近平新时代中国特色社会主义思想为指导思想，深刻剖析了人工智能时代大学生思想政治教育在需求、供给、结构三个方面存在的现实问题，从思想政治教育供求精准对接的新视角更加深刻、清晰、全面地研判思想政治教育实效性欠佳的深层次原因，提出了运用人工智能实现大学生思想政治教育供求精准对接，具有针对性和可操作性的 10 项对策措施。实现思想政治教育供求精准对接的最终落脚点在于"认同"，精准对接和认同实际上是同一个问题的两个方面，只有实现了高度的认知认同、情感认同、实践认同，才是真正满足了需求，实现了供给，完成了需求和供给的内在统一。第二部分是附录，收录了王军旗教授给天津大学师生辅导二十大报告精神的讲稿。起因在于授课引起强烈反响，许多师生希望能有一份讲稿，以便在更大范围更广领域宣讲党的二十大精神。大家的期望，正是本人的心愿。本人愿意将宣讲稿奉献给读者，以达到资源共享、共同学习进步的效果。同时还收录了课题组在天津大学、陕西师范大学等高校开展调研时所使用的"人工智能时代大学生思想政治教育情况问卷调查"。通过本课题研究，期望进一步深化大学生对党的二十大精神的认识和理解，进一步把握人工智能时代大学生思想政治教育供求精准对接的特点和规律，进一步提高大学生对主流意识形态的认同率，进一步增强大学生中国特色社会主义"四个自信"，牢牢把握"两个确立"，坚决做到"两个维护"，从而为全面建设社会主义现代化国家、全面推进中华民族伟大复兴做出更大贡献。

在研究和调查的过程中，得到天津大学、陕西师范大学、国防大学政治学院西安校区等单位的大力支持，尤其是天津大学马克思主义学院院长颜晓峰教授，党委书记徐斌、孙鹤，副书记靳莹等领导同志给予了极大支持，博士生徐亮、刘东阳、任倚步、郝明、张雨寒、李海燕等同学，在课题调研和撰写的过程中付出了大量劳动，做出了无私奉献，在此表示深切的谢意！

　　人工智能时代大学生思想政治教育供求精准对接是一个重大的研究课题，我们力图在学深悟透习近平新时代中国特色社会主义思想的基础上，围绕这一主题，对其涉及的主要理论实践问题进行系统探讨。由于作者水平有限，所提的观点还不太成熟，期待抛出这块"砖"，引出更多的"玉"。

王军旗

2022 年 10 月